Horst Gunkel

Buddhistische Pilgerwanderung
Horst auf dem Weg Richtung Bodh Gaya

Gelnhäuser buddhistische Erzählungen, Band 3

Das Buch

Im vorliegenden dritten Band der Reihe „Gelnhäuser buddhistische Erzählungen" berichtet Horst Gunkel von Erlebnissen seiner Pilgerwanderung Richtung Bodh Gaya. Er bedient sich dabei einer modernen und erfrischenden, teilweise auch humorvollen Sprache und bringt uns ganz nebenbei einige buddhistische Erkenntnisse nahe.

<u>Ganz wichtig:</u>

Kursiv und *fett* gedruckte Begriffe sind in einem Glossar am Ende des Buches erklärt.

Der Autor

Horst Gunkel, Jahrgang 1951, arbeitete 40 Jahre als Lehrer an einem beruflichen Schulzentrum. Er engagierte sich in zahlreichen Vereinen und Bürgerinitiativen zum Schutz des Lebens in all seinen Formen. Von 1981 bis 1995 war er in zahlreichen Gremien und zwei Regionalparlamenten aktiv. Von 1987 bis 2000 leitete er außerdem das ÖkoBüro Hanau. Anfang der 90er Jahre begegnete er dem Buddhismus und erkannte schnell, dass ein Engagement hierin (noch) wichtiger sei als sein bisheriges politisches Wirken. Er legte alle politischen Ämter nieder und setzte sich im Netzwerk Engagierter Buddhisten für ökologische, pazifistische und soziale Projekte ein. 1996 kam er zur Buddhistischen Gemeinschaft Triratna (damals: Freunde des Westlichen Buddhistischen Ordens), für die er zunächst in Frankfurt/M. eine Meditationsgruppe aufbaute, dann die Buddhistische Gemeinschaft Gelnhausen. In den Jahren 2011 – 2016 betrieb er sein persönliches Projekt „Pilgerwanderung Richtung Bodh Gaya". Einige Etappen davon fanden Eingang in dieses Buch.

Weitere Erzählungen von Horst Gunkel finden sich unter
http://www.kommundsieh.de
sowie im Band I: Buddhas Sohn Rahula (ISBN 978-3-7504-0010-8)
und im Band II: Die Tochter des Samurai (ISBN978-3-7519-1734-6)

Horst Gunkels

Buddhistische Pilgerwanderung

auf dem Weg Richtung Bodh Gaya

Band 3 der Gelnhäuser buddhistischen Erzählungen

Bibliografische Information der Deutschen Nationalbibliothek: Die Deutsche Nationalbibliothek verzeichnet diese Publikation in der Deutschen Nationalbibliografie; detaillierte bibliografische Daten sind im Internet über dnb.dnb.de abrufbar.

Originalausgabe 2020
© 2020 by Horst Gunkel

Bei der Bearbeitung wurde der Autor unterstützt von Tatjana Ingold, Jutta Protzmann, Dh. Sraddhabandhu und Dr. Jan Kuhlmann, ihnen gebührt besonderer Dank!

Herstellung und Verlag: BoD – Books on Demand, Norderstedt

ISBN: 978-3-7519-7192-8

Inhaltsverzeichnis

Ein wahnwitziger Eid

Szene 029 aus *Horsts Lebensbericht* – 2011

kursiv und *fett* gedruckte Begriffe
(wie *Horsts Lebensbericht*)
sind im Glossar am Ende des Bandes erklärt

Vom 17. Dezember 2010 bis zum 9. Januar 2011 führte ich eine Einzelklausur im Meditationsraum am Obermarkt durch. Ich wohnte seit Mai 2009 in Gelnhausen, Obermarkt 2. Der Obermarkt ist das Zentrum der mittelalterlich geprägten Kleinstadt Gelnhausen, 20.000 Einwohner, Kreisstadt des Main-Kinzig-Kreises. Dieser Kreis erstreckt sich von den Toren Frankfurts 100 km nach Nordosten bis in die Rhön. Und hier in Gelnhausen, rund 50 km von Frankfurt, bot ich seit Sommer 2009 Meditation an. „Meditation am Obermarkt" nannte sich das Ganze und war buddhistisch ausgerichtet. Heute wird es von einem Team geleitet und heißt „Buddhistische Gemeinschaft Gelnhausen". Ich gehöre der buddhistischen Gemeinschaft *Triratna* an, die 1967 von *Sangharakshita* in London unter dem Namen „Freunde des Westlichen Buddhistischen Ordens (FWBO)" gegründet wurde.

Oftmals habe ich die Weihnachtsferien genutzt, um auf Meditationsretreats meine buddhistische Praxis zu vertiefen. Allerdings habe ich im Laufe der Zeit festgestellt, dass mir Einzelklausuren besser helfen als Retreats mit anderen Leuten. Daher also meine Einzelklausur im Meditationsraum am Obermarkt.

Zufluchtnahme, das heißt Bekenntnis zum Buddha (unserem Ideal), zum *Dharma* (der Lehre, die der Buddha verkündet hat) und zur **Sangha** (der Gemeinschaft der erfahrenen Schüler des Buddha), steht im Mittelpunkt unserer Praxis bei Triratna. Und diese Zufluchtnahme erfolgt mit Körper, Rede und Geist. Geistige Zufluchtnahme ist eindeutig die Ausrichtung des Denkens an der Wahrheit, die der Buddha verkündet hat. Diese Wahrheit, der **Dharma**, ist keine abstrakte Lehre, keine Theorie, keine Ideologie, keine Philosophie und kein blinder Glaube, sondern die Erkenntnis der Wirklichkeit der Dinge, so wie sie eben sind. „Komm und sieh selbst!", war die Einladung des Buddha. Es geht nicht darum, einen Glauben zu übernehmen, sondern die Dinge im Lichte des eigenen Verstandes und im Einklang mit dem, was die Weisen empfehlen, zu prüfen. Weise sind diejenigen, die nicht von Gier, Hass und Verblendung getrieben sind, sondern die im Gegenteil Großzügigkeit, Liebe und Erkennen der Dinge, wie sie wirklich sind, nicht nur verkünden, sondern dies auch wirklich leben, dies verwirklicht, realisiert haben.

Wir Buddhisten richten daher unseren Geist gemäß dem Dreiklang „Hören (resp. Lesen) – Reflektieren – Meditieren" aus. Am Anfang steht natürlich das Hören, wir hören eine Lehre an, dann folgt die (kritische) Reflexion, durch die wir das Gehörte, wenn wir es nicht verwerfen, kognitiv annehmen. Damit wir es uns aber wirklich aneignen, damit es nicht nur im Hirn gespeichert ist, sondern damit es uns wirklich in Fleisch und Blut übergeht, damit sich unser Handeln, unser Verhalten entsprechend unseren Erkenntnissen wandelt, ist Meditation nötig. Dem diente also meine Einzelklausur.

Soweit also die Zufluchtnahme mit dem Geist. Zufluchtnahme soll jedoch nicht nur mit dem Geist, sondern mit Körper, Rede und eben mit dem Geist erfolgen. Natürlich rede ich auch so, wie ich denke. Ich bemühte mich daher bei Meditation am Obermarkt, die Lehre des Buddha zu verbreiten, weil ich davon überzeugt bin, dass sie den Menschen nützt. Und zu dieser

Zufluchtnahme mit der Rede gehören auch diese Zeilen; ich erkläre gerade, was Buddhismus ist.

Und dann soll auch noch mit dem Körper Zuflucht genommen werden, d. h. man vollzieht körperliche Praktiken, die die Zufluchtnahme mit Rede und Geist unterstützen. Dazu gehört unter anderem etwas, das *Prostrationspraxis* heißt. Im Rahmen einer meditativen Übung wird eine bestimmte körperliche Übung eingeflochten. Diese Praxis hatte ich in den vergangenen zehn Jahren immer wieder gemacht, zuletzt jedoch aufgegeben, da sie meine Knie belastete. Ich bemerkte, dass das für meine Knie nicht gut war, dass sie zu schmerzen begannen. Nun kann man diese Praxis zwar auch auf eine Art machen, die die Knie nicht belastet, aber diese war mir zu wenig körperlich. Ich wollte jedoch auch deutlich mit dem Körper Zuflucht nehmen! Also hatte ich mir eine spezielle Polsterung ausgedacht, die meine Knie weniger belasten sollten. Doch bereits nach gut einer Woche stellte ich fest, dass dem nicht so war. Mein Alter, ich war damals sechzig, machte sich mehr und mehr bemerkbar. Also sann ich darüber nach, wie ich denn die Zufluchtnahme auch mit dem Körper besser in meine Praxis integrieren könnte.

Ein Jahr zuvor war die Wanderwegemarkierung am Obermarkt in Gelnhausen um ein weiteres Symbol ergänzt worden, eine symbolisierte Jakobsmuschel in gelber Farbe auf blauem Grund, die Markierung für den *Jakobsweg*. Und als letztes Buch vor meiner Einzelklausur hatte ich den Wanderbericht „Heiter weiter" eines Gelnhäuser Bürgers namens Michael Heininger gelesen, der zu Fuß von Gelnhausen nach Santiago de Compostela gepilgert war. Das klang interessant.

Einer meiner Freunde bei Triratna, Dayajina, war vor Jahren – damals war er noch nicht *ordiniert* – auch nach Santiago de Compostela gepilgert. Er war damals zwar schon Buddhist, aber er sagte, diese Herausforderung habe es ihm angetan. Also überlegte ich, ob das nicht eine Alternative sei: Ich wandere von Gelnhausen nach Santiago de Compostela, dort ist zwar nicht der Buddha begraben, sondern der Apostel Jakobus (der Ältere), aber entscheidend sei ja schließlich, was ich in meinem Geiste daraus mache.

Aber mein Geist wollte nicht wirklich nach Santiago. Zwar scheint es dorthin eine sehr gute, auf Pilger ausgelegte Infrastruktur zu geben, jedoch schienen nach allem, was ich gehört und gelesen hatte, nicht unbedingt meine spirituellen Ideale dadurch bedient zu werden. Auch scheint es sich um so etwas wie eine wandernde Kontaktbörse für einsame Seelen zu handeln.

Dann kam mir auch noch eine andere Planung aus früheren Jahren in den Sinn. Ich hatte mir, das ist schon etwa dreißig Jahre her, vorgenommen, meine alten Tage für die spirituelle Suche zu verwenden. So hatte ich mir damals gesagt, wenn ich zum Zeitpunkt meiner Pensionierung noch rüstig genug sei, wollte ich dorthin gehen, wo die Spiritualität zu Hause ist, nach Indien, und mir einen Meister suchen. Wohlgemerkt: gehen, ich hatte mir nicht vorgenommen zu fliegen, sondern, um die Ernsthaftigkeit meines Bemühens zu unterstreichen, wollte ich gehen, zu Fuß gehen.

Wobei ich damals sagte, dass ich das machen würde, wenn es möglich wäre. Und das bedeutet: einmal aufgrund meiner Physis möglich und zum anderen aufgrund der weltpolitischen Lage. Damals, als ich diese Idee erstmals hatte, herrschte Krieg zwischen Irak und Iran.

Also begann ich nunmehr wieder, mit dem Gedanken zu spielen, nach Indien zu gehen. Zwar musste ich mir inzwischen keinen Meister mehr suchen, ich wusste ja jetzt, dass ich Buddhist bin und zur Buddhistische Gemeinschaft Triratna gehöre, aber was könnte ein deutlicherer Akt der körperlichen

Zufluchtnahme sein, als nach Indien zu gehen? Und mein Ziel in Indien war auch klar: **Bodh Gaya**, dort wo der Buddha erleuchtet wurde. Wie könnte ich besser körperlich an meiner Zufluchtnahme arbeiten, mich besser auf Erleuchtung ausrichten, als indem ich zu dem Ort ging, der, wie kein anderer auf diesem Planeten, das buddhistische Ideal, *Erleuchtung*, symbolisiert. Ich sann noch darüber nach, ob das wirklich eine gute Idee sei, da zeigten sich jedoch leider weitere Verschleißerscheinungen an meinem Körper.

Nur wenige Tage nach der Feststellung der Knieprobleme geschah etwas, das mich zusätzlich verunsicherte: Schmerzen nicht nur in den Knien, sondern erhebliche Probleme in den Achillessehnen – und das konnte nicht von den *Prostrationen* herrühren. Jeden Morgen, wenn ich die armseligen zwei Stufen aus meinem Zimmer herunterging, musste ich den linken Fuß schräg stellen, um die erste Stufe zu gehen, dann, während ich mich am Türrahmen festhielt, den rechten Fuß nachziehen und auf die gleiche Stufe aufsetzen, auf der mein linker Fuß stand, anschließend musste ich das gleiche Prozedere mit der zweiten Stufe machen.

„Wie ein 90-jähriger", dachte ich voller Entsetzen. Und dann fiel mir ein: Horst, in der Tat, du wirst dieses Jahr 60, der Buddha hat recht: Alter, Krankheit, Tod – das taugt alles nix!

Das klingt zwar, wenn man das so liest, ganz nett, aber das Anwachsen von Gebrechen im eigenen Körper zu verspüren, fühlt sich verdammt viel elementarer an als dieser theoretische Spruch bezüglich Alter, Krankheit und Tod. Sollte ich mich jetzt im Internet kundig machen über mein Leiden? Eine Odyssee von Arzt zu Arzt beginnen und mir dort einreden lassen, was noch alles mit mir los ist, und dann womöglich den Medicus mit dem Rezeptblock auf mich loslassen, auf dass mir die chemische Industrie genügend weitere Risiken und Nebenwirkungen aufbürdet, gegen die sie dann weitere Medikamente bereithält, die dann weitere Risiken und Nebenwirkungen...

Geknickt setzte ich mich auf meinen Meditationsplatz und schaute das *Mandala* der fünf *Jinas*, der fünf Sieger, der fünf zentralen Aspekte von Buddhaschaft, an. Und ich sprach zu diesen Figuren:

„Ratnasambhava, gelber Buddha des Südens, Du hältst das wunscherfüllende Juwel Cintamani in Deinen Händen, ich habe doch noch einen so weiten Weg zu gehen bis zur Erleuchtung, hilf mir, dass ich noch einige Zeit praktizieren kann."

„Amitabha, roter Buddha des Westens, der Du unter anderem Liebe und Gnade verströmst, hilf mir, einem Unwürdigen, der gleichwohl die Stirn hat, Dich um Gnade anzuflehen."

„Vairocana, weißer Buddha im Zentrum, gib mir das Quäntchen Weisheit, um angesichts dieser neuen Herausforderung weise zu handeln."

„Aksobhya, blauer Buddha des Ostens, Du stehst für Unerschütterlichkeit und hast mir in einem schweren Augenblick meines Lebens geholfen, gib mir die unerschütterliche Kraft, das Richtige zu tun."

„Und Du, Amoghasiddhi, grüner Buddha des Nordens, der Du die Tatkraft, den unbändigen Willen zur Erleuchtung und die Kraft über sich selbst hinaus zu gehen symbolisierst, hilf mir, das Richtige zu tun und mich nicht von meinen Zipperlein ins Bockshorn jagen zu lassen."

Und selbstverständlich hatte ich mich bei diesen – sagen wir Gebeten – nur an die fünf Jinas gewendet, jene fünf Aspekte personifizierten Aspekte von Buddhaschaft, mit denen ich durch Reflexion und Meditation inzwischen recht gut vertraut war. Ich wäre niemals auf die Idee gekommen, mich an Vajrapani zu wenden, eine mir äußerst fremde und in ihrer zornigen Ausführung auch höchst befremdliche Gestalt.

Vajrapani erscheint auf einer Abbildung, die im Meditationsraum am Obermarkt steht, dem Inspirationsbaum der buddhistischen Bewegung Triratna, als wunderschöner 16-jähriger Jüngling mit blauer Haut. Alle diese *Bodhisattvas* werden 16-jährig dargestellt, da die Menschen nach indischer Auffassung in diesem Alter am schönsten sind: in der Blüte ihrer Jugend. Die körperliche Schönheit symbolisiert hierbei ihre spirituelle Vollkommenheit.

Wesentlich bekannter als diese Darstellung des friedvollen Jünglings ist aber das Bild des zornvollen Vajrapani. Ich werde diese Figur jetzt nicht im Einzelnen beschreiben. Warum sie so aussieht und was dies symbolisiert, wird vielmehr aus der Erläuterung hervorgehen, die ich später gebe, aus einer Begegnung, die ich mit Vajrapani hatte. Jetzt können wir erst einmal nur feststellen: Diese Figur wirkt kraftvoll, hässlich, aggressiv, zornig, und sie passt irgendwie gar nicht zum schönen Wohlfühl-Buddhismus.

Ich möchte auch nicht auf seine blaue Farbe eingehen, die ein ziemlich abstruser Mythos erläutert, den ich heute nicht erzählen werde, nur so viel: Vajrapani gehört einer Gruppe von mythologischen Figuren an, die man die *Vajra*-Familie nennt und deren Farbe Blau ist. Zu dieser Familie gehört auch Aksobhya im Mandala der fünf Buddhas, und der ist folglich auch blau, und er hält auch einen *Vajra* in der Hand.

Auf dieses Symbol, den Vajra, aber muss ich hier eingehen. Vajra heißt sowohl Diamant als auch Donnerkeil. Und der Vajra hat einer großen buddhistischen Richtung den Namen gegeben, eben dem Vajrayana, das ist die buddhistische Richtung, die meist mit Tibet verbunden wird und der folgerichtig auch der Dalai Lama angehört.

Was ist ein Diamant? Nun ein Diamant ist im Prinzip nur Kohlenstoff. Er besteht aus Kohlenstoff, so wie alles, was lebt, so wie du. Aber ein Diamant ist Kohlenstoff in seiner verdichtetsten Form, in seiner wertvollsten Form. Damit symbolisiert er das, was du – der du auch aus Kohlenstoff bist – sein könntest. Der Diamant verhält sich zu Kohle so wie der Buddha zu dir: das Edelste, was du sein kannst. Etwas, was im Kern schon in dir vorhanden ist: Kohlenstoff. Was der Buddha erreicht hat, das kannst auch du erreichen! Ein Diamant ist auch das Härteste, was es gibt. In der Industrie werden Diamanten verwendet, wenn ultraharte Schneideinstrumente benötigt werden.

Aber Vajra heißt auch Donnerkeil, wobei das deutsche Wort „Donner" den Aspekt des Donners im Begriff „Donnerkeil" nur unzureichend wiedergibt, denn es ist hierbei nicht nur das akustische Phänomen des Donners gemeint, sondern ebenso die Kraft des Blitzes. Diese höchste auf der Erde vorkommende natürliche Kraft, nämlich Elektrizität in ihrer gewaltigsten und ursprünglichsten Form, auch das symbolisiert der Vajra. Vajrapani heißt übersetzt der „Vajra-Träger". Vajrapani ist also der Herr dieser Kraft, die in der Mythologie aller Völker eine entscheidende Rolle spielt. So ist die Figur des Vajrapani viel älter als der Buddhismus. Sie erscheint bereits – ikonografisch etwas anders – im Hinduismus, dort ist ihr Name Indra. Oder wenn wir näher an unseren Kulturkreis heranrücken, wenn wir in das antike Europa sehen, auch dort treffen wir den Herrn der Blitze wieder, es ist niemand anders als der blitzeschleudernde griechische Göttervater Zeus.

Weg von Griechenland, wenden wir uns stattdessen Germanien zu. Und hier ist die entsprechende Gottheit, der Herr des Donners, also Donar, jener germanische Gott, der den Donnerkeil schleudert und donnerstags seinen Namenstag hat.

Im Englischen, wie auch in allen nordgermanischen Sprachen, heißt dieser Tag nicht Donnerstag, sondern Thursday, im Schwedischen wird es noch deutlicher, dort heißt er Thorsdag, und Thor ist nichts anderes als der nördliche Name für Donar, und der Donnerkeil wird dort zu Thors alles zerschnetterndem Hammer.

Und da wir schon bei den Angelsachsen sind: Diese haben auch germanische Bildnisse des Thor übernommen und versucht in neue Mythen zu übersetzen: Die amerikanische Figur des Santa Claus ist der klassischen Darstellung des Thor nachempfunden, auch wenn der gewaltige Donner – um die Kinder nicht allzu sehr zu erschrecken – nur noch zu einem mickrigen „Ho-ho-ho" wird. Der Name des Santa Claus hat natürlich mit der Christianisierung zu tun, denn die heidnischen Wurzeln sollten verdrängt werde. Daher hat der sog. „Apostel der Deutschen", Bonifatius, seine Macht auch dadurch unter Beweis gestellt, dass er die dem Gott geweihte „Donar-Eiche" fällte und an ihrer Stelle den Fritzlaer Dom errichten ließ.

Okay, das war jetzt vielleicht etwas weit hergeholt, um die Figur des Vajrapani vorzustellen, aber ich wollte damit einfach deutlich machen: Diese Mythen sind nichts abartig Asiatisches, sie sind Erbe der ganzen Menschheit, sie sind *Archetypen*. Und einer dieser Archetypen ist Vajrapani, der Beherrscher der größten Kräfte des Universums.

Und die allergrößte Kraft des Universums ist natürlich – unser Geist. Um die Herrschaft über unseren Geist geht es im Dharma, in der Lehre des Buddha. Und genau damit sollten wir uns befassen, um zu sehen, wie Vajrapani unser Leben positiv beeinflussen kann – und zwar selbst wenn er in dieser zornvollen Form auftritt.

Doch zurück zu diesem Tag im Januar 2011, als ich im Meditationsraum am Obermarkt saß, mich an die fünf Buddhas gewendet hatte, nicht aber an Vajrapani. Aber Vajrapani ist ja der, der mit seinem Donnerkeil unerwartet blitzschnell zuschlägt. Und so geschah etwas ganz Merkwürdiges: Ich sah, wie sich beim letzten Abschnitt meines – ja, sagen wir: meines Gebetes – an die fünf Buddhas, bei der Anrufung Amogha-siddhis, meine rechte Hand vom Sitzplatz erhob und in der gleichen Haltung erhoben war, wie die Hand Amoghasiddhis: „die Abhaya-Mudra", durchfuhr es mich: „Die Geste der Furchtlosigkeit. Amoghasiddhi will mir wohl sagen, dass ich mich nicht fürchten soll, und dass ich das bestätige".

Und tatsächlich öffnete sich mein Mund und Worte flossen aus ihm heraus – allerdings nicht die, die ich jetzt erwartet hatte – vielmehr stellte ich zu meinem Entsetzen fest, dass meine Handhaltung wohl so etwas wie die Schwurgeste war und dass ich dabei war, ein Gelöbnis auszusprechen, und ich hörte mich sagen:

„GATE GATE PARAGATE PARASAMGATE BODHI SVAHA! Gehen, weitergehen, immer weitergehen, bis zum Ort der Erleuchtung, des Heils. Ich gelobe, mich unverzüglich auf den Pfad zu begeben, den Pfad der Tugend, den Pfad der Sammlung, den Pfad der Weisheit" **– und dann kam das, was mich wirklich erschaudern ließ, ich sagte weiter** *„unverzüglich werde ich mich daher auch physisch, nämlich zu Fuß, auf den Weg begeben, den Weg Richtung Bodh Gaya, dem Ort, an dem der Buddha seine Erleuchtung hatte. Svaha!"*

Und genau in dem Augenblick sah ich ihn aufblitzen – Vajrapani – auf dem Bild des Inspirationsbaumes, er strahlte ein glänzendes Blau aus und zwinkerte mir zuversichtlich zu – die friedvolle Form Vajrapanis. Doch in meinem Inneren trat Entsetzen auf: Ich kann kaum die zwei Stufen aus meinem Schlafzimmer Richtung Toilette gehen und dann gelobe ich etwas derart Wahnwitziges! Der Gedanke „Das schaffst du nie!" bemächtigte sich meiner, eine Blindheit für das Mögliche und ein heftiger Zweifel, ob ich, ein alter, fetter, kranker Mann auch nur die allerersten Etappen dieses Gewaltmarsches durchhalten würde, schüttelte mich.

Und in diesem Augenblick geschah es: Vajrapani sprang aus dem Bild des Inspirationsbaumes heraus, manifestierte sich in Lebensgröße im Raum, im Meditationsraum am Obermarkt – aber nicht in seiner friedvollen Form, sondern in seiner zornvollen! Er hielt zwei Figuren – sie wirkten wie Puppen – in seinen Händen und sah gerade so aus, als würde er sie gleich auffressen.

Eine der beiden Puppen war ziemlich fett und runzelig. „Alter, fetter, kranker Mann bist du?" schrie er mich fragend an, antwortete aber gleich selbst: *„Schtonk!"* entfuhr es ihm, und er knallte die Puppe auf den Boden und zertrat sie mit dem linken Fuß, sodass das Fett durch den Raum spritzte, dann knöpfte er sich die Gestalt in seiner anderen Hand vor, sie hatte eine gelbe Armbinde mit drei dicken schwarzen Punkten und außerdem einen weißen Stock in der Hand und Vajrapani fauchte: „Verblendet bist du, du weißt erst, was du kannst, wenn du es durchführst!" und mit diesen Worten knallte er die Figur auf den Boden und stampfte darauf, dass sie zerbarst. „Mach dich auf den Weg, ganz gleich, ob es ein Ziel gibt oder nicht, geh´ los, Richtung Bodh Gaya – UNVERZÜGLICH!"

Obwohl ich saß, nahm ich unwillkürlich eine militärisch-stramme Haltung an und rief „Aye, aye, Sir, Vajrapani, Sir!" Er drehte sich um und wollte gerade wieder zurück in das Bild springen, da zeigte er nochmals mit der linken Hand auf mich und sagte: „Und vergiss es nicht wieder!", wobei er mit der Rechten drohend den Vajra erhob. Sprach´s und hüpfte zurück ins Bild, wobei er sofort wieder die friedvolle Form annahm.

Das hat sich während meines winterlichen Meditations- und Schweigeretreats in den ersten Tagen des Jahres 2011 zugetragen. Meine Einzelklausur ging bis Sonntag, den 9. Januar. Am Montag begann die Schule wieder und am folgenden Samstag, dem 15. Januar 2011, ging ich meine erste Wanderetappe Richtung Bodh Gaya, nämlich von Gelnhausen nach Schöllkrippen. Unverzüglich. Ohne schuldhaftes Verzögern. Unnötig zu sagen, dass einer meiner ständigen Begleiter blaue Hautfarbe hat, einen Vajra in der Hand hält und die Tendenz hat, aus der Haut zu fahren, sprich eine zornvolle Form anzunehmen, wenn ich wieder zu Hasenfüßigkeit neige. Über die zahlreichen anderen Unvollkommenheiten meinerseits sieht er allerdings großmütig hinweg.

Zum Pfadabschnitt Deutschland

Ich startete meine Pilgerwanderung am Samstag, den 15. Januar 2011, in Gelnhausen und ging in zwei Tagesetappen nach Aschaffenburg. Die erste Etappe führte mich nach Schöllkrippen, von wo aus ich sehr umständlich über Kahl und Hanau mit der Bahn zurück nach Gelnhausen fuhr. Am folgenden Tag fuhr ich mit dem *„Hinayana"* dorthin, wo ich tags zuvor in Schöllkrippen meine Tagesetappe beendet hatte und wanderte nach Aschaffenburg. Am Abend fuhr ich dann mit dem Bus zurück zum *Hinayana*, das mich nach Hause brachte.

Auf ähnliche Weise ging es zwei Wochen später drei Tage entlang des Mains. Ich startete in Aschaffenburg und ging in drei Etappen nach Wertheim (vgl. Szene 5 nach diesem Abschnitt). An zwei weiteren Wochenenden im Februar ging ich in fünf Etappen von Wertheim nach Rothenburg ob der Tauber. Ich übernachtete jeweils in einer Pension oder einem Gasthof, wo es eben am billigsten war. Dann war die Entfernung von Gelnhausen zu groß, um die Anfahrt für ein Wochenende zu machen, ich war schließlich noch berufstätig als Lehrer an den Beruflichen Schulen Gelnhausen. Also wartete ich bis zu den Osterferien, in denen ich in fünfzehn weiteren Etappen von Rothenburg nach Garmisch-Partenkirchen gelangte.

Nach Rothenburg war ich mit dem Hinayana gefahren und wanderte dann eine Woche lang bis Augsburg, wo ich einen Tag lang pausierte. An diesem Tag fuhr ich mit dem Zug nach Rothenburg, holte das Hinayana nach Augsburg, wechselte die schmutzige Wäsche in meinem Rucksack gegen saubere, die ich im Hinayana hatte, dann konnte es in einer weiteren Woche zu Fuß nach Garmisch gehen. Hier schloss ich den Frühjahrsteil meiner diesjährigen Pilgerwanderung ab, fuhr nach Augsburg und holte mein Auto ab. In den Sommerferien sollte es dann über die Alpen gehen.

Ich habe damals leider kein Tagebuch geführt, die einzelnen Etappen daher erst ein halbes Jahr später anhand von Fotos und Landkarten rekonstruiert. Daher gibt es aus dieser Zeit kein „spirituelles Wandertagebuch", sodass in diesem Band nur wenige Abschnitte über den Deutschlandteil meiner Pilgerwanderung vorhanden sind.

Das gleiche gilt auch für die nächsten Länder, erst später hatte ich ein Tablet dabei, auf dem ich abends meine Tageserinnerungen aufschrieb, daher beziehen sich die meisten Berichte die hier wiedergegeben wurden, weil sie auch spirituelle Inhalte haben, erst auf den letzten Teil meiner Pilgerwanderung.

Die Mittelfußknochen

Etappe 5 (von Miltenberg nach Wertheim)

Ich hatte mir tags zuvor in Miltenberg eine neue Wanderkarte geholt und plante nun meinen Weg. Der etwas kürzere und eigentlich für Wanderer ausgeschilderte Weg ging südlich des Mains durch die Mittelgebirgslandschaft. Der kürzeste Weg schien der entlang des Mains auf der Südseite zu sein, dort müsste ich jedoch meist die Autostraße benutzen. Der Weg, der ab Freudenberg nördlich des Mains verlief, war zwar länger – 35 km bis Wertheim – ging jedoch den Fahrradweg entlang und hatte den großen Vorteil, in unmittelbarer Nähe der Bahnstrecke zu verlaufen, sodass praktisch jederzeit die Möglichkeit bestand abzubrechen, falls mir meine Füße wieder arge Probleme bereiten sollten, daher entschied ich mich für diesen Weg. Die Wanderstiefel wurden in den Rucksack verpackt, um meine aufgescheuerten Hacken zu schonen, statt dessen zog ich die Turnschuhe an. Dies jedoch erwies sich später als fatal.

So verließ ich Wertheim und begab mich ans südliche Mainufer. Ich war die Strecke hier in den 90er Jahren bereits zweimal mit Kindern mit den Rädern gefahren, allerdings hat sich die Infrastruktur für Radfahrer seitdem stark verbessert, so etwas hatten wir damals nur auf dem Donauradweg in Österreich. Es war eine richtige Freude, hier zu gehen, auch wenn um diese Jahreszeit praktisch noch keine Radler unterwegs waren.

Am Main entlang ging ich bis Bürgstadt, dort durch den Ort, zurück an den Main und durch ein Kieswerk auf Freudenberg zu. In dem Städtchen überquerte ich den Main und folgte dann dem Radweg, der praktisch immer in unmittelbarer Nähe der

Straße und der Bahnlinie verläuft. Allerdings zeigte sich, dass der asphaltierte Weg meine Füße vor eine andere starke Herausforderung stellte, denn die dünnen Turnschuhe ließen meine Mittelfußknochen schmerzen, zumal ich mit dem Reisegepäck mehr als 100 kg auf die Waage brachte. Ich entschloss mich – inzwischen von Fußschmerzen gepeinigt – der ausgezeichneten (Rad-)Wanderermarkierung zu folgen.

Doch schon wenig später rebellierten meine Füße erneut: Jeder einzelne Mittelfußknochen fühlte sich wie wundgescheuert an, also rastete ich auf einer Bank vor Stadtprozelten. Ich überlegte, hier in die Bahn einzusteigen, sagte mir aber dann, mit etwas gutem Willen würde es nach der Rast bestimmt noch eine Bahnstation weiter gehen und vielleicht…

Faulbach war der nächste Bahnhof, jedoch fährt der Zug hier sonntags nur im 2-Stunden-Takt, und ich hätte gut anderthalb Stunden auf dem kalten Bahnsteig warten müssen. Also nach kurzer Rast trotz immer stärkerer Fußprobleme weiter. „It´s a long way to Bodh Gaya, it´s a long way – and hurts!" Die nächste Bahnstation war Hasloch, es war immer noch keine Zeit für den Zug – na und die Bahnstation Bestenheid war ja auch nicht allzu weit weg, also erst mal eine kurze Pause gemacht, dann auf der Eisenbahnbrücke über den Main, nach Baden-Württemberg. Doch inzwischen schmerzten meine Mittelfußknochen so sehr, dass ich unbedingt pausieren musste – wodurch ich den Zug in Bestenheid verpasste!

Mühsam – nach jeweils einer halben Stunde qualvollen Gehens musste ich 15 Minuten pausieren, um meinen Füße wenigstens etwas Erholung zu gönnen – erreichte ich Wertheim, inzwischen war es dunkel geworden. Ich wartete in der alles andere als gastlichen Bahnhofsgaststätte, wo unsäglich alberne Videofilme liefen, auf meinen Zug, und wusste eines: Das Fußproblem muss demnächst gelöst werden, denn so geht es dauerhaft auf keinen Fall weiter, das halte ich nicht aus.

Buddhistisches Wandern

Etappe 18 (von Donauwörth nach Erlingen)

Diese Szene spielte sich im April 2011 hinter Donauwörth (also etwa 420 km nach Beginn dieser Wanderung) ab. Sie beschäftigt sich mit der Reflexion über zwei buddhistische Begriffe und ist damit symptomatisch für das Reflektieren des Pilgers auf dem Pfad des Buddha. Sie befasst sich aber auch mit Meditation: mit Gehmeditation.

Dies war der von der Strecke her wohl langweiligste Tag meiner diesjährigen Pilgerwanderung. Wobei das Adjektiv „langweilig" – wie eigentlich die meisten Betrachtungsgegenstände – zwei unterschiedliche Qualitäten hat, die man mit den Palibegriffen *adinava* und *assada* bezeichnen kann. *Adinava* ist der niedrige, unschöne, ja widerwärtige Aspekt von etwas, während *assada* dem gleichen Betrachtungsobjekt seine reizvollen, attraktiven Qualitäten abgewinnen kann.

So assoziiert man z. B. mit Regenwetter – einem Aspekt, der mir in den 15 Tagen meiner österlichen Wanderung von Rothenburg ob der Tauber bis Garmisch-Partenkirchen überhaupt kein Problem machte, es war fast die ganze Zeit trocken – beim Wandern eher negative Aspekte: „Scheißwetter", also den *adinava*-Aspekt. Man könnte natürlich auch den *assada*-Aspekt in den Vordergrund stellen: Herrlich, die Natur wird zu neuem Leben erweckt, die Pflanzen bekommen den für sie notwendigen Regen. Die Trinkwasservorräte in dieser Weltgegend werden aufgefüllt, es wird kein Mangel an Wasser herrschen! Aber da wir immer gerne den Abneigungsgedanken in den Vordergrund zu stellen gewohnt sind, betrachten wir die Dinge gewöhnlich unter dem *adinava*-Aspekt: „Ich hasse es, wenn es regnet", und verstärken so in uns das Gefühl der

Abneigung, der Ablehnung, des Hasses, was uns nicht gerade fröhlicher macht. So dumm ist der *puthujjana* (der Palibegriff wird oft als „gemeiner Weltling" übersetzt) nun einmal.

Ein schönes Beispiel dafür, wie man den *assada*-Aspekt mehr in den Mittelpunkt der Betrachtung stellen kann, liefert der Buddha in folgender Geschichte. Er traf einst am Abend auf drei Mönche, die eine lange Wegstrecke zurückgelegt hatten, und sie beklagten sich furchtbar über diesen Tag: „Ach, **Erhabener**, das heilige Leben kann ja so schrecklich sein, wir sind den ganzen Tag gewandert von früh auf und haben kein einziges Dorf angetroffen, d. h. wir sind heute ohne Almosenspeise geblieben, und jetzt, zu dieser Zeit nach der Mittagsstunde, dürfen wir nichts mehr essen, wie es die Mönchsregeln verlangen," so klagte der erste Mönch und der zweite setzte hinzu: „Das ist noch nicht einmal das Schlimmste, aber diese Hitze, von früh morgens an schon unglaublich heiß, und weit und breit kein bisschen Schatten, wir mussten über 30 km in sengender Hitze wandern", woraufhin der dritte Mönch ergänzte: „Das ist noch nicht einmal das Ärgste, aber stell Dir vor, Erhabener: kein Wasser, kein Tropfen Wasser, den ganzen Tag bei dieser Hitze nichts zu trinken, kein Bach, kein Fluss, kein Brunnen, nichts! Und das bei dieser Gluthitze und dieser total staubigen Straße, die Kehlen sind uns ausgedörrt und es begannen sich schon Halluzinationen einzustellen."

Der Buddha aber sagte: „War das alles? Ihr habt gar nichts von den Mücken gesagt, von diesen riesigen Mückenschwärmen, die euch verfolgten, bissen, euer Blut aussaugten und dem schrecklichen Jucken dieser Tausenden von Mückenbissen, die euch fast zum Wahnsinn trieben."

„Aber Erhabener," ergänzte da einer der drei Mönche, „da waren keine Mücken, Mücken kann es ja nur geben, wo Wasser ist, an Teichen, an Tümpeln, bei Brunnen. Es gab ja kein Wasser, und deshalb mussten wir ja so leiden, nichts zu trinken, kein bisschen Erfrischung!"

„Ach", sagte der Buddha und lächelte dabei: „Dann habt ihr sicher den ganzen Tag über die *assada*-Qualitäten dieser Wegstrecke gepriesen: Herrlich keine Mücken, keine Stiche, nicht dieses entsetzliche Jucken auf der Haut, gut, dass bei diesem Wetter hier kein Wasser ist, keine Tümpel, die Mücken würden sich sonst unerträglich vermehren, ein herrlicher Tag, nur Sonnenschein!" Beschämt zogen die Mönche von dannen, hatte sie doch der Buddha darauf aufmerksam gemacht, wie töricht ihr Denken war, durch das sie das bestehende Problem nur unnötig aufbauschten, und sie gelobten Besserung.

Bevor ich auf die *assada*- und die *adinava*-Qualität dieses Tages zurückkomme, etwas zum Verlauf des Weges. Ich hatte die Wegstrecke im Wörnitztal beendet und habe in Donauwörth die Donau überquert. Der später so mächtige Strom ist hier noch ein kleines Flüsschen.

Von nun an sollte ich für einige Tage ein weiteres Tal durchwandern, das Lechtal, dessen südlicheren Teil man das Lechfeld nennt. Das ganze Lechtal ist ein sehr breites, fruchtbares Tal, man kann schon eher von einer Ebene sprechen; allenfalls weit entfernt vermag man Mittelgebirge oder kleine, bewaldete Höhenzüge erkennen. In dieser Ebene, in der Ackerbau und gelegentliche Wiesen einander abwechseln, häufig auch unterbrochen durch Sonnenkollektoren-Felder, fließt der Lech, geht die Bundesstraße 2 entlang und wanderte ich auf Feldwegen dahin; die Dörfer haben so einfallsreiche Namen wie Ostendorf, Nordendorf oder Westendorf.

Doch zurück zu den *assada*- und *adinava*-Qualitäten. Ausgangspunkt meiner Überlegung war die Tatsache, dass dies wohl ein sehr langweiliger Tag würde, immer durch die Ebene auf Feldwegen entlang zu gehen. Aber natürlich hatte dieser Tag viele *assada*-Qualitäten, denn bei Sonnenschein zu wandern, nicht allzu heiß, aber auch nicht zu frisch, ist natürlich recht angenehm. Dennoch war da ein Geschmack von Langeweile, denn ich wanderte ja nunmehr schon seit vielen Tagen bei gutem Wetter, und des Menschen Geist ist so, dass er nach Abwechslung sucht, und dazu ist ein 24 km langer Feldweg unterbrochen durch einige Dörfer, die nur Schlafstätten für Auspendler zu sein scheinen, nicht die allerbeste Grundlage.

An diesem Tag schaltete ich daher von der Betrachtung des Äußeren auf die Betrachtung des Inneren um. Wie fühlt sich „gehen" an. Ich wandelte mein Wandern in eine Gehmeditation, und zwar nicht nur für kurze Zeit, sondern über einen ganzen Tag. Man kann das Gehen in einer Art **body-scanning** durch den ganzen Körper verfolgen, angefangen mit den Empfindungen bei den Füßen, dem Spiel der Gehmuskulatur in den Waden, den Kontakt zwischen Unterschenkeln und Hose usw. bis ich schließlich an meinem Kopf angelangt war und bei den Empfindungen, die mir meine Kopfbedeckung vermittelt, dem Gefühl des Schweißes, mit dem sich mein Hut allmählich vollsog, dort, wo dieser meine Stirn und meine Haare berührte.

Und auch andere Empfindungen, andere **vedana**, konnte ich betrachten: das negative Empfinden des Durstes beim Wandern in der Sonne. Jetzt nicht reagieren, nicht zur Wasserflasche greifen, um nur nicht diese spannende Betrachtung zu stören. Wie verändert sich der Durst? Je mehr Achtsamkeit ich darauf verwende, desto deutlicher verspüre ich ihn. Aber ist wirklich der Flüssigkeitsmangel die Ursache, oder meine Achtsamkeit auf den Durst – einfach weiter betrachten. Auch hier wieder das gleiche Muster, nach einiger Zeit wird es dem Geist langweilig, auf Durst zu achten, ein anderes Phänomen fängt meine Körperbetrachtung ein: eine durch meinen Rucksack verursachte Druckstelle. Interessant, wie sich dieses Phänomen entwickelt, wenn ich nicht meinem reaktiven Impuls folge, den Rucksack zurecht zu rücken.

Als ich feststelle, dass ich darüber meinen Durst vergessen hatte, der so schlimm wohl gar nicht gewesen sein kann, holte ich meine Wasserflasche heraus und trinke etwas. Später dann das Gefühl der sich füllenden Harnblase. Mal sehen, wie sich das entwickelt! Bestimmt wird der Harndrang mental bedingt dann stärker, wenn ich in einen Ort komme, also keine gute Gelegenheit besteht, mein Wasser abzuschlagen. Meine Vermutung war richtig! Im Ort steigt das Problem an, und es zeigt sich, dass Westendorf doch deutlich größer ist, als ich erwartet hatte. Toll: ein Problem tritt auf, die oben beklagte Langeweile ist weg! Zum Glück hatte das letzte Haus im Dorf eine Hecke hinter der ich geschwind verschwand. Welche Erleichterung! So schön kann achtsames Pilgern sein!

Die Art von *Gehmeditation*, auch von *body-scanning* und auch von Achtsamkeit auf die *vedana*, also die Empfindung von positiv, negativ und neutral, die sich unwillkürlich zusammen mit einem Sinnenkontakt einstellt, war mein Joker für alle langweiligen Strecken auf dieser Wanderung. Drohte Langeweile, zog ich meinen Joker. Interessant ist auch das Nicht-Reagieren auf die *vedana*, also das Nicht-Greifen auf ein positives Empfinden hin, das Nicht-Verändern auf ein negatives *vedana* hin und die Betrachtung, ob und inwieweit sich die *vedana* verändern.

Nach meiner Rast ging ich das letzte Stück, vielleicht drei Kilometer, bis zu meiner Übernachtungsstelle Erlingen. In meinen Gedanken war ich jetzt allerdings leider nicht mehr beim Gehen, sondern in froher Erwartung des Abends: Wenn ich mein Zimmer bezogen habe, dann werde ich den Imbiss, den es im gleichen Haus geben soll, ansteuern und, wenn der nix taugt: am Ortsausgang von Meitingen sind zwei Gasthöfe, ohne Gepäck bin ich in gut einer halben Stunde dorthin gelaufen und spätestens dort werde ich ein leckeres Abendessen bekommen, selbst vegetarisch dürfte kein Problem sein, es ist ja Karfreitag! So verblendet (mit falschen Projektionen) war mein Denken.

Ich habe das Haus gefunden. Die Imbissstube ist inzwischen eingestellt. Die Vermieterin ist eine sehr alte Frau, vielleicht achtzig Jahre, sie vermietet üblicherweise an Monteure, die sind über Ostern weg, daher kann sie die Zimmer jetzt anderweitig vermieten. Mein Zimmer ist unter dem Dach, es gibt eine sehr steile Treppe dort hoch, die Frau zieht sich mühsam am Geländer hoch. Offensichtlich ist sie schwindelfrei. Ich nicht. Mühsam gelange ich nach oben, hechte von der Treppe weg. Diese Treppe hat mich mehr Schweiß gekostet als der Tag! Ich habe blitzartig umdisponiert: Kein Gasthof, diese Treppe gehe ich nicht unnötig ein zweites Mal, lieber will ich mich von meinen Fingernägeln ernähren!

So weit zu den *adinava*-Qualitäten des Abends. Nun zu den *assada*-Aspekten. Toll, obwohl das Zimmer sonst von drei Monteuren bewohnt ist, keinerlei Zigarettengeruch! Mein Wasser ist aufgebraucht, aber es gibt eine kleine Teeküche. Und es gibt einen Fernseher. Karfreitag ist Feiertag – da gibt es bestimmt irgendwelche alten Spielfilme! Und siehe da, ich habe noch ein ganzes belegtes Brot übrig. Fernseher und Brot – *panem et circenses* – was braucht der Mensch mehr!

Nur ein Wermutstropfen bleibt. Wenn ich zur Toilette oder ins Bad will, muss ich direkt an der steilen Treppe vorbei und dann ergreift mich ein arges Schwindelgefühl. Bis zu meiner Abreise am Samstagmorgen greift das Gefühl noch dreimal.

In meiner Erinnerung bleibt der Schrecken von Erlingen: eine steile Treppe, die mir Angst macht. Wann immer ich zur Toilette muss oder ins Bad, muss ich an diesem Schrecken vorbei. Ich habe sogar gecheckt, ob man vielleicht aus der Dachgaube in die Regenrinne... Doch – nein – im Nachbargarten sitzen Leute.

Möge mir auf meiner Pilgerreise kein größerer Schrecken drohen als diese Treppe! Das wäre toll (*assada*-Aspekt des Schreckens).

Alpen in Sicht!

Etappe 23 – von Hohenfurch nach Saulgrub

Am Morgen ging ich nach Westen los, denn ich wollte auf Feldwegen südwärts ziehen, und so spazierte ich an Schwabniedernhofen vorbei und gelangte nach Altenstadt und weiter nach Schongau. Bis hierher war ich immer der Romantischen Straße gefolgt, schon seit der Tauber; in Schongau kam ich nun ins Voralpenland, das bedeutete, dass sich neben die satten Frühlingswiesen als zweites Element zwar noch keine richtigen Berge, aber doch Hügel ins Blickfeld des Wanderers schoben.

Peiting nutzte ich für eine erste Rast des Tages, machte in einem Gasthof Station, wo ich mir ein Kännchen Kaffee schmecken ließ, und verließ den Ort, nicht ohne mir am Ortsausgang in einem Ladengeschäft etwas Proviant für den Tag besorgt zu haben, der letzte Abend hatte mir abermals deutlich gemacht, dass es gut ist, eine kleine Reserve mit mir zu führen.

Kurz nach Ramsau, hier wurden die Hügel allmählich größer, veränderten sich zu kleinen Bergen, bot sich meinen Augen dann ein lieblicher Anblick. Es war zwar noch zu früh dafür, und eigentlich waren hier ja noch gar keine Alpen, aber dennoch: eine bewirtschaftete Almhütte machte auf sich aufmerksam.

Mir wurde richtig warm ums Herz, erinnerte ich mich doch an viele schöne Alpenwanderungen im fernen Österreich, doch diesmal war ich tatsächlich zu Fuß hergekommen, es schien mir unfasslich. Dankbar nahm ich die Hütte zum Anlass, um dort einzukehren und mir ein alkfreies Weißbier zu gönnen.

Dieser Art gestärkt, nahm ich einen Waldweg über einen kleinen Berg und kürzte so ein Stück gegenüber der Bundesstraße ab, und es war ja auch angenehmer, im Wald zu wandern, als entlang einer Fernstraße. In Rottenbuch machte ich an einer Bank Rast, wo ich endgültig der Romantischen Straße und damit auch dem Wanderführer Romantische Straße, der mich zwei Wochen lang begleitet hatte, ade sage. Ich betrachtete noch das Schild, das mir meine ganze Wanderstrecke von Tauberbischofsheim bis nach hier noch einmal verdeutlichte, um so dem romantischen Deutschland Lebewohl zu sagen und mich auf das nächste Abenteuer meiner großen Pilgerreise einzustellen: die Alpenüberquerung! Aber bis dahin muss ich noch zur Krankengymnastik und mir Einlegesohlen und -keile für die Wanderschuhe besorgen, denn sonst werden die Schmerzen in den Füßen kaum auszuhalten sein.

Zunächst geht es aber weiter nahe der B 23 entlang an Engle vorbei und durch Achen durch. Die Bundesstraße ist hier wunderschön ruhig, ja man kann sogar auf ihr entlang wandern, denn die Ammerbrücke ist gesperrt.

An der Brücke zeigt sich, dass die Ammer hier tatsächlich in einer Schlucht verläuft, einmal mehr wird mir deutlich, dass ich im Begriff bin, tatsächlich in die Alpen zu gelangen. An Echelsbach und Gschwendt vorbei führt mich mein Pfad anschließend durch Bad Bayersoien. Nach dem Kurort ging ich etwas abseits der Straße, passierte noch eine zweite Almhütte und gelangte an mein Tagesziel Saulgrub. Allerdings merkte ich auch, dass ich mit drei langen Wanderstrecken hintereinander an meine Grenzen kam. Meine Mittelfußknochen schmerzten fürchterlich, und in meinem Zimmer angekommen musste ich mich eine dreiviertel Stunde unter Schüttelfrost auf dem Bett ausruhen, bevor ich es wagen konnte, in den Ort zu gehen und mein Abendessen einzunehmen.

Zum Pfadabschnitt Österreich

Österreich durchwanderte ich im Sommer 2011, wobei mich an den ersten zehn Tagen David, ein Freund, begleitete. Wir hatten uns bei einer der Wanderungen der Buddhistischen Gemeinschaft Gelnhausen, bei der wir meinen ersten Pfadabschnitt von Gelnhausen nach Schöllkrippen abwanderten, miteinander unterhalten, und er schlug vor, mich ein Stück weit zu begleiten. Also verabredeten wir uns für die ersten zehn Tage ab Garmisch-Partenkirchen, wo ich am Ende der Oster-ferien meine Pilgerwanderung bis zu Beginn der Sommerferien unterbrochen hatte.

Da David jedoch zwar gern wandert, es für ihn aber keine spirituelle Praxis ist, zeigte es sich, dass dies für meine innere Einstellung auf dem Pfad nicht gut war (aber es war auch nett, mit einem Freund zu wandern). Auch in den folgenden zweieinhalb Wochen, die mir nach der Rückfahrt Davids blieben, kam ich nicht wieder richtig in das Gefühl zu pilgern. Ich wanderte zwar Richtung Boddh Gaya, war aber nicht wirklich mit Herz und Geist auf dem spirituellen Pfad. Ich beschloss daher, künftig allein zu wandern.

Mein Wanderabschnitt in Österreich führte mich von Garmisch-Partenkirchen über Seefeld und den Zirler Berg nach Innsbruck, von dort ging es entlang des Inntals bis Wörgl, dann südlich des Kaisergebirges weiter über St. Johann nach Leogang. Hier war mein Pfadabschnitt mit David zu Ende, wir fuhren mit der Bahn nach Scharnitz, der österreichischen Grenzstation zwischen Mittenwald und Seefeld, wo am Bahnhof das *Hinayana* wartete.

Ich verabschiedete mich von David und brachte das Hinayana dorthin, wo ich die Wanderung mit meinem Freund beendet hatte. Von hier ging es über Saalfelden und den Hochkönig nach Radstadt, wo ich einen Tag Pause einlegte, um das Hinayana, in dem ich meine Koffer hatte – ich wanderte nur mit dem mittelgroßen Rucksack für eine Wochenwanderung und ohne Zelt – nachzuholen und mit dem Auto auszukundschaften, wie ich die Hohen Tauern überqueren könnte. Dann ging ich über die Tauern und den Katschberg nach Spittal und weiter nach Villach. Hier legte ich wieder einen Ruhetag ein, an dem ich das Hinayana zu meinem letzten Standort in Österreich brachte, eben nach Villach. Von dort wanderte ich über den Wurzenpass nach Slowenien.

Die Wundheilung

36. Tagesetappe meiner Pilgerwanderung

Dieser Tag sollte sich als der schwierigste des diesjährigen Teils (vom hessischen Gelnhausen bis Ljubljana) meiner Pilgerwanderung erweisen. Ich hatte am gestrigen Wandertag meine Wanderstiefel nur zwischen Maria Alm und Hinterthal getragen, und das hatte sich noch einigermaßen gut angelassen. Die Wunde, die ich mir zwei Tage zuvor zugezogen hatte (eine 5 cm große und mit Pflaster abgedeckte Blase war beim Strumpfausziehen aufgerissen, jetzt lag das Fleisch blank), hatte zwar etwas genässt, aber nicht stark geschmerzt. Heute brach ich also im Maria Almer Ortsteil Hinterthal auf und ging die Bundesstraße 164 entlang, denn diese war wegen Bauarbeiten zwischen Hinterthal und Dienten gesperrt.

Zunächst ging es auf der Hochkönigstraße aufwärts bis zum Filzensattel auf 1291 m, dann wieder etwa 250 m bis Dienten abwärts. Von dort aus führte die Straße allmählich aber beständig aufwärts. Inzwischen hatte ein Nieselregen eingesetzt, ich hatte meine Regenjacke übergezogen, passierte die „Übergossene Alm" und wurde immer wieder von Radrennfahrern überholt, denn hier fand gerade ein Bergradrennen statt. Auf 1400 m Höhe erreiche ich die Dientenalm, wo ich kurz Rast machte. Ich bin dort heute der erste Gast und esse zu meinem Hollersaft einen ganz leckeren Apfelkuchen, serviert von einer ebensolchen Bedienung. Der Kuchen war mit Schlagsahne und Zimt – ganz köstlich, die Bedienung hatte eher optische Vorteile. Das war der angenehme Teil des Tages.

Von nun an ging's bergab. Und das in mancherlei Hinsicht. Erfreulich war natürlich erst einmal, dass die Straße bergab ging, von 1400 m auf 860 m in Mühlbach, doch gleichzeitig machte sich auch die Wunde an meinem Fuß wieder deutlicher bemerkbar. Nun gut: Gehmeditation mit Achtsamkeit auf den Schmerz im Fuß.

Mühlbach ist ein langgezogener Ort, aber inzwischen ist die Mittagszeit gekommen, und ich freue mich auf eine Rast, um meinen Fuß zu erholen und mich an einem Mittagsmahle zu laben. In der Ortsmitte schreckt mich ein furchtbar vornehmes Restaurant mit Speisen ab 20 € aufwärts ab. Die Wanderkarte kündigt an, dass es ganz am Ortsausgang noch drei Wirtshäuser hat, dort müsste das Essen deutlich billiger sein.

Nun ja. Das erste Gasthaus hat Ruhetag – kommt vor. Das zweite hat den Geschäftsbetrieb eingestellt. Und am dritten steht an, man habe seinen Standort jetzt in die Ortsmitte verlegt, man möge doch bitte die anderthalb Kilometer zurückgehen. Dazu habe ich keine Lust, denn mein Fuß tut jetzt sehr weh – und anderthalb Kilometer zurück macht heute drei Kilometer mehr. In Anbetracht der Fußprobleme habe ich vor, mit jedem Kilometer zu geizen. Dieser Ort ist wirklich sehr in die Länge gezogen, Kilometer reihte sich an Kilometer und nur vereinzelt standen Häuser, die aber alle irgendwie zu diesem Ort gehörten. Außerdem hatte es in der letzten Stunde nicht mehr geregnet, jetzt aber zieht ziemlich dunkle Bewölkung auf, und am Nachmittag und Abend soll es eher mehr regnen.

An einer Bushaltestelle finde ich eine Bank, eine fast trockene, da könnte ich mich doch ausruhen? Und mir fällt ein, dass ich in meinem Gepäck noch zwei Käsebrötchen aus St. Johann habe, das ist jetzt – mal nachrechnen – ja, das muss jetzt fünf Tage her sein; ob man die noch essen kann? Ja, es geht, wenn man etwas den Schimmel abschneidet, sättigen sie durchaus, dazu mein mitgenommenes Trinkwasser. Wie gut ist es, den Fuß eine Weile nicht zu belasten!

Kaum dass ich mich wieder in Bewegung setze, beginnt es auch wieder zu regnen. Zunächst nur leicht und ich erfreue mich daran, dass im Salzburger Land Kühe noch auf die Weide dürfen, in ganz Tirol hatte ich keine einzige Kuh zu Gesicht bekommen, man hörte nur ihr Brüllen in den großen überfüllten Ställen – intensive Milchwirtschaft, schrecklich. Hier aber tummeln sie sich auf der Weide. Ein schönes, friedliches Bild. Die dürfen sich ausruhen, obwohl sie keine Fußprobleme haben – glückliche Kühe.

Inzwischen hat es sich richtig eingeregnet. Noch gut zwei Stunden bis Bischofshofen. Man sagt, man könne Schmerz gut meditativ betrachten: beim Entstehen, beim Anwachsen, beim Vergehen. Und so betrachte ich jetzt meinen Schmerz im Fuß: beim Anwachsen, beim weiter Anwachsen, beim noch mehr Anwachsen – beim ... oh, eben gibt es eine Veränderung! Ja es ist wirklich anders: Der Schmerz beginnt zu pochen, zu klopfen, stärker zu klopfen. Mist – das fühlt sich nach Blutvergiftung an. Also vorwärts nach Bischofshofen: Hinsetzen! Schuhe ausziehen! Zimmer! Bett! Medizin!

Doch erst einmal nimmt der Regen zu. Eine Kurve: Gedenktafel für einen Motorradfahrer. Was wäre der froh gewesen, wenn er nur einen Fuß mit einer pochenden Wunde gehabt hätte!

Da endlich ist Bischofshofen in Sicht, etwa eine dreiviertel Stunde von hier, denn man kann nicht den direkten Weg gehen. Ich bekomme Schüttelfrost. Dann endlich im Ort, aber: Alle billigen Pensionen sind weit außerhalb an den Bergen. Nur der teure Gasthof „Dorfwirt" ist in der Ortsmitte. Ich sehe in einem Schnapsgeschäft die Schaufenster-Auslagen, da kommt mir eine Idee: ich erstehe eine 50-ml-Flasche 80%igen Stroh-Rum. Ich erinnere mich: als Kind hat mir meine Großmutter erzählt, wie Franz, ihr Ehemann, sich einmal eine Blutvergiftung mittels einer sehr hochprozentigen Spirituose behandelte, ich glaube das muss im Ersten Weltkrieg gewesen sein...

Die Übernachtung kostet 46 € – egal. Nur ein Bett! Ich gehe in mein Zimmer, ziehe die Schuhe aus, die Strümpfe aus: das sieht nicht gut aus! Ich nehme ein sauberes Stück Stoff – das einzig passende, was ich fand, war eine frische Unterhose, tränke sie mit dem Stroh-Rum und lege es auf die Wunde, darüber zur Befestigung ein frisches Paar Strümpfe. Mit einem Handtuch umwickelt. Noch eine Paracetamol-Tablette. Dann ins Bett. Unter Schüttelfrost schlafe ich ein.

Zwei Stunden später erwache ich wieder. Kein Schüttelfrost mehr. Was bin ich meinen Großeltern für den Tipp mit dem Schnaps dankbar! ... und merkwürdig, diese Geschichte hat über ein halbes Jahrhundert in meinem Unterbewusstsein geschlummert – und heute hatte ich mich erstmals daran erinnert – als habe jemand einen Samen in mein Unbewusstes gelegt, der jetzt aufging! Ich sehe mir die Wunde an, vereitert, aber schmerzfrei. Ich fühle mich gut. Ich fühle mich richtig toll erholt – und ich habe Hunger. Zum ersten Mal seit ich auf Wanderung bin, habe ich richtig großen Hunger. Ich gehe runter in den Gasthof, esse zu Abend und bestelle mir Rotwein dazu, ich will heute Nacht schlafen können wie ein junger Gott. Und siehe: Ich konnte schlafen wie ein junger Gott.

Am nächsten Morgen fühle ich mich so erholt wie schon ewig nicht mehr. Die Wunde ist frisch verbunden – die Wanderung kann ohne Unterbrechung weitergehen. Ha – ist das gut, wenn man keine Schmerzen mehr hat!

Ein Dankgebet an die **Beschützer**, eine Meditation über das Glück, wieder gesund zu sein – dann kann der 37. Tag der Pilgerreise beginnen! Und so habe ich mit diesem verletzten Fuß die Hohen Tauern, den Alpenhauptkamm, überschritten.

Das kann doch ´nen Buddhisten nicht erschüttern -
keine Angst, keine Angst auf dem Pfad.

Zum Pfadabschnitt Slowenien

Slowenien kannte ich aus den 70er und 80er Jahren des 20. Jahrhunderts. Es war damals der schönste Teil Jugoslawiens, etwa so wie Österreich 1960: In der Entwicklung doch recht deutlich hinter meiner Heimat, dafür aber auch mit Preisen wie früher bei uns. Ich war gespannt, was aus Slowenien geworden war.

Dann kam der Realitätseinbruch. Slowenien hatte in meinen Augen in zweierlei Hinsicht verloren. Es gab die entwickelten Landesteile, in denen die Unterschiede zwischen Arm und Reich besonders krass waren und in denen die Preise so hoch waren wie in Deutschland – nur war der Service deutlich schlechter. Und dann gab es unterentwickelte Landesteile, die einfach verwahrlost wirkten, Slums, Arbeitslosigkeit, Dreck. Dem Kapitalismus war es gelungen, sein hässliches Gesicht zu zeigen.

Für mich als Pilger war besonders problematisch, dass es keine Infrastruktur gab, wo Wanderer übernachten können: weder in Pensionen noch in der Wildnis.

Das Wandern auf kleinen Wegen war praktisch unmöglich, es gab zwar Wanderkarten, diese schienen jedoch einen Planungsstand von vor 15 Jahren wiederzugeben, der jedoch niemals umgesetzt wurde. Die Wanderwege waren plötzlich abgeschnitten von einem Zaun: Privat! Zutritt verboten! Also ging Wandern nur an Straßen, aber auch hier: rechts und links Zäune, kein

Wald, wo ich mein Zelt hätte aufschlagen können. So stand ich am zweiten Tag in Jessenice, einer heruntergekommenen, verwahrlosten Stadt ohne Übernachtungsmöglichkeiten und entschloss mich, mit dem Zug nach Villach zurückzufahren. Ich holte das Hinayana, und beschloss in ganz Slowenien nur in zwei Städten zu übernachten: in Kranj und Ljubljana.

Von Jesenice bis zur kroatischen Grenze gab es eine Bahnlinie, wo Züge im 2-Stunden-Takt verkehrten. Ich würde vom Übernachtungsquartier zu dem Bahnhof fahren, wo ich tags zuvor meine Pilgerwanderung beendet hätte, dann etwa 25 km auf kleinen Straßen nahe der Bahnlinie pilgern und dann wieder mit dem Zug zur Übernachtungsstelle zurückfahren. Dies jeden Tag. Dabei ging es entlang des Savatales.

Einmal mehr hatte ich meine früheren Pläne als zu optimistisch, zu romantisch ad acta legen müssen, aber wieder einmal gelang es mir, das Mögliche entsprechend den lokalen Gegebenheiten zu entdecken und umzusetzen.

Im übrigen ist noch anzumerken, dass ich, da meine Sommerferien zur Neige gingen, meine Pilgerwanderung im Jahr 2011 nur bis Ljubljana unternahm. Genau an dieser Stelle nahm ich sie in den Osterferien 2012 wieder auf und ging dann von Ljubljana aus bis etwa 100 km südlich der kroatischen Hauptstadt Zagreb.

Die beiden Slowenien

Etappe 47 – von Krajinska Gora nach Jesenice

Bei strahlendem Sonnenschein breche ich in Krajinska Gora auf und bin gespannt, was Slowenien mir bringen wird. Das Erste, was mir am Radweg auffällt, ist ein großer schöner Kinderspielplatz – allerdings ohne Kinder.

Der Fahrradweg ist extrem gut ausgebaut und beschildert – und, wie zu lesen ist, mit Fördermittel der EU gebaut. Allerdings sind auf dem Weg keine „normalen" Radler unterwegs, also Leute, die ihn offensichtlich als Verkehrsweg benutzen, sondern vermutlich in erster Linie Touristen, alle mit Radlerhosen, Radlerstrumpfhosen (obwohl das von der Temperatur her nicht nötig wäre), Radlerhandschuhen, Radlerhelmen und Radlersonnenbrillen. Das wirkt irgendwie aufgesetzt, nicht natürlich, kein bisschen urwüchsig.

Die Heuständer erinnern mich an frühere Zeiten in Jugoslawien, jedoch sind inzwischen viele davon verfallen.

Imposant ist im Süden und Westen noch die Kulisse der julischen Alpen, während in Richtung Osten, also in die Richtung, in die ich meistens gehe (und sehe) das Ende der Alpenüberquerung sichtbar wird: Übergang zu Mittelgebirgen und einer ausgeprägten Talschaft, ich befinde mich im Tal der Sava Dolinka, der Wurzener Save, die – wie ich – von den Höhen des Wurzenpasses kommt und nach Südosten fließt. An der Sava werde ich im nächsten Jahr noch stetig entlanggehen, bis zu ihrer Mündung in die Donau in Belgrad – wenn nix dazwischen kommt. Doch vorerst geht es in dem slowenischen

Voralpenland weiter dem Fahrradweg nach. Wenn die Wege so bleiben, ist Slowenien wunderschön zu durchwandern!

Dem Flussbett der Sava kann man entnehmen, welch reißender Gebirgsbach dies im Frühjahr bei der Schneeschmelze sein muss, nicht anders als im Norden der Alpen beispielsweise die Isar, doch derzeit führt die Sava Dolinka kaum Wasser.

Zwischen zehn und halb elf an diesem Morgen erblicken meine erfreuten Augen eine Raststelle, wo ich mich zur ersten Rast des Tages niederlasse und ein Cola Light trinke (Hollersaft und alkfreies Bier wie in Österreich sucht man hier leider vergebens).

Erfrischt mache ich mich dann wieder auf den Weg, genieße das herrliche Wetter und versuche, den schweren Rucksack zu überreden, nicht dauernd auf meinem Gürtel aufzuliegen, er scheuert nämlich dort – er hat jedoch nur wenig Verständnis für meine engelszüngigen Überredungskünste und leider auch keinerlei Respekt vor meinen technischen Versuchen, dem Problem Herr zu werden.

Es gab im Zentrum von Moistrana eine Gaststätte, sogar mit einer Art Biergarten, wo eine Anzahl junger Männer trotz der frühen Stunde offensichtlich schon reichlich dem Bier zugesprochen hatte und den wandernden Pilger mit dem schweren Rucksack feixend begleiteten, weshalb ich keine große Lust verspürte dort einzukehren, sondern auf eine zweite in der Karte eingetragene Einkehrmöglichkeit am Ortsende wartete. Diese, so stellte sich heraus, hat jedoch nur in der Wintersaison offen. Also nahm ich einen Schluck aus meiner Wasserflasche und ging weiter.

Just an einer pittoresken Stelle schien jedoch Mitteleuropa zu enden, von einem Meter auf den nächsten endete die Beschilderung und der Weg sah auch ganz anders aus: offensichtlich ging bis hier das von der EU geförderte Projekt

„Sportlicher Erholungsraum Krajinska Gora". Und obwohl ich immer dem Wanderweg aus der Karte, die ich mir in Krajinska Gora gekauft hatte, gefolgt war, war der Weg plötzlich verbarrikadiert – privat! (Bild hierzu auf Seite 44)

Also begann ich, einen Alternativweg zu suchen – ebenso wie eine jugendliche Radlerin, die einzige, die heute nicht in Radler-Sport-Uniform fuhr (die Sommerfrische-Sportler kamen nicht bis hier). Ich bin ihr genau sechs Mal begegnet – schließlich suchten wir beide einen Weg nach Jesenice. Beim letzten Mal sah ich sie auf dem Wege hocken und aus einer Pfütze trinken. Meine Wasserflasche lehnte sie ab: das sei gutes Trinkwasser hier. Und so lernte ich zwei Slowenien kennen, Slowenien I mit Mädels, die aus Pfützen trinken, und Slowenien II mit Sportmodeschau auf Fahrrädern in abgegrenzten Bezirken. Das Phänomen sollte sich mir in den nächsten Tagen leider noch öfter erschließen.

Am Ende des Waldes, in dem die Radlerin und ich unseren Weg gefunden hatten, ging es wieder ins Savatal, dort kommt der Predor Karavanke, der Karawankentunnel, aus dem Berg und von da an zieht sich ein Autobahnbahn-Band durch das Land Slowenien II, durch Zäune abgetrennt von Slowenien I, wo ein einsamer Pilger seinen Pfad sucht und immer wieder vor Zäunen steht.

Nach einiger Zeit war es mir vergönnt, eine Brücke über Slowenien II zu finden und so auf die nördliche Seite von Slowenien I zu kommen, auf die Seite, auf der mein Tagesziel Jesenice lag. Hier musste ich nun einer verkehrsreichen Autostraße ohne Gehweg, der 637, in die Stadt folgen. Gleich am Ortseingang stand ein Verkehrsschild mit Bett, ich nahm an, es handele sich um eine Quartiermöglichkeit, doch ich fand dort leider nur ein Parkhaus.

Also sagte ich mir, in so einer großen Stadt müsse es Quartiere und *Gostilnas* zur Genüge geben. Und nach etwa einem halben Kilometer gab es auch direkt einen Pavillon mit so etwas wie einem Gastgarten. Man servierte hier ein leckeres Orangengetränk mit Eis, doch als ich nach einer Toilette fragte, sagte mir der Wirt, so etwas gebe es hier nicht, aber zwei Straßen weiter sei ein Krankenhaus, dort würde ich bestimmt ein Örtchen finden. Die Gostilna gehörte offensichtlich zu Slowenien I.

Die Stadt besteht in erster Linie aus ziemlich herunter gekommenen Plattenbausiedlungen, die Läden machen einen entsprechenden Eindruck. In der Stadtmitte sollte es eine Zimmervermittlung geben, die sich aber als eine große Anschlagtafel entpuppte. Keine dieser Übernachtungsstellen lag im Stadtgebiet, alle mindestens fünf Kilometer entfernt und alle oben in den Karawanken. Lediglich das Parkhaus mit dem Bettenschild war im Ort, hatte aber kein Telefon. Nach der vergleichsweise himmlischen Zeit in Österreich bekam ich jetzt einen regelrechten Kulturschock. Zumal ich auf den letzten 5 km immer an dieser Autostraße entlang ging, daneben Leitplanken, dahinter steil hinauf in die Krawanken, kein Platz, wo ich mein Zelt würde aufschlagen können. Total frustriert drehte ich mich um und sah – den Bahnhof von Jesenice. War es nicht mein Ziel für diese Sommerferien gewesen, die Alpen zu überwinden und nach Möglichkeit bis Slowenien zu kommen? Hatte ich das nicht erreicht? Gut, ich war vier, fünf Tage schneller als ursprünglich geplant, aber was sprach eigentlich dagegen, jetzt nach Villach zurückzufahren, mit dort eine Übernachtungsstelle zu suchen und am nächsten Tag nach Hause zurückzukehren? Irgendetwas steuerte meine Füße über die Straße, ließ mich an den Fahrkartenschalter gehen und eine Fahrkarte nach Villach kaufen.

Erwartungsgemäß war auch der Bahnhof von Jesenice in Slowenien I gelegen und konnte mit Hässlichkeiten wie dem Frankfurter Ostbahnhof mühelos mithalten.

Tatsächlich jedoch kam der angekündigte Zug und nahm mich mit. Im Zug kamen mir neue Überlegungen: Wenn du jetzt umkehrst und erst im Frühjahr nach hier zurückkehrst, hast du immer noch keine Landkarten, hast keine Ahnung von Übernachtungsmöglichkeiten, wirst das ganze Jahr über unruhig ob des wenig attraktiven Zieles sein. Wäre es nicht klüger, dich in Slowenien noch ein wenig umzusehen? Jetzt bist du im Zug, mit dem Auto kannst du morgen Vormittag wieder in Slowenien sein. In Jesenice gab es keine Buchläden, aber in Kranj wird das anders sein, mit Sicherheit aber in Ljubljana. Spricht etwas dagegen, morgen in Kranj und Ljubljana nach Landkarten und Quartieren zu suchen? Eigentlich nichts! Und so fasste ich den Entschluss, am nächsten Tag zurück zu kehren.

Und als ich wenig später in Unterloibl (Kärnten) beim Abendessen saß, kam mir noch eine Idee. Angenommen ich finde in Kranj Landkarten und Quartier, was spräche dagegen, mit dem Zug nach Jesenice zurück zu fahren? Binnen ein bis zwei Tagen müsste dann Kranj erreichbar sein, der Zug fährt schließlich immer dem Savatal nach. Und von Kranj nach Ljubljana, so wusste ich, ist die Strecke in einem Tag zu gehen. Also könnte ich sogar mein Maximalziel für die Sommerferien, Ljubljana, noch erreichen und wäre dann auch besser vorbereitet für meine nächsten Etappen im Jahr 2012. Und so verbrachte ich eine Nacht in Österreich, um tags darauf wieder nach Slowenien zurück zu kehren. Nach Slowenien I oder II, das war die Frage.

Wandern in Slowenien

Hier war der in der Karte ausgewiesene Wanderweg einmal mehr zu Ende: Privatisierung. Ich musste mir woanders einen Pfad suchen. Einer jungen einheimischen Radlerin (dem Mädel, das aus der Pfütze trank) erging es nicht besser.

Der k.u.k.-Bahnhofsvorsteher

Etappe 50 von Kranj nach Ljubljana

Nachdem ich in meiner Pension gestern kein Frühstück bekommen hatte, obwohl es hieß „breakfast included", hatte ich mich erkundigt, und man hatte mir gesagt, es sei so gedacht, dass man selbst in die Küche geht und sich ein Frühstück macht. Also ging ich heute in die Küche. So etwas wie Brot konnte ich dort jedoch nicht finden, sondern nur Margarine, Öl Cornflakes und alte Möhren – nicht unbedingt das, was ich unter Frühstück verstand. Auch Kaffee oder Tee ließ sich nicht auftreiben.

Im Frühstücksraum gähnende Leere – ich schien der einzige Gast zu sein. Lediglich ein Buch zur Unterhaltung – vom Titel her recht passend, wie ich fand: Reise nach Absurdistan (kein Scherz!).

Also verließ ich mein Hostel wieder ohne Frühstück, holte mir am Stand an der Straße zwei Vanillekipferl und verließ Kranj Richtung Süden. Ich nahm Kurs auf den kleinen Ort mit Campingplatz an der Sava, wo ich früher häufig mit meinen Kindern war, es hat uns damals immer sehr gut gefallen, hier in Slowenien!

Die Landschaft und die meisten kleinen Orte waren auch noch so wie früher, und kaum dass ich in Dragocajna ankam, lief mir auch der Hund nach, der früher immer meiner Tochter Wendy nachlief, vielleicht war es aber auch der Enkel dieses Hundes.

Doch ansonsten hatte sich einiges verändert. Das wunderschöne Lokal, in dem wir früher so lecker gegessen hatten und vor dem wir oft bis spät in den Abend bei bestem Vino Negro zu moderaten Preisen saßen, die ehemalige Pension Veronika, hatte zugemauerte Fenster und auch das Angebot war etwas anders als früher: Nightclub Veronika, auf dem Bild eine Frau im Bikini, die sich an einer Stange reibt – *tempora mutantur*. Es wurden zwar noch Betten angeboten, wie das Schild „Sobe" verriet, aber wohl mit verändertem Inhalt. Dragocajna lag jetzt in Slowenien II: *O tempora, o mores – sic transit gloria Sloveniae!*

Aber auch ansonsten hatte sich Dragocajna verändert: Aus dem ehemaligen Weiler war eine Gegend geworden, in der sich die wohlhabende Schicht aus Ljubljana nun Eigenheime baute.

Und was war aus der anderen Gaststätte am Ort geworden, dem Restaurant Kanu? Es war jetzt ein Wellness-Ressort, für den sportlichen Urlaub mit Kanufahren und Tennis – und sah auch deutlich anders aus als früher – Slowenien II eben. Aber wie immer gehört zu Slowenien II auch die Kehrseite der Medaille: direkt an den Tennisplätzen der überall groß angekündigte Wohnmobil-Park – völlig heruntergekommen und versifft.

Ich ging weiter zum nächsten Dorf Smlednik, das auf den ersten Blick noch genau so aussah wie früher, doch am Ortsausgang, dort wo es Richtung Ljubljana geht, standen wieder schicke Villen. Aus einer dieser Villen kam gerade die Dame des Hauses mit ihren beiden großen Hunden heraus und spielte mit diesen. Dann nahm sie die rechte Hand an die Nase, beugte sich vorn über und rotzte in ihre Hand, um sich hinterher den Rotz an ihrer Hose abzuwischen: Familie Neureich in Slowenien.

Ich ließ Smlednik hinter mir und kam entlang einer kleinen Straße durch einen Wald zu einer Wiesenlandschaft. Diese hatte der Diners Club genutzt, um einen *Country and Golfing Park* und eine *Golf Academy* aufzubauen, in denen die slowenische Oberschicht sich die Zeit vertreibt.

Etwas später erreichte ich die Stadtgrenze von Ljubljana, dem Ziel meiner diesjährigen Wanderung, relativ zeitgleich mit einem heftigen Regenguss. Da hier jedoch gerade eine Slowenien-I-Gostilna war, blieb ich trocken. Doch auch bei meinem weiteren Weg in die Stadt wechselten sich trockenes Wetter und heftige Gewitterschauer ab, so dass ich mich entschied, in Ljubljana-Sentvid den Zug zurück nach Kranj zu nehmen.

Sentvid hat einen schönen kleinen alten Bahnhof und nach einigem Suchen fand ich auch den Fahrkartenverkäufer, Stellwerksleiter und Bahnhofsvorsteher in einer Person. Er versuchte mir wortreich etwas zu erklären, bis ich ihn mit dem Einwand unterbrach „Can you please say it in English?"

Was ihm auch gelang: „Today we have problems with... with..."

„somewhat" schlug ich vor, doch ihm fiel ein womit „...with trains."

Es ergab sich, dass er nicht wusste, wann heute überhaupt Züge fahren würden. „But there will be a train to Kranj today?" fragte ich vorsichtig geworden.

„Yes definitely, I´ll get a train for you – somehow!" versprach er und verkaufte mir eine Fahrkarte zu 2,44 €. Da ich es nicht eilig hatte und man unter einem Vordach auf einer Bank im Trockenen sitzen konnte, begann ich die Sache zu genießen.

Ein Zug mit alten Bundesbahn-Liegewagen stand etwas verloren im Bahnhof herum, die Reisenden wussten auch nicht, wie ihnen geschah, und ich erinnerte mich an eine Klassenfahrt am 3. Oktober 1976, als wir hier in der Nähe auch einmal mit einem Zug festsaßen. Damals fehlte den jugoslawischen Eisenbahnern eine Rangierlok, und sie nahmen einfach die Lok unseres D-Zugs – mit allen neun Personenwaggons dazu – als Rangierlok. Auf diese Art fuhren wir damals insgesamt sechs Stunden im Bahnhof herum, immer einige Dutzend Meter weit in die eine und in die andere Richtung.

Diesmal war es etwas anderes, aber weil die Einsatzleitung den Lokführer wohl immer noch nicht telefonisch erreichen kann, musste der Bahnhofsvorsteher, die Fernschreiben dem Lokführer vorbei bringen. Dann kam der Zugführer oder Schaffner des Zuges, um sich beim Lokführer zu erkundigen, was jetzt Sache sei.

Anschließend musste der Bahnhofsvorsteher noch einmal vorbeikommen, um dem Lokführer die Zugbegleitpapiere abzustempeln, wofür er sich allerdings erst im Bahnhof seine rote Bahnhofsvorstehermütze holte, denn das Abstempeln ist ein hoheitlicher Akt. Slowenien gehöre früher zur *k.u.k.-Monachie*, wie ich logisch schloss.

Mit derlei kurzweiliger Betrachtung verbrachte ich die Zeit und hatte mich bereits darauf eingestellt, dass das ein langer Nachmittag werden würde.

Doch plötzlich ging alles viel schneller als gedacht.

„I'm catching your train", erläuterte der resolute Bahnhofsvorsteher, und den nächsten Zug, der kam, stoppte er, indem er eine weitausladende wiederholte Bewegung mit seiner roten Mütze machte – und der Intercity Belgrad-München hielt tatsächlich auf dem kleinen Vorortbahnhof von Ljubljana-Sentvid. Der Vorsteher instruierte den Lokführer, ich müsse nach Kranj gebracht werden – und so geschah es.

Bei dieser Gelegenheit gedenke ich dankbar meines ebenso jungen wie resoluten Bahnhofsvorstehers aus Sentvid!

Am 31. März 2012 werde ich wieder hier in Ljubljana sein und meine Wanderung wieder aufnehmen, hoffe ich inständig!

Zum Pfadabschnitt Kroatien

Im Vorjahr hatte ich meine Pilgerwanderung begonnen und war bis Ljubljana gekommen. Im Jahr 2012 durchwanderte ich im Prinzip das ganze ehemalige Jugoslawien, angefangen von Ljubljana, 50 km von der österreichischen Grenze entfernt bis nach Vidin, 30 km hinter der serbisch-bulgarischen Grenze.

Ich folgte dabei von Ljubljana bis Belgrad der Sava, dem zweitgrößten Fluss im südlichen Slawien. Hatte ich ursprünglich gehofft, mit Rucksack und Zelt zu wandern, am Waldrand oder an einem Bach zu nächtigen, mich morgens im Bach zu waschen und so unabhängig und zivilisationsresistent wie der Buddha zu pilgern, so stellte es sich leider heraus, dass dies unmöglich war. Wanderwege gab es nicht, ich musste den Autostraßen folgen, die Bäche waren so verschmutzt, dass man sich darin nicht waschen konnte und auch die früheren Dorfbrunnen waren verschwunden, seit es überall Wasserleitungen gab. Diese Leitungen gingen entlang der Straßen, was dazu führte, dass es praktisch überall im Savatal Straßendörfer gab, man war fast immer in dörflichem Siedlungsgebiet - also nix mit Zeltaufschlagen und dort nächtigen. Selbst das Austreten wurde allmählich zum Problem.

Ich war daher schon in Slowenien dazu übergegangen, auf eine andere Art zu pilgern: Meine Route folgte der

Bahnstrecke im Savatal. In ganz Kroatien hatte ich nur zwei Übernachtungsquartiere: Zagreb im Norden und Slavonski Brod im Süden an der bosnischen Grenze.

Ich fuhr morgens mit dem Zug zu der Stelle, an der ich tags zuvor meine Reise beendet hatte, ging etwa 25 km Richtung Süden oder Osten und fuhr dann mit dem Zug zu meinem Quartier zurück. Mein kleines Auto, dass mich nach Kroatien gebracht hat, stand meist bei meinen Quartieren.

Mitunter waren die Zugverbindungen so selten (statt im 2- dann eben im 4-Stunden-Takt), dass ich morgens mit dem Hinayana zu dem Bahnhof fuhr, an dem meine Wanderung tags zuvor endete, dann meine tägliche Strecke (zwischen 17 und 30 km) zu einem anderen Bahnhof wanderte, dann mit dem Zug zum Hinayana fuhr und mit diesem wieder zu meiner Übernachtungs-stelle. Ein etwas umständliches Verfahren, es hatte aber einen weiteren Vorteil, dass ich nämlich nur mit einem kleinen Rucksack wanderte, es war schließlich der heißeste Monat in Kroatien seit über 50 Jahren, wie der Rundfunk täglich vermeldete, die Höchsttemperatur lag an keinem Tag unter 35 Grad, oft wurde die 40-Grad-Marke überschritten.

Wandern und Krieg

Etappe 63 von Okucani nach Nova Gradiska

Der Tag begann (bei Kilometer 1522 meiner Pilgerwanderung) zunächst eintönig: Ich fand mich auf diesen immer gleichen dörflich bebauten kroatischen Straßen wieder: das gleiche Wetter wie an den beiden letzten Tagen, die gleichen Straßen ($35^0 - 43^0$ C im Schatten, doch nirgends Schatten, nur Asphaltstraßen), die gleichen Bauten. Es war so heiß, und ich war so unendlich erschöpft, und es würde noch ewig so weitergehen: Gehen auf einer heißen Asphaltpiste, ohne Schatten, ohne kühles Getränk, die Schritte in den ermüdeten Beinen, die immer schwerer wurden. Doch dann stellte ich fest, dass Lamentieren fehl an Platze war. Warum die Augen auf das Unangenehme richten und nicht auf das Herrliche das Wunderbare?

Der Buddha war ein Wanderer. Er ging über 50 Jahre lang durch Indien – zu Fuß. Er erlebte die Welt unmittelbar. „So will ich auch tun!", hatte ich mir im Jahr zuvor gesagt und mich aufgemacht auf eine Wanderung, die mich möglicherweise Richtung Indien bringen würde, aber vor allem – so hoffte ich – dem „Sehen, wie die Dinge wirklich sind" näher, dem, was der Buddha auf seiner langen Wanderung durch Indien erfahren hatte.

Und so kam eine – da ich die Bedingungen dafür in meinem Geist geschaffen hatte – nunmehr euphorische Stimmung auf: Ja, so ist das: Ich gehe meinen Pfad! Einen, wie ich weiß, langen Pfad, aber dass ich diesen Pfad gehe, ist unwahrscheinlich toll! ICH GEHE! ICH SCHREITE! DER PFAD! Wow, er ist gangbar!!! Es ist herrlich zu leben, den Pfad zu gehen!

Stell dir vor, du liegst auf dem Totenbett, kannst nichts mehr machen, bist dem Tod geweiht. Welche Sehnsucht nach solch einem Tag! Eintönig? Ha! Auf dem Pfad kannst du dich bewegen, mit jedem Schritt neue Eindrücke im Detail studieren – jeder Meter ein spannendes neues Erlebnis. Aus der Sicht des Totenbettes müsste diese mir monoton erscheinende Landschaft ein ungeheuer spannendes Erlebnis sein. Und so verwandelte sich meine Emotion von zunächst gelangweilter Eintönigkeit in enthusiastische Offenheit.

Und ich begann, genauer hinzuschauen, wollte jedes Detail genießen. Doch da offenbarte sich mir etwas, das ich zuvor nicht wahrgenommen hatte. Etwas, das immer vorhanden war, ich war diese Straße ja schon zwei oder drei Mal in den letzten Tagen mit dem Auto durchfahren, eine absolut eintönige Strecke. Häuser, Büsche, Asphalt. Manche Häuser neu, manche im Bau, viele alt und verfallen, wie überall in diesem Teil der Welt. Das war das, was ich vom Auto aus wahrgenommen hatte. Und nun hatte ich in weniger als einer Stunde diese emotionale Berg- und Talfahrt gemacht: von der Empfindung der Eintönigkeit über die Begeisterung den Pfad gehen zu dürfen und noch nicht auf dem Totenbett zu liegen, bis zu dem plötzlichen Ins-Auge-Blicken mit einem entsetzlichen Grauen, mit etwas, das ich als oberflächlicher Autofahrer völlig übersehen hatte und nun, da ich zu Fuß ging, erfahren konnte: das Grauen des Krieges.

Ich war tatsächlich in einem vom Krieg heimgesuchten Land, mitten in einer Zone der Zerstörung! Und da war kein Haus, das älter war als 15 Jahre und nicht irgendwelche Kriegszerstörungen aufwies: Einschüsse von Maschinengewehren, von Granaten, Brandschäden. Manche Häuser waren zerstört, andere beschädigt und einige neu, die offensichtlich ältere Gebäude ersetzten.

Welches Grauen muss hier vor nicht langer Zeit geherrscht haben! Da saßen Menschen in ihren Häusern und irgendjemand griff sie an. Welche Optionen hatte sie, wenn sie noch nicht geflohen waren? (Und vermutlich waren sie noch nicht geflohen, sonst hätte ja kein Grund bestanden, die Häuser zu beschießen.) Diejenigen, die da vorrückten, waren keine regulären Truppen, sondern irgendwelche Banden, die plünderten, brandschatzten, vergewaltigten, töteten.

Vielleicht haben die Hausbewohner versucht, sich zu verteidigen. Welche andere Chance hätten sie gehabt? Hätten sie sagen sollen: „Hallo Leute, ihr wollt hier plündern? Okay, plündert, wir warten, bis ihr fertig seid?" oder „Gut, ihr wollt unser Haus und unser Hab und Gut? Bitte sehr nehmt es und lasst uns mit dem Auto fortfahren." Natürlich hätten die Plünderer dann auch das Auto haben wollen – und dann wäre an eine Flucht nicht mehr zu denken gewesen.

Aber selbstverständlich hatten sowohl die Belagerten als auch die Belagerer gehört, was in diesem Krieg bereits vorgefallen ist. Selbst der Versuch, sich zu ergeben, konnte alles noch viel schlimmer machen. Was, wenn die Eroberer nicht nur plündern wollten, sondern auch vergewaltigen und dabei ihre sadistischen Vorstellungen ausleben wollten – in einer Gruppe, die sich gegenseitig anstachelt. Alle Frauen und Kinder, vielleicht auch die Männer schänden? Und dann? Die Angst der Vergewaltiger, nach dem Krieg zur Rechenschaft gezogen zu werden, wenn es Zeugen gab?! Also läge es in der Logik dieser Art von Bandenkriegführung, die Opfer nicht nur zu vergewaltigen, sondern anschließend auch umzubringen und die Häuser vielleicht hinterher anzuzünden, um alle Spuren zu verwischen.

Natürlich musste das nicht zwangsläufig so kommen. Aber es war eine Möglichkeit. Eine durchaus realistische Befürchtung der Belagerten. Sollte man sich unter diesen Umständen ergeben? Oder doch verzweifelt kämpfen? All dieses Grauen, diese kollektive Erinnerung an eine der schwärzesten Epochen Europas in den letzten Jahrzehnten, verfolgten mich an diesem emotional so aufwühlenden Tag.

Es waren stattliche Häuser und armselige Hütten, die der Krieg gleichermaßen heimgesucht hatte, der Terror hatte weder vor Arm noch vor Reich haltgemacht.

Das verschlossene Hoftor einer Familie mit Aberhunderten von Einschüssen, bis sich die Belagerer Zugang erkämpft hatte. Daneben das zerstörte Schlafzimmer mit dem Ehebett der Familie, seit diesem Tag nicht mehr benutzt. Was waren wohl die letzten Szenen, die sich hier abspielten? Ob die Bewohner fliehen konnten? Ob sie überlebten? Und wenn ja, welche Traumata sie wohl davongetragen hatten?

Drei Bilder, die nur wenige hundert Meter voneinander entstanden: die durch Granateinschuss zerstörte Decke eines Raumes, sie ist im gleichen Gebäude wie das oben erwähnte Schlafzimmer; auch vor Kirchen machten Krieg und Zerstörung im Kampf zwischen „katholischen" Kroaten und „orthodoxen" Serben nicht halt; und schließlich ein Haufen Ziegelsteine.

Und das ist die Geschichte von den Ziegelsteinen: Hinter dem Haus war ein älterer Mann mit kurzer Hose und blankem Oberkörper – wie erinnern uns: die Temperaturen liegen weit über 30 Grad – er klopft mit einem Hammer den Mörtel von den Backsteinen eines zerstörten Hauses. Dann fährt er diese Steine mit einem Schubkarren vor das Haus, schichtet sie auf. Er hat ein Schild gemalt. „PRODAIEM CIGLU" – Ich verkaufe Ziegelsteine. Leben in Kroatien, fünfzehn Jahre nach dem Krieg.

Der Krieg ist vorbei. Kroatiens Abspaltung aus dem ungeliebten jugoslawischen Staat ist gelungen, doch allem Augenschein ist der Wohlstand – milde ausgedrückt – nicht höher als vor der Sezession.

Zum Pfadabschnitt Serbien

Auch diesen Abschnitt ging ich - wie zuvor schon den in Kroatien - im Sommer 2012 bei sehr großer Hitze. Ganz Kroatien hatte ich entlang der Bahnstrecke im Savatal durchwandert, und auch die ersten sieben Wandertage durch Serbien folgten noch diesem Muster. Meine Standquartiere waren hier zunächst Sremska Mitrovica, dann Belgrad.

In Belgrad mündet die Sava in die Donau, von hier aus wanderte ich entlang der Donau, allerdings gibt es hier keine Bahnstrecke. Das bedeutete, dass ich von Belgrad aus mit Rucksack bis Vidin (in Bulgarien) ging - 13 Tagesmärsche - mit dem nötigen Gepäck bei Tageshöchsttemperaturen von zwischen 35 und 40 Grad. In meinem Rucksack befand sich neben Kleidung, Proviant und Medikamenten auch ein Zelt, ein Schlafsack und eine Isomatte, sodass ich mit all meinem Gepäck rund 110 kg auf die Waage brachte - bei weniger als 170 cm Körpergröße.

Das wäre schon recht anstrengend gewesen, wenn es wirklich nur entlang der Donau gegangen wäre. Allerdings ist die serbische Seite der Donau östlich von Belgrad sehr bergig, was auch der Grund dafür ist, dass es hier keine Bahnlinie gibt. Es war also ausgesprochen schweißtreibend, mühsam, erschöpfend.

Erschwerend kam noch hinzu, dass ich versuchen musste, mir Nachtquartiere vor Ort zu suchen, denn eine vorherige Reservierung oder auch nur die vorherige Information über Übernachtungsmöglichkeiten war außerhalb großer Städte nicht möglich. Es begann also inzwischen wirklich abenteuerlich zu werden.

Von meinem Zielpunkt Vidin in Bulgarien aus konnte ich dann mit dem Zug in anderthalb Tagen (über Sofia und Nis) zurück nach Belgrad fahren, wo ich das Hinayana geparkt hatte. Damit endete dann meine Pilgerwanderung für das Jahr 2012 erst einmal.

Im Jahr 2013 durchschritt ich dann Bulgarien.

Das Bild zeigt eine im Krieg zwischen Serbien und Kroatien in den 90er Jahren zerstörte Kirche.

Der serbische Polizist

83. Etappe meiner Pilgerwanderung

Ich verlies die ehemalige Industriestadt Smederevo in südlicher Richtung, entfernte mich wieder von der Donau, denn ich hoffte in Pozarevac eine Herberge zu finden. An der Donau folgen jetzt allerdings nur noch kleine Dörfer, wo die Chance dazu sehr gering ist. Ich ging entlang einer Bahnlinie, an der ich keinen einzigen Zug fahren sah, durch ein ehemaliges Industriegebiet. Auch hier lag die Industrie brach, lediglich kleineres Gewerbe gab es noch (...).

Meine erste Rast machte ich nach etwa eineinhalb Stunden in den Außenbezirken des Gewerbegebiets an einem kleinen Laden, vor dem zwei Tische standen. Wegen des niedrigen Einkommens gab es auch hier keine *Café-Bars* mehr, die Läden hatten vielmehr die Funktion des Ausschankbetriebes übernommen. An dem einen Tisch saß eine Gruppe LKW-Fahrer und nahm ihr Frühstück zu sich: Schnaps aus Wassergläsern, 100-grammweise, die Ladeninhaberin lief mit den Flaschen herum und schenkte nach. Unter diesen Umständen wunderten mich die Gedenktafeln für Verkehrsopfer auch an dieser kleinen Vorortstraße nicht mehr, z. B. für das zweijährige Mädchen, das wohl beim Spielen überfahren wurde.

Ich hatte mir an diesem Laden noch einmal genau meinen Weg für den heutigen Tag auf meinen Google-Karten angesehen, dann nahm ich die ersten beiden Klarsichthüllen mit insgesamt vier Seiten in die Hand und ging weiter. Etwa eine Stunde später stellte ich fest, dass ich eine Hülle mit zwei Karten – etwa zwei Stunden Fußweg – verloren hatte. Zum Glück hatte ich mir bei meiner Rast den Weg so gut eingeprägt, dass ich ihn nunmehr auch ohne die Karten fand, nahm mir aber vor, künftig noch achtsamer zu sein.

Es ging durch eine trostlose Industriebrachelandschaft mit den ärmlichen Hütten der verbliebenen Bevölkerung, das ist genau die Gegend, wo das Kleinkind überfahren wurde. (...)

Ich hatte inzwischen einen Bahnhof passiert, an dem keine Züge mehr fuhren, und einen Flugplatz, an dem keine Flugzeuge mehr starteten, und gelangte südlich von Vranovo an die Straße M 24, die auch als Europastraße ausgeschildert ist. Ursprünglich wollte ich nicht an dieser Straße entlanggehen, da ich den starken Verkehr fürchtete. Das hätte allerdings bedeutet, vermutlich drei Tage keine Herberge zu finden. Daher hatte ich mich dann entschlossen, einen halben Tag an dieser Straße entlang zu gehen, was laut Auskunft von Google-Maps möglich sei.

Dort angekommen, stellte ich jedoch fest, dass die Straße für Fuhrwerke, Traktoren, Fahrräder und Fußgänger verboten ist. Allerdings war ich inzwischen fast drei Stunden gegangen und wollte nicht mehr zurück. Also entschloss ich mich, doch der Straße zu folgen. Allerdings fuhren viele Fahrzeuge sehr schnell, und es ist immer unangenehm, wenn man zwar links geht, aber ein von hinten kommendes überholendes Fahrzeug mit 140 km/h nur 10-20 cm neben einem vorbeifährt. Ich ging zügig, um nicht zu lange an den Stellen zu bleiben, an denen man nicht auf einem Seitenstreifen, sondern direkt auf der Straße gehen musste, empfahl mich den *Beschützern* und hoffte, dass es mir besser erginge als den überfahrenen Hunden, die hier überall am Straßenrand lagen.

Ich hoffte, von der Staße auf einen nahen Feldweg abbiegen zu können, doch waren diese verschlammt und endeten bald im Nichts, sodass ich weiter der Autorennstrecke folgte. Als sich mir ein erster Polizeiwagen mit Blaulicht näherte, dachte ich schon, man wolle mich prosekutieren, doch es zeigte sich, dass der Polizeiwagen einen Tieflader eskortierte, der einen Panzer transportierte, das einzige Militärfahrzeug, das ich in ganz Serbien zu Gesicht bekam. Vermutlich wurde es abtransportiert, weil es verkauft wurde, möglicherweise nach Syrien, dort sind ja in letzter Zeit viele Panzer zerstört worden – und Serbien, ein seit dem Jugoslawien-Krieg Ende der 90er Jahre verarmtes Land, braucht Geld.

Etwa eine halbe Stunde später traf ich erneut auf einen Polizeiwagen, diesmal stand er genau vor mir, auf der linken Seite. Ein Polizist baute sich vor mir auf, blickte streng und sagte etwas recht barsch auf Serbisch. Ich antwortete: „Es tut mir leid, guter Mann, aber so, wie Sie sagen, kann ich nicht sagen, und auch nichts verstehen," und machte dazu das treudoofste Gesicht, das ich hinbekam.

Nun versuchte es der Polizist auf Englisch: „No pedestrian!" Ich behielt meine Unschuldsmine bei und beteuerte: „I am no pedestrian, I am pilgrim."

Das war ein Wort, mit dem der Polizist nichts anfangen konnte: „PIL – GRIM?" fragte er.

Ich antwortete mit dem Brustton der Überzeugung: „Da (=Ja), pilgrim, India, Buddha!" und verbeugte mich gen Osten.

Nun schien der Polizist von der Rechtmäßigkeit meiner Wanderung überzeugt. „Ah! Pilgrim, India, Buddha!" sagte er verständnisvoll und trat zur Seite, um mich passieren zu lassen.

Man muss es den Leuten eben nur richtig erklären.

Bild: Gevatter   *(Das Bild gehört zur folgenden Geschichte.)*

Pünktlich um 20.00 h schreckte mich der Sensenmann mit einem Glockenschlag auf. Der 90. Geburtstag war beendet.

Dinner for One

oder

Der 90. Geburtstag

85. Etappe meiner Pilgerwanderung

Am Morgen des 85. Tages ging ich an die Hotelrezeption und versuchte, von der Rezeptionistin ein Taxi bestellt zu bekommen, womit diese allerdings hoffnungslos überfordert war. Sie war tröstlicherweise der Meinung, dass gegen 6.30 h ihre Ablösung käme und dieser mir helfen könne. Der kam dann zwar auch und wusste, wie man telefoniert, es war ihm jedoch auch nicht möglich, ein Taxi im größten Badeort Serbiens aufzutreiben, vermutlich weil er nur die Nummer eines einzigen Taxifahrers kannte. Also begab ich mich nach draußen, besorgte mir in einem Laden etwas Verpflegung (mein Frühstückseis und eine Cola für gleich sowie Kikeriki – der hiesige Name für gesalzene Erdnüsse – und zwei Bananen für später, wobei Bananen hier eher ein seltener Luxusartikel sind. Für die zwei Bananen zahlte ich 40 Dinar, immerhin über 30 Cent).

Dann suchte ich weiter nach einer Fahrtmöglichkeit. An einem Gebäudekomplex stand an, dass es sich um einen Laden, ein Hotel, eine Spedition und eine Taxiunternehmung handele. Und tatsächlich war man mir zunächst im Laden behilflich, alsdann bei der Hotelrezeption in diesem kleinen Hotel, das sicher sehr viel billiger als mein vornehmes Hotel, an dem mich mein Fahrer des Vortages abgesetzt hatte, gewesen wäre. Und siehe da, es gelang ein Taxi zu rufen, wobei ich mich erst einverstanden mit dem Taxipreis erklären müsse, denn sonst käme das Taxi nicht hergefahren, der Fahrer hätte eine Viertelstunde Anfahrtszeit. Ich war selbstverständlich damit einverstanden, denn der Preis von 1000 Dinar für 25 km Fahrtstrecke (zuzüglich der An- und Abfahrtszeit des Taxifahrers), war mit knapp 9 EUR deutlich günstiger als die entsprechende Entfernung mit den Bussen und Bahnen in Deutschland. Ich gelangte also von Golubac zurück nach Srednjevo und konnte nun die Strecke, die ich gestern bereits per Anhalter gefahren war, erneut zurücklegen, diesmal per pedes.

Neben einer aufgegebenen Bank, einer ehemaligen Post und einer verlassenen Wirtschaft gab es hier noch einen Laden. Da ich jedoch noch nicht bedürftig war und die Leute bei meinem Anblick entsetzt flohen, verzichtete ich darauf, dem Laden einen Besuch abzustatten. Ich erfreute mich hier stattdessen an der noch wirklich bäuerlichen Landwirtschaft mit kleinen Gehöften, auf denen noch Bauer und Bäuerin, deren Eltern und Kinder in traditioneller Arbeitsweise ihrem Tagwerk nachgingen. Zu jedem Gehöft gehörte etwas Landwirtschaft und die Haltung einiger Nutztiere zum Eigenbedarf, allerdings hatte auch hier der Traktor das Pferd verdrängt. Ich habe in ganz Serbien außerdem keinen einzigen Ochsenkarren mehr gesehen.

Wenig später näherte ich mich wieder der Donau, von deren anderem Ufer ein unheimliches Dauergrollen von Gewittern zu künden schien. Möglicherweise gehörte es allerdings auch zur Image-Aufrechterhaltung des Nachbarlandes, denn am anderen Ufer liegt *Transsylvanien.*

Ich folgte der M 25-1 Richtung Golubac, dem größten Badeort Serbiens, hier ist die Donau sieben Kilometer breit, was daher kommt, dass diese sich danach in ein engeres Tal drängen muss, denn hier beginnt das Balkangebirge. Die südliche Donauseite ist hier serbisch, die nördliche rumänisch. Allerdings gibt es auf 40 km in beide Richtungen keine Brücke über den Strom.

Es war schön zu sehen, dass sich die Menschen bei diesem heißen Wetter fröhlich in der Donau tummelten, auch wenn die Wasserqualität sicher nicht dem entsprach, was ich mir wünschen würde, aber immerhin gab es an einigen Stellen Duschen, sodass sich die Leute nach dem Baden den gröbsten Unrat abspülen konnten.

So legte ich in diesem sommerlichen Strandgetümmel, das jedoch weiterhin von donnerndem Grollen von jenseits der Donau begleitet wurde, die letzten Kilometer bis Golubac zurück, wo ich mich ja bereits am Tag zuvor im vornehmen Hotel Golubacki Grad einquartiert hatte, und wo ich auch diese Nacht noch verbringen würde. Auf der rumänischen Seite waren zahlreiche Windkraftanlagen auf einem Bergrücken, von denen sich jedoch keine drehte, nicht einmal, als später der Wind immer mehr auffrischte. Meine früher gewonnen Erkenntnisse über die rumänische Wirtschaft verleiteten mich zu der Annahme, dass man dort die Windmühlenflügel einfach an die Türme geschweißt hat. Vielleicht doch etwas ungerecht von mir? (...)

Ich zog mich in eine *Café-Bar* zurück, um meinen Kinder zu simsen. Mir war die Idee gekommen, meine Mutter heute um 20 h zu ihrem 90. Geburtstag auf ein Bier (mochte sie) und zum Abendessen in ein nahes Restaurant einzuladen. Vielleicht hätte ja eines meiner Kinder auch Lust, um diese Zeit mit ihrer Oma auf den runden Geburtstag anzustoßen.

Danach sah ich einigen Kunsthandwerkern zu und begab mich dann zum Restaurant. Zwar war es noch nicht 20 h, aber ich hatte festgestellt, dass ich doch bereits Hunger hatte, außerdem war das Gegrummel über Rumänien in letzter Zeit angestiegen, und ich hegte den Verdacht, dass ich, wenn ich erst um 20 h mit dem Dinner for One beginnen würde, vielleicht eine unangenehme Überraschung erleben würde. Also begab ich mich in ein nahes Restaurant und bestellte uns eine Pizza

Quattro Formaggi, einen griechischen Salat und zwei Bier. Der Ober schien mich jedoch nicht ganz richtig verstanden zu haben, denn er brachte nur einmal Besteck und ein Bierglas. Ich schickte ihn also weg, denn meine Mutter braucht schon ein eigenes Glas, so versuchte ich ihm zu verstehen zu geben, gerade an ihrem 90. Geburtstag.

Ich muss sagen, dass ich von diesem Augenblick an ihre Anwesenheit sehr deutlich spürte. Der Aschenbecher stand da, falls sie rauchen wollte. Sie hatte das zwar kurz vor ihrem Tod 1978 aufgegeben, aber das konnte sich ja wieder geändert haben. Wir hatten ein langes Gespräch über unsere Probleme, unsere guten Absichten und die Fehler, die auf beiden Seiten begangen worden waren. Allerdings reagierte sie etwas ungehalten auf mein großzügig gemeintes Angebot, ihr ihre Fehler zu verzeihen.

Gerade in diesem Moment – und ich bedaure inzwischen sehr, das so gesagt zu haben – schwoll das Gegrummel über Rumänien jedoch zu einem bedrohlichen Grollen an und der Himmel trübte sich mehr und mehr ein.

Was mich allerdings doch sehr wunderte, war, dass meine Mutter ihr Bier noch nicht angerührt hatte, so kannte ich sie sonst gar nicht. Schon waren aus dem Wetterleuchten entfernte Blitze geworden und aus dem Grollen echter Donner und von einer Minute auf die nächste kam Wind auf, böiger Wind, heftiger Wind, Sturm! (Meine Mutter konnte schon früher leicht in Wut geraten.) Als erstes flogen die Papierservietten weg, dann die ersten leichteren Sonnenschirme. Ich sprang auf, lief zum Kellner, um zu zahlen, der war zu beschäftigt, wollte mich vertrösten, ich aber steckte ihm das Geld zu: „It´s o.k." Es waren 1000 Dinar, etwa 8,50 EUR, ein Aufschlag von rund 20 % auf den regulären Preis.

Ich wollte noch einmal zu unserem Tisch zurück, doch in diesem Moment hob der Sturm die Tischdecke an und trug sie samt Geschirr weg. „Eben hat sie ihr Bier abgeholt", war mein letzter Gedanke, denn in diesem Moment verspürte ich auch nicht mehr die Anwesenheit meiner Mutter.

Ich floh jetzt, das Wetter war mir zu bedrohlich, die Situation zu gespenstisch. Ich wollte nur noch weg, die meisten anderen Leute hatten auch bereits das Weite gesucht, nur einzelne bemühten sich noch darum, ihr Hab und Gut zu retten, während Blitze und Wetterleuchten dauernd im raschen Wechsel von Hell auf Dunkel umschalteten. Ich rannte am Strand entlang zum Hotel, in diesem Moment setzte der Regen ein.

Ich war gerade vor dem Hotel angekommen, wo sich Polizei und Feuerwehr für erste Einsätze bereitmachten, als mich ein Geräusch aufschreckte, es war die Turmuhr. Aber was mich so erschütterte, war nicht die Tatsache, dass es Punkt acht Uhr schlug, die Zeit, zu der ich mich eigentlich mit meiner Mutter verabredet hatte, sondern es war der Klang dieses Glockenschlages, es war ein Sound, den ich kannte.

Es klang genau wie die ersten Töne des Songs der österreichischen Kultband „Erste Allgemeinen Verunsicherung": „Grüß Gott, ich bin der Tod", in dem der Sensenmann auftritt und den Interpreten bedroht.

Momentan erschüttert drehte ich mich rasch um, dorthin, woher der Ton kam – und auf dem Gebäude, an dem die Glocke läutete stand er wahrhaftig – der Sensenmann!

„Du, du kommst mir jetzt aber vollkommen ungelegen", stammelte ich erschüttert und verwirrt daher. Doch nur Bruchteile einer Sekunde später hatte ich realisiert, dass dies nicht der echte Sensenmann war, der dort stand, sondern eine Statue. Dennoch verwunderte und verunsicherte mich dieses merkwürdige Zusammentreffen: Die Begegnung mit meiner toten Mutter am ihrem 90. Geburtstag beim Dinner for One, der gleichzeitig auftretende Sturm, der ihr Gedeck und ihr Bier abholte, das unheimliche Gewitter über Transsylvanien, dieser markerschütternde, mir so bekannte Glockenton und dann – genau an der Stelle, von der dieser Klang kam – die Figur des Sensenmannes. Den man sonst normalerweise nicht als Denkmal auf Häuser stellt. „Das glaubt Dir hinterher keiner", durchfuhr es mich, also griff ich zum Foto um wenigstens den Sensenmann abzulichten. (Bild S. 60)

**Schwarzer Mantel,
schwarzer Hut
A schaurige Figur!
Und er hat a Sensn
Und a Eieruhr!
Langsam kommt er näher:
„Grüß Gott!
I bin der Tod!
Vorbei ist deine Not!
Kumm – dei Zeit is um.
Geh, moch ka Theater.
I bins – der Gevatter!"**

Bulgariens wilder Westen

Etappe 91 von Bogotin (SRB) nach Gamzovo (BG)

Am vorletzten Wandertag des Jahres 2012 kam ich an die serbisch-bulgarische Grenze, die ziemlich verwaist schien: der Duty-Free-Shop war zu, die Wechselstube geschlossen, der Imbiss und ein Restaurant schienen schon vor Jahren ihr Geschäft geschlossen zu haben, lediglich zwei Grenzer, ein serbischer und ein bulgarischer, verrichteten noch ihren Dienst. Selbstverständlich war auch der Wachturm aus der Zeit des kalten Krieges zwar noch vorhanden, aber seit 20 Jahren außer Dienst. Hätte ich nicht gewusst, dass ich die E 79, eine europäische transnationale Fernverbindung, entlanggehe, ich hätte mich auf einem verlassenen Truppenübungsplatz gewähnt. Die Straße hieß auf bulgarischer Seite nicht mehr M 29 sondern Route 12, aber auch in dem Ort, der unmittelbar hinter der Grenze liegt, in Bregovo, gab es nicht mehr Verkehr als auf einem schlecht besuchten Kinderspielplatz. Irgendwie wirkte alles hier gespenstisch leer. Mein erstes Ziel war es nun, mir bulgarische Leva zu besorgen, denn an der Grenze war das nicht möglich, also ging ich ins Ortszentrum, wo mich ein großer Marktplatz erwartete.

Es war ein absolut menschenleerer Platz, um den herum geschlossene Läden, aufgegebene Restaurants, ehemalige Gaststätten und geisterhaft leere Bürohäuser standen. Ich fand ein Bürogebäude, an dem sich ein Bankautomat befand. Ich führte meine Karte ein und siehe da: Er funktionierte, man konnte sogar die Sprache wählen. Er fragte mich auf Englisch, ob ich 10, 20, 30 oder 40 Leva abheben wollte. Die größte Geldmenge, die also offensichtlich normalerweise abgehoben wurde, waren 40 Leva, rund 20 €. Aha.

Der Lev, die bulgarische Währung, war früher im Verhältnis 1:1 an die DM gebunden, so ist auch heute noch der Umrechnungskurs zum Euro so, wie früher der zur Deutschen Mark, genau 1 : 1,95583.

Am Rande des überdimensionierten gespenstisch leeren Marktplatzes fand ich eine offene Gaststätte.

Da ich mich erinnerte, dass es in den 80iger Jahren, also noch zu Zeiten des Sozialismus, in bulgarischen Gaststätten eine große Auswahl an Schweppes-Sorten gab, fragte ich nach diesem Getränk. Nein, das habe man nicht. Da ich einen Kühlschrank mit einer großen Coca-Cola-Reklame sah, fragte ich also danach. Ja, das habe man, sagte die Bedienung, und verschwand im Laden.

Kurz darauf kam sie jedoch zurück: Nein, doch nicht, die Flasche Cola habe man wohl letzte Woche verkauft. Aha. Sie führte mich zum Kühlschrank, damit ich mir etwas aussuchen könne. Es gab drei Sorten Flaschenbier, sonst nichts. Aha. Sehr enttäuscht war die Bedienung, dass ich als Ausländer nicht das (vermutlich teurere) Becks wollte, sondern das lokale Pivo. Es war noch früher Nachmittag und ich bemühte mich, möglichst langsam zu trinken, denn es war warm und Bier am Nachmittag – naja.

Ich wollte schließlich bis etwa gegen 18 h hierbleiben, denn ich hatte zwei Tage zuvor von den polnischen Radlern gehört, dass es gar keinen Sinn habe, hier nach einer Übernachtungsstelle zu suchen, also war dies der Tag, an dem ich erstmals dazu kommen würde, endlich eine Nacht mit oder ohne Zelt im Freien zu verbringen. Und da ich meine Lagerstatt nicht zu zeitig und nicht zu nah am Ort aufschlagen wollte, hatte ich mir auf der Karte eine Gegend ausgesucht, etwa 6 km von hier, die ich vor – aber nicht allzu lange vor – Einbruch der Dunkelheit erreichen wollte. Doch kurz vor 16 h, nach meinem zweiten

Bier, schloss das Lokal, jetzt sei Wochenende. Offensichtlich erwartete man samstags nach 17 h keine Kundschaft mehr (in Wirklichkeit war es bereits 17 h, nicht 16 h, denn in Bulgarien gilt die osteuropäische Zeit, was ich zu diesem Zeitpunkt nicht wusste).

Kurz vor 17 h OESZ kamen noch zwei Kunden, die um die Öffnungszeiten wussten, und sich wohl für's Wochenende eindecken wollten, denn es schien sonst keine Einkaufsmöglichkeiten zu geben. Als der letzte Kunde erschien, dachte ich mir: So ärmlich und abgerissen, so elend gekleidet, würde kein Mensch in Afrika herumlaufen.

Der Mann hatte ein kleines, ziemlich schmutziges und ebenso fröhliches Kind bei sich. Dann tätigte er seinen Wochenendeinkauf. In der offenen Hand trug er vorsichtig seinen soeben erstandenen Schatz nach Hause: eine Zigarette – eine einzige! Da das Lokal jetzt geschlossen war, brach auch ich in der Hoffnung auf, irgendwo noch Wasser zu bekommen. Ich hatte noch zwei 0,5-l-Flaschen warmes Wasser bei mir, aber ich wusste, dass das bei diesem Wetter und meinem Schweißverlust nicht bis morgen Mittag, wenn ich in Vidin ankommen würde, reichen könnte.

Ich fand jedoch keinen Laden und kein Lokal mehr, jedenfalls kein geöffnetes, also hoffte ich auf eine Tankstelle am Ortsende, schließlich befand ich mich auf der E 79! Diese Straße war sehr breit, vermutlich gab es zu besseren Zeiten hier auch entsprechenden Verkehr. Jetzt jedoch wirkte die Prachtstraße wie für den Verkehr gesperrt. Und das Erstaunlichste: es gab nicht einmal ruhenden Verkehr, es sah vielmehr so aus, als sei das Auto noch nicht erfunden, oder als hätte zumindest niemand ein solches. Doch wenig später wurde ich doch noch eines auf der Fernstraße parkenden Verkehrsmittels gewahr. Es sah mich mit freundlichen Augen an und hatte lange Ohren.

Ein anderes Wesen traf ich im Ort noch an, einen Menschen. Er sagte so etwas wie einen Gruß: „Can give me money?" Dann kam ich aus dem Ort heraus und tatsächlich gab es hier zwei Tankstellen, doch ohne einen Verkauf von irgendetwas anderem als Benzin. Es gab nicht einmal einen Wasserhahn!

So verließ ich ziemlich verstört und voller düsterer Ahnung für die etwa 700 km Bulgarien, die nunmehr vor mir liegen, Bergovo. Am Rande der Stadt habe ich noch einen erbärmlichen Kleinbauernhof (bewohnt) und eine Fabrik (verwaist) zu Augen bekommen.

Ich folgte der Europastraße auf der Suche nach einem Übernachtungsplatz; hin und wieder begegnete mir ein Fahrzeug, meist von einem Pferd gezogen.

Auf der Landkarte hatte ich eine Stelle ausgemacht, die so aussah, als sei dort ein Bachlauf, über den kleine Brücken gehen, und dahinter Felder oder Wiesen. Dort wollte ich hin, allerdings wurde mein Durst stärker, wozu vielleicht auch die Tatsache beigetragen hatte, dass ich am Nachmittag zwei Flaschen Bier getrunken hatte. Meine geplante Übernachtungsstelle stellte sich dann jedoch als Brennnesselfeld heraus. Also beschloss ich, noch den nächsten Ort zu passieren, vielleicht gab es dort etwas zu trinken. Inzwischen hatte ich eine der beiden 0,5-l-Flaschen geleert und es waren noch ca. 18 Stunden, bis ich in Vidin etwas bekommen würde.

In diesem Zusammenhang muss ich erwähnen, dass sich auf meiner ganzen Wanderung eine Art Hintergrunddurst aufgebaut hatte. Ich schwitzte so stark, dass ich praktisch beständig Durst hatte. Einmal habe ich 5 l Flüssigkeit zu mir genommen, es passte wirklich nichts mehr hinein, aber das Durstgefühl war noch immer nicht verschwunden – und ich musste auch in den nächsten sechs Stunden nicht austreten. Der Hintergrunddurst blieb bis drei Tage nach Ende meiner diesjährigen Pilgerwanderung. So stellte sich inzwischen so etwas wie Panik bei mir ein: ich sah mich schlaflos und durstig daliegen, in der Nacht durstgeplagt aufstehen und im Dunkeln dem entfernten Vidin zuwanken, wo man am Sonntagmorgen in aller Frühe sicher auch nichts bekäme.

In diesem Zustand erblickte ich an einer Weggabelung ein eingezäuntes Umspannwerk. Auf dem Dach arbeiteten zwei Männer – dort musste es Wasser geben! Doch Zaun und Warnschilder (wie das, welches vor den scharfen Wachhunden warnte) waren mir jetzt egal – ich wollte da rein – wie einst Gerhard Schröder ins Kanzleramt. Und ich verschaffte mir – gewissermaßen als Einbrecher – Zutritt. Die Männer auf dem Dach versuchten mich davon abzuhalten und ein ziemlich großer, höchst interessierter Wachhund kam auf mich zu, ihm schien die Abwechslung zu gefallen, und angesichts der vielen freundlichen *Bodhisattvas*, die mit mir reisten, kam er gar nicht erst auf die Idee, irgendwie aggressives Gehabe an den Tag zu legen, vielmehr begrüsste er freudig interessiert meine Freunde. Die Arbeiter wunderte es, und ich legte jetzt meine beste Leidensmine auf, reckte ihnen meine beiden leeren Trinkflaschen entgegen: „Molja, voda!" (Wasser bitte)

Ich bekam Wasser, bedankte mich herzlich und meine größte Sorge war gelöst. Inzwischen war ich wirklich erschöpft. Beim Ort Gamzovo rastete ich noch einmal auf einer Bank vor einer Haustür. Es war ein kleines Dorf, wo alte Leute und Kinder den Feierabend mit Gartenarbeit oder im Spiel verbrachten und wo nichts darauf hindeutete, dass es irgendwo auf diesem Planeten möglicherweise irgend etwas zu kaufen gebe könne. So müssen frühere Jahrhunderte ausgesehen haben! Kurz nach Gamzovo fand ich eine Stelle, die ich für einen geeigneten Übernachtungsplatz hielt. An einem Abzweig standen einige Birken, dahinter war ein Stoppelfeld, dessen Stoppeln umgewalzt waren und wo etwas frisches Grün sprießte. Die

Stelle war von der Straße nicht und von dem abzweigenden Weg kaum einzusehen.

Als ich in meinem improvisierten Bett lag – auf das Zelt verzichtete ich, da es nicht nach Regen aussah und ich leichter aufstehen können wollte, ich wusste ja, dass meine Beine nachts immer etwas brauchen, bis sie wieder funktionieren – kamen mir merkwürdige Geräusche an die Ohren, ein leichtes Blip-Blip. Es hörte sich an, wie wenn Luftblasen im Wasser aufsteigen, aber das konnte ja gar nicht sein. Der Boden war schließlich strohtrocken nach solch einem heißen Tag. Aber irgendwie hörte es sich ziemlich nah an.

Bald wurde ich jedoch durch einen sehr starken Luftverkehr abgelenkt. Nein, ich meine keine Flugzeuge, sondern Insekten. Vorsichtshalber cremte ich mich mit Autan ein, wovon ich zwei Flaschen seit 2000 km praktisch ungenutzt mit mir herumgetragen hatte. Es insektete weiter, ich wurde aber nicht gestochen, doch die unterschiedlichsten Fluggeräusche der Kerbtiere verwunderten mich schon ob ihrer großen Vielfalt. Ich hatte mir die auf zwei Zentimeter selbstaufblasende (naja) Luftmatratze untergelegt und meinen leichten Reiseschlafsack genommen. Der war offensichtlich u. a. deshalb so leicht, weil er unwahrscheinlich eng war. Um nicht an Klaustrophobie zu verenden, konnte ich ihn nicht höher als bis zur Taille schließen. Erstaunlicherweise wurde es hier am Boden in der Nacht relativ kühl, sodass ich mir etwas anzog, was ich bislang auch unnötig herumgetragen hatte, was mir jetzt aber umso willkommener war: ein Flanellhemd.

In der Nacht musste ich zweimal austreten. Zwar hatte ich nicht allzu viel Flüssigkeit zu mir genommen, aber man wird eben alt. Und nun stellte ich ein weiteres Problem fest. Ich kann, wenn meine Beine ermüdet sind, kaum vom Boden aufstehen. Bei zweimal Aufstehen, bin ich insgesamt immerhin dreimal wieder gestürzt, weil mir die Beine den Dienst versagten. Auch ein

Problem, das nächstes Jahr Schwierigkeiten machen dürfte, wenn mir bis dahin nichts einfällt.

Es war für mich eine recht unruhige Nacht und bereits in der Morgendämmerung stand ich auf. Aber was war das? Alles, was aus Stoff war und ich abgelegt hatte, war nass, insbesondere mein Leinenbeutel und mein Hut. Da wird doch nicht etwa ein Hund!....

Nein, das hätte ich in der Nacht bemerkt, so leicht wie mein Schlaf war. Aber alles war gleichmäßig durchfeuchtet – und es roch auch so wie...

Offensichtlich war der Boden jetzt am Morgen nicht mehr so trocken wie nach der Hitze des Tages. Und da fiel es mir auch wie Schuppen von den Augen: wenn hier frisches grünes Gras wächst und das nach einem Monat sengender Hitze, praktisch ohne Regen, dann muss das Gras Wasser von unten bekommen. Und die Birken! Birken sind die Bäume, die in einem Maße Wasser verdunsten, wie sonst keine andere Pflanze. Die können nur dort gedeihen, wo sie an genügend Wasser kommen. Offensichtlich reicht hier der Grundwasserspiegel bis fast an die Oberfläche. Nur die alleroberste Erdschicht war gestern Abend durch die Tageshitze trocken.

Und was den Geruch angeht: die haben hier vermutlich kräftig gedüngt. An der Oberfläche ist alles Wasser verdunstet, nur die Harnsäure hat sich abgelagert. Durch das aufsteigende Wasser, löst sich diese in der Feuchtigkeit erneut, kann jedoch nicht verdunsten, aber sie kann mit der Feuchtigkeit in meine Leinentasche und in meinen Hut ziehen. Nichts entsteht ohne Ursache. Man muss nur die Zusammenhänge erkennen. Ich glaube, ich werde noch viel lernen müssen, bis ich ein echter Naturbursche bin, der unter freiem Himmel lebt. Nun, ich werde im nächsten Jahr noch viel Gelegenheit haben, mich als lernendes System zu begreifen!

So begann der letzte Tag meiner Pilgerwanderung Richtung Bodh Gaya im Jahre 2012.

Im folgenden Jahr (2013) ging es quer durch Bulgarien.

Bild: Ein Bett im Kornfeld, meine einzige Übernachtung unter freien Himmel in der ersten Nacht in Bulgarien.

Zum Pfadabschnitt Bulgarien

Die ersten zwei Tagesetappen in Bulgarien ging ich am Ende meiner Pilgerwanderung des Jahres 2012. Anschließend ließ ich mir in Vidin einen Tag Zeit, um mich mit den hiesigen Transportmöglichkeiten auseinanderzusetzen, denn gleich bei meiner ersten Übernachtung in Bulgarien hatte ich festgestellt, dass es in Bulgarien nicht so einfach ist mit öffentlichen Verkehrsmitteln zum Übernachtungsplatz zurückzukehren. Im Freien übernachten wollte ich nach der im letzten Abschnitt beschriebenen Erfahrung nicht mehr.

Da der größte Teil Bulgariens sehr gebirgig ist, ist es nur an der Ostwest-Achse, von Nis (in Serbien) über Sofia und Plovdiv zum Schwarzen Meer möglich, den Zug zu benutzen. Bis Sofia und ab Plovdiv bis zur türkischen Grenze musste ich nach Alternativen suchen.

Das Busnetz ist nach dem Zusammenbruch des Sozialismus praktisch nicht mehr existent, vor allem: Es gibt keine irgendwo erhältlichen Fahrpläne und keine erkennbaren Bushaltestellen. Wo und wann – in etwa – ein Bus fährt, wissen nur die Anwohner, und die sprechen nur bulgarisch. Im Vorfeld ist nichts herauszufinden, allerdings stellte ich fest, dass es recht viele Taxis gibt, die von der Bevölkerung genutzt werden können, da die Preise sehr niedrig sind – etwa 0,50 *lv* je km. Allerdings war der Abstand zwischen meinen ersten beiden Übernachtungsmöglichkeiten rund 100 km. Ich entwickelte also einen Plan, wie ich solche Strecken überbrücken konnte:

von Vidin	25 km nach
von Archar	25 km nach
von Brusartsi	25 km nach
von Doktor Yosifono	25 km nach

Montana

Ich fuhr mit dem Hinayana von meinem Hotel in Vidin nach Archar. Von dort ging ich die Etappe 93 entgegen der Reiserichtung zurück nach Vidin. Am nächsten Tag ließ ich mich vom Taxi nach Brusartsi bringen und gehe die Etappe 94 zurück zum Hinayana, mit dem ich mich dann in mein Hotel in Vidin begebe. Am nächsten Morgen checke ich dort aus und fahre mit dem Hinayana nach Doktor Yosifono und wandere die 96. Etappe nach Montana, wo ich im Hotel einchecke. In Montana gibt es Taxis und eines bringt mich am nächsten Morgen nach Brusartsi, an die gleiche Stelle wie das andere Taxi zwei Tage zuvor. Nun gehe ich die 95. Etappe nach Doktor Yosifono und fahre mit dem Hinayana in mein Standquartier in Montana.

Nach dem gleichen Muster bin ich fürderhin in ähnlichen Situationen immer vorgegangen. Zwar muss ich dabei immer einmal in die „falsche" Richtung gehen, aber eine bessere Lösung fiel mir nicht ein – und zweckdienlich war diese allemal.

Gehen in Begleitung von Bodhisattvas

Etappe 94 – zwischen Archar und Brusartsi

Am Morgen ließ ich mich von einem Taxi nach Brusartsi fahren, um von dort zurück zu gehen zum *Hinayana*, das so freundlich war, in Archar auf mich zu warten. Ich hatte das kleine Auto tags zuvor dort abgestellt und war dann zurückgegangen zu meinem Hotel in Vidin. Auf diese Weise hatte ich dann gut die Hälfte der rund 100 km langen Strecke zwischen meinen beiden Unterkünften in Vidin bzw. Montana überwunden, für den Rest hatte ich mir einen ganz ähnlichen Trick ausgedacht. Für die Taxifahrt auf der genau 50 km langen Strecke habe ich 40 Lewa gezahlt, ein Lev ist genau eine DM, der Wechselkurs in EUR beträgt also genau 1 zu 1,95883 – erinnert ihr euch noch? (vgl. Szene 078 – Bulgariens Wilder Westen)

Von der Ortsmitte aus ging ich also zurück Richtung Archar, heute glücklicherweise nicht auf der schrecklich schwer-verkehrsintensiven Straße N 1, sondern teilweise auf deren Nebenroute N 12 und teils auf wiederum deren Nebenstrecke N 112. Diese Möglichkeit werde ich leider nicht immer haben – im Balkangebirge gibt es teilweise nur eine Straße, eben die N 1, aber wo immer ich auf kleineren Routen gehen kann, mache ich das natürlich.

Das hatte den ungeheuer tollen Effekt, dass ich zunächst, also auf der N 112, der Begleitung der „Glorious company of Buddhas and *Bodhisattvas*" teilhaftig werden konnte, angeführt wurde diese von *Tara*, die wie üblich leichtfüßig voran-schlenderte, und dann direkt vor mir die kraftvolle Figur von *Manjusri*, dem Bodhisattva der Weisheit. Da ich ihn also an die drei Stunden lang vor mir ausschreitend bewundern konnte, war das eine gute Möglichkeit, über ihn und sein Bild zu reflektieren. Dummerweise fiel mir jedoch als erstes ein, dass er auch bei starkem Sonnenschein völlig ohne Sonnencreme auskommt, seiner Hautfarbe wegen (gelbbraun). Natürlich braucht auch die *Grüne Tara* kein Sonnenschutzmittel, ein Baum bekommt ja auch keinen Sonnenbrand.

Allmählich konnte ich mich jedoch auch ernsthafteren Betrachtungen widmen. Manjusri wird mit dem flammenden Schwert der Weisheit in der rechten Hand dargestellt, was normalerweise recht imposant wirkt, denn üblicherweise wird er in Meditationshaltung sitzend abgebildet. Wenn wir gemeinsam pilgern, sitzt er jedoch nicht, sondern schreitet kraftvoll einher, wobei sich seine rechte Hand mit dem Schwert logischerweise im Takt des Ganges auf und ab bewegt. Dieses Bild kenne ich nun schon seit gut zwei Jahren, aber ich fand immer, dass es etwas albern aussieht, wie da das Schwert immer wieder in die Luft stößt, es wirkte auf mich irgendwie so wie Imponiergehabe und erinnerte mich daran, wie früher mein Sohn im Garten mit irgendeiner Latte, die ein Leuchtschwert darstellen sollte, in der Luft herumstocherte, um irgendwelche Extraterrestrische zu bekämpfen, die in einem komischen Kinofilm mitgespielt hatten. Daher hatte ich mich gewöhnlich schnell von dieser – in meinen Augen albernen – Szene abgewendet und lieber einem der anderen *Bodhisattvas* zugesehen. Heute jedoch war das nicht möglich, denn dieser hervorragende Manjusri ging ja drei Stunden lang sichtbar vor mir.

Als erstes kam mir dann die Idee, dass das daran erinnert, wie man sich mit einer Machete den Weg durch den Dschungel bahnt, den Dschungel des *Samsara* vermutlich. Doch auch diese Interpretation fand ich nicht sonderlich befriedigend, irgendwie war auch das noch zu aggressiv. Wer jetzt meint, ich hätte ihn einfach fragen können, der versteht nicht ganz, wie eine Kommunikation mit Bodhisattvas funktioniert, diese antworten nämlich niemals verbal, oder besser gesagt, sie antworten mir niemals verbal, vielleicht haben ja andere Menschen oder andere Wesen einen anderen Zugang zu ihnen, mir gegenüber haben sie jedenfalls noch nie mit Worten geantwortet, sondern immer durch Schweigen, durch Gesten oder direkt von Geist zu Geist.

Doch dann wurde mir allmählich klar, dass das Schwert bei jedem Schritt kraftvoll nach oben gerichtet wird und dass seine flammende Spitze die Weisheit, den dritten Teil des Dreifachen Pfades, symbolisierte, also aufwärts zur Weisheit, dem Dreifachen Pfad aus Ethik, Meditation und Weisheit entlang, den *Spiralpfad* empor, *vimukti*, Befreiung, Freiheit, entgegen. Und im selben Moment erinnerte ich mich an die andere kraftvolle Figur, die mir als Kind ungemein imponierte und die auch immer so ein Ding mit Verve und im Takt in die Luft streckte: der Tambourmajor in den Festzügen der 50er Jahre in meinem Heimatort Großauheim, und ich bekam unbändige Lust, in dieser Musik mitzuwirken, über den Pfad zu frohlocken und ein *Mantra* laut herauszuschmettern; nein, nicht so eines der alten östlichen Mantras, sondern ein neues, westliches, der Situation angemessenes. Also sang ich im Takt, den mir der große Tambourmajor vorgab, aus vollem Herzen: „Brüder zur Sonne zur Freiheit, Schwestern zum Lichte empor – hell aus dem Dunklen, Vergangnen – leuchtet *Nirwana* hervor." Das war die Stelle, an der der weise Bodhisattva seinen Kopf umwandte und mir zulächelte.

RICHTIGSTELLUNG

Manjusri hat nicht den Kopf umgewendet und mir zugelächelt, ich hatte nur das sehr deutliche Gefühl, dass er mit meinem Tun einverstanden ist – gerade so, als habe er genickt.

Anlass der Richtigstellung war übrigens ein knapp halbstündiger Wolkenbruch, der aus heiterem Himmel und bei strahlendem

Sonnenschein niederging, genau in dem Moment, wo ich den nicht ganz richtigen Satz niederschrieb. Ich konnte gerade noch das Tablet, auf dem ich das am Ufer der Donau in Vidin schrieb, retten und sah dann aus wie der sprichwörtliche begossene Pudel. Ich gelobe, künftig noch exakter mit den **Sprachvorsätzen** umzugehen. Ich möchte allerdings darauf hinweisen, dass ich außer dem einen Satz nix richtig zu stellen habe!

Noch eine weitere Überlegung kam mir, als ich Manjusri so energiegeladen und kraftvoll vor mir einherschreiten sah, nämlich der körperliche Unterschied zwischen diesem und mir. Es gibt da Dinge, die nicht zu ändern sind, so haben diese Bodhisattvas den Körper eines sechszehnjährigen Jünglings, mein Alter ist derzeit genau der Kehrwert davon.

Andererseits habe ich in der Tat deutliches Übergewicht, was zwar teilweise Veranlagung ist, teilweise aber auch selbst verschuldet. Ich kann mich erinnern, dass ich während meiner Winterklausur die feste Absicht hatte, zum Motto dieses Jahres „Mit Stille, Schlichtheit und Genügsamkeit läutere ich meinen Körper" zu wählen. Leider hat dieser Vorsatz den Monat Januar nicht wirklich überdauert, und so gehe ich mit ungeläutertem Körper durch das Jahr und durch Bulgarien. Ich bin kurzatmiger als im Vorjahr, schwerfälliger und – ja – auch schwerer. Mit anderen Worten: Gemessen an meinem Vorsatz habe ich mir schlechtes *Karma* gemacht und jetzt ereilt mich eben *vipakka*, die Früchte meines Karmas, so einfach ist die unerbittliche Realität. Sie leugnen oder negieren zu wollen, hat sich einmal mehr als ungeschickt herausgestellt.

Ich sollte mich freuen, dass der *Dharma* wirkt. Ich müsste erschreckt sein, wenn es sich anders verhalten hätte. Bleibt mir nur zu hoffen, dass ich diese Sommerwanderung dennoch erfolgreich bestehe, aber die Behinderungen dennoch deutlich genug sind, dass mir das eine nachhaltige Lehre sein wird.

Im Übrigen waren mir alle Bodhisattvas nicht mehr gegenwärtig, nachdem ich von der vergleichsweise idyllischen N 112
wieder auf die doch verkehrsintensivere N 12 gekommen war.
Hier wurde ich sogar teilweise wieder von alten Verhaltens-
mustern eingeholt, über die ich dann reflektierte, also: Wenn
ein Trucker einem entgegenkommt, einen plötzlich entdeckt
und völlig aufgescheucht Gesten des absoluten Unverständ-
nisses darüber macht, dass ein Mensch die Straße zu Fuß
benutzt (wenn keine alternative Strecke möglich ist) und dieser
Trucker sich dann noch echauffiert, dass man noch dazu auf der
linken Straßenseite geht, und wenn einem dann der Gedanke,
wohlgemerkt: nur der Gedanke, kommt „Idiot", ist das dann
Dünkel oder ist es nur die wahrheitsgemäße Beschreibung eines
verblendeten Wesens? Mit solchen Reflexionen habe ich dann
den Rest meiner Etappe verbracht. Übrigens, die Antwort, die
ich mir nach eingehender Reflexion gab, war: beides.

Noch etwas ist mir diesbezüglich aufgefallen: An der Grenze
frohlockte ich schon, als ich bei den piktografierten Verkehrsregeln ein durchgestrichenes Handy sah. Wenn es ihnen auch
noch gelingt, das einigermaßen durchzusetzen, so dachte ich,
wäre das super! Offensichtlich interpretieren das aber
namentlich die bulgarischen Trucker anders, als ich das in
meiner Einfalt erwartet hatte. Ich muss nämlich richtigerweise
ergänzen, dass auf dem Piktogramm zwar ein durchgestrichenes Handy zu sehen war, aber kein Ohr und keine Hand
dabei. Das wird hier offensichtlich so interpretiert, dass Handys,
die sich nicht in einer Hand oder an einem Ohr befinden,
verboten sind. Hätte ich eigentlich gleich draufkommen
können! Allerdings stimmt mich das nicht allzu fröhlich für die
Zeit in der ich drei Tage lang die viel befahrene Straße N 1 durch
das steile und kurvenreiche Balkangebirge gehen muss.

(...)

An einem Ortschild war ein toter und inzwischen ziemlich ver-
wester Fuchs aufgehängt, wieder etwas für meine Vergänglich-
keitsbetrachtungen.

Natürlich hat es so ein Fuchs auch nicht leicht, wie wir alle, und
am Ende wartet – nicht sonderlich überraschend – der Tod.

Andererseits: <u>Dieses Tier</u> hat ein Leben in Freiheit gehabt:
Welch ein Glück für ihn!

Bild: Ein Fuchs, der wohl in Freiheit lebte.

*Solche und ähnliche Anblicke nutzte ich während meiner
Pilgerwanderung zur Vergänglichkeitskontemplation.*

Ratnasambhava in Montana

Etappe 96 – von Doktor Yosifono nach Montana

Ein recht kurzer Abschnitt war das, etwa 18 km, das Wetter wirkte unbeständig, es hatte gerade erste Tropfen geregnet. Vorsichtshalber zog ich mir die leichte Regenjacke über, die ich mir in Anbetracht des diesjährigen Wetters kurz vor der Abreise noch besorgt habe, ich hoffte, sie unterwegs alsbald ausziehen zu können, denn der Wetterbericht hatte für heute eine Regenwahrscheinlichkeit von nur 9 % angegeben.

Zwar kam es während der ganzen Wanderung nicht zu einem wirklichen Regen – von dem abgesehen, wegen dem ich erst eine Stunde später losgegangen war – jedoch begann es immer einmal wieder zu tröpfeln, so dass ich die Regenjacke noch anhatte, als ich in Montana im Hotel eincheckte, in dem es den üblichen Komfort zu moderaten Preisen gab: Einzelzimmer 40 Lewa (20 €), Doppelzimmer 45 Lewa. Mitgebrachte Bodhisattvas sind kostenlos. :-)

Im Reigen der Bodhisattvas war es diesmal *Ratnasambhava*, der direkt vor mir war. Sein Lotusthron wurde von den üblichen kraftvollen Pferden getragen. Wobei der Thron trotz des kräftigen Ausschreitens der Pferde keineswegs schwankte, sondern stabil stand wie ein UFO im luftleeren Raum. Die Pferde drehten mir natürlich, da sie vor mir gingen, ihr Hinterteil zu, aber Ratnasambhava selbst schaute meist mit dem Gesicht zu mir, manchmal dreht er sich samt seinem Lotusthron auch zur Seite oder sieht nach vorne. Es dauert einige Zeit, bis ich die Gesetzmäßigkeit hinter diesem Verhalten erkannte: wann immer meine Konzentration nachließ, wendet er sich (oder ich ihn?) ab.

Ich sah die kraftvolle Arbeit der Muskeln in den Gesäßen und Oberschenkeln der Rösser, sie erinnerte mich an meine Überlegungen, die ich bereits bei der ebenso kraftvollen Figur des *Manjusri* angestellt hatte und gemahnte mich einmal mehr, der Basis meines Erleuchtungsstrebens, meinem Körper, mehr Beachtung zu schenken.

Ratnasambhava hielt seine rechte Hand wie üblich in der Geste der Wunschgewährung, während seine Linke geöffnet im Schoße ruhte, und in dieser blitzte Cintamani, das wunscherfüllende Juwel, in allen Farben schillernd.

Ob ich mir etwas wünschen sollte? Aber was? Ich bin doch eigentlich wunschlos glücklich? Vielleicht doch eher ein Wunsch für andere Wesen, vielleicht für eine mir sehr liebe Person, die in den letzten Jahren allerlei Unglück wie magisch anzieht? Doch mit Wünschen zugunsten Dritter habe ich keine gute Erfahrung gemacht, also lasse ich es.

Aber dann kam mir die – glaube ich – angemessene Idee. Fünf Gefahren gibt es nämlich, denen ich auf meiner Pilgerreise ausgesetzt bin: Fahrzeugen, Menschen, Tieren, Krankheiten und Dämonen.

Statt Dämonen könnte man auch sagen: geistige Trübungen, die mich daran hindern, die Dinge so zu sehen, wie sie wirklich sind. Das klingt zwar moderner und komplizierter, erhellt die Sache aber auch meines Erachtens nicht besser, aber vielleicht könnt ihr mich so besser verstehen.

Fahrzeuge – oder besser Fahrzeuglenker/innen – sind die augenscheinlichste Gefahr. Ich gehe teilweise auf vielbefahrenen Straßen, mitunter bei Regen und schlechten Sichtverhältnissen, mitunter sind die Fahrzeugführer/innen unachtsam und handyfonieren, mitunter ist auch die Straße kurvenreich und durch Leitplanken gesichert, sodass ich nicht ausweichen kann.

Tiere sind, glaube ich, in diesem Zusammenhang klar, wobei ich auch und gerade die kleineren Spezies bedenklich finde: giftige Spinnen, Mückenschwärme, die bei mir heftige allergische Reaktionen auslösen können, Skorpione aber natürlich auch Schlangen oder Raubtiere.

Krankheiten können einen schwer beeinträchtigen, vielleicht sogar umbringen. Meine Verdauung reagiert zum Beispiel schon auf kleine Störungen sehr heftig, in den wenigen Tagen meiner diesjährigen Wanderung (vier!), hatte ich schon zweimal zu Kohletabletten Zuflucht nehmen müssen, wie soll das nur werden, wenn ich erst in hygienisch sehr viel bedenklicheren Ländern bin?

Menschen brauche ich kaum zu erläutern, da wird sich jeder vorstellen können, was da in den noch vor mir liegenden Ländern für Probleme auf mich zukommen können.

Und eben aufgrund dieser fünf Gruppen von Gefahren bat ich den Bodhisattva um die Kraft, beim Eintreffen der jeweiligen Gefahr angemessen zu agieren. Ich bitte wohl bewusst nicht um ein äußeres Eingreifen, sondern um die Kraft zur Selbsthilfe – nehme aber selbstverständlich auch Hilfe von außen (gibt es überhaupt ein Außen?) dankbar an.

Dabei tauchte für mich auch die Frage auf, ob selbst der Abbruch des Vorhabens eine angemessene Reaktion sein kann. Die Antwort, die ich mir gab – oder war es Ratnasambhava? – war die, dass ja. – Aber nur wenn das wirklich angemessen ist. Unangemessen erschiene es mir, das Unterfangen abzubrechen, wenn ich beispielsweise „nur" ausgeraubt oder das Hinayana gestohlen würde. Das ist normales Risiko (ich hoffte, nicht bald unter Beweis stellen zu müssen, dass ich damit so cool umgehen kann). Angemessen erschiene es mir, wenn ich z. B. bei einem Unfall ein Bein verlöre. Pilgerwanderung mit Krücken und Rucksack erscheint mir schwer durchführbar.

Genau an dieser Stelle habe ich dann entschieden, jetzt nicht weitere Möglichkeiten durchzuspielen, sondern mich lieber auf meinen – wie ich fand gut formulierten – Wunsch zu konzentrieren, und auf Ratnasambhava, von dem ich zuletzt nur noch den Rücken – und auch den nur schemenhaft – gesehen hatte.

Apropos schemenhaft: genau wie schon bei meinen früheren Begegnungen mit dieser Figur, verlieren sich die Unterschenkel der Pferdebeine wie im Nebel – also kein spirituelles Hufgeklapper.

Das Wetter schien an diesem Tag nicht immer ganz zu Ratnasambhava zu passen, denn seine Himmelsrichtung ist Süden, seine Farbe Gelb und er wird auch gern mit der Sonne in Verbindung gebracht. Muss ich es aber sagen, dass es heute fast die ganze Zeit durch Sonnenblumenfelder ging, die die Ratnasambhavakraft der Sonne gespeichert hatten und nun wieder auszustrahlen schienen?

Die ersten vier Tage meiner diesjährigen Pilgerzeit verliefen landschaftlich weitgehend flach, durch leichtes Hügelland, noch immer im Umfeld einer durch die Donau geprägten Ebene, doch täglich rückte das Balkangebirge näher, türmt sich höher auf, gleichsam als wollte es eine Barriere errichten, ähnlich wie das vor zwei Jahren die Alpen taten. Heute ist Samstag, die nächste Woche wird höhere Herausforderungen an meinen Körper stellen. Es wäre schöner, wenn ich fitter wäre. Danke, Manjusri und euch Pferden von Ratnasambhava, dass ihr mir diese Unzulänglichkeit auf so einsichtige Weise deutlich gemacht habt. Es ist herrlich Freunde zu haben, die einem auch eine unangenehme Wahrheit ins Gesicht sagen können – und sei es ohne Worte.

Die Autoknacker

Etappe 104 – von Elin Pelin nach Vakarel

Der 104. Tag hatte eine kleine Vorgeschichte. Üblicherweise gönnte ich mir einmal wöchentlich einen Ruhetag, einen No-Go-Day. Der war zwischen dem 103. und 104. Tag. Grund dafür war einmal, dass ich jetzt neun Tage hintereinander gewandert war, aber auch, dass ich mich auf die neuen Streckengewohnheiten einstellen wollte. Von hier an und für das restliche Bulgarien wollte ich eine ähnliche Wanderung entlang der Bahnstrecke machen wie letztes Jahr in Kroatien.

Ich nahm für einige Tage an einem Standort Quartier, um von dort einen Tagesmarsch weit zu gehen, dann mit der Bahn zu meinem Quartier zurückzufahren und am nächsten Morgen mich wieder dorthin begeben, wo ich die Wanderung tags zuvor abgebrochen hatte. Als erstes Standquartier hatte ich mir Sofia ausgesucht, die bulgarische Stadt mit dem schönen griechischen Namen, der auf Sanskrit *prajna* heißt und auf Deutsch „Weisheit". Sofia liegt zwar nicht genau auf meiner Strecke, denn Elin Pelin, wo ich bereits angekommen war, liegt bereits einen Tagesmarsch östlicher, aber in Sofia gibt es zahlreiche Hotels und hier beginnt die Bahn Richtung Plovdiv, also dorthin, wo mich mein Pfad alsbald führen wird. Und da ich letztes Jahr mit der Undurchsichtigkeit des bulgarischen öffentlichen Verkehrs schon meine Erfahrung gemacht hatte, wollte ich mich an diesem Ruhetag darüber informieren. Über die Internetseiten der bulgarischen Bahn und einen Internetdienst für öffentlichen Verkehr in Bulgarien war nämlich nichts Verwertbares herauszufinden. Allerdings konnte ich mir über die Internetseiten der Deutschen Bahn die Zugverbindungen in

Bulgarien ausdrucken; fragt sich nur, ob sie stimmen. So habe ich also an dem Ruhetag als erstes versucht, den Hauptbahnhof von Sofia zu finden, was mir schon einmal nicht gelungen ist – weder durch Suche nach Landkarten noch mit dem Navigationssystem des Hinayana. Über die Einzelheiten der dabei entstandenen Problematik möchte ich mich hier gar nicht auslassen. Mein nächster Versuch war dann, die Bahnhöfe von Elin Pelin und dem Ende der nächsten Etappe, Vakarel, mittels des Hinayana zu finden und auf Fahrpläne abzusuchen.

Der Bahnhof von Elin Pelin liegt gar nicht in Elin Pelin, sondern in einem Ort mit dem bezeichnenden Namen Gara Elin Pelin, und ist sechs Kilometer entfernt; laut Karte zwar nur zwei Kilometer, aber da rechnen sie von Ortsschild zu Ortsschild, und diese Schilder stehen weit außerhalb der Ortschaft. Vorsichtshalber wollte ich mir die Strecke zwischen Elin Pelin und Vakarel ansehen, ich hatte da so eine dunkle Ahnung.

Das war auch recht so: die Streckenführung ist so gut getarnt, dass ich mich zweimal verfranzt habe, einmal mit einem Umweg von 10 km, ich landete wieder in Gara Elin Pelin. Gut, dass mir das bei der Testfahrt mit dem Hinayana passiert ist und nicht am nächsten Tag beim Gehen in dem erwarteten Regen.

Beim dritten Versuch habe ich in Lesnovo endlich den richtigen Abzweig gefunden. Normalerweise weist mir Google-Maps in der Fußgänger-Funktion breite Asphaltstraßen zu, mitunter auch Quasi-Autobahnen, diesmal war es jedoch anders: erstmals seit über 1000 km schickte es mich auf einen Feldweg, das Hinayana hat ganz schön gegrummelt, mich aber dennoch brav transportiert. Es gab auf etwa sieben Kilometer einen Weg, der nur aus zwei ausgefahrenen Spurrillen bestand und der Grasnarbe dazwischen. Meist jedoch konnte ich die Spurrillen nicht benutzen, denn die schweren Traktoren hatten diese so tief ausgefahren, dass mein Auto aufgesetzt hätte, also benutzte ich als Reifenspur in der Regel den mittleren Grasstreifen mit dem einen Reifen und den Rand neben der Fahrbahn mit dem anderen. Ein paar Male hatte ich dennoch Bedenken, aber der Fahrzeugboden hat zum Glück nicht ein einziges Mal aufgesetzt. Plötzlich war jedoch ein Wassergraben oder ein Bach im Weg. Ob ich dadurch kann? Wie tief ist das wohl? Und ist der Boden vielleicht so schlammig, dass ich stecken bleibe?

Also ausgestiegen, die Reserve-Wanderstiefel angezogen, die ich immer im *Hinayana* mitführe, und ausprobiert. Ich ging nicht nur einmal durch, sondern an verschiedenen Stellen, die Spurbreite meines Fahrzeugs berücksichtigend. Es schien zu klappen, es gab eine Passage, die nicht tiefer als 20 cm war, ziemlich weit links, aber nicht ganz links, denn dort ist es so schlammig, dass das Hinayana bestimmt stecken bleiben würde. Ich fuhr ein Stück zurück, um Anlauf zu nehmen, und fuhr im ersten Gang möglichst hochtourig durch. Das Wasser spritzte rechts und links deutlich höher auf, als das Hinayana ist, und ich fühlte mich an Fotos meiner Tochter Kohlrübchen erinnert, wie sie in Afrika mit einem Geländewagen Bäche durchquerte. Es hat aber funktioniert und ich habe mich herzlich bei meinem verdienstvollen kleinen Fahrzeug bedankt.

Der Bahnhof in Vakarel war leicht zu finden, er war unerwarteter Weise genau da, wo die Karte ihn verzeichnete. Es gab sogar einen Aufenthaltsraum, eine Gaststätte und einen (geschlossenen) Fahrkartenschalter. Und – welch Wunder – eine Tafel, die so etwas Ähnliches wie einen Fahrplan darstellte, die Abfahrtzeiten wichen nicht mehr als 10 Minuten von dem ab, was die DB-Internetseite angegeben hatte. Das schien zu funktionieren. Vorsichtshalber suchte ich auch noch den Bahnhof von Elin Pelin auf, bei dem die Abfahrtszeiten allerdings weniger korrelierten, aber hier will ich nur aussteigen.

Mein Hotel in Sofia war übrigens ganz super eingerichtet, es gab sogar die Möglichkeit Wäsche waschen zu lassen (sonst habe ich das – vor allem mit den Socken, aber auch mit T-Shirts –

immer im Waschbecken erledigt, aber bulgarische Waschbecken haben keinen Abflussstöpsel). Auch gab es hier ein
schönes Frühstücksbuffet, zwar auch wieder ziemlich fleisch-,
wurst- und eierhaltig, aber es gibt auch Honig, Käse und jede
Menge Wasser- und Honigmelonenstücke. Am Mittag des No-
Go-Tages hatte ich auch das ausgezeichnete Restaurant
getestet, zunächst eine leckere kalte Suppe auf Joghurtbasis mit
klein gehackten Gurkenstücken, ebensolchen Walnüssen und
Knoblauch, das Ganze verziert mit Dill. Hinterher hatte ich
etwas, dass (vegetarischer) Sach hieß und in einer Tonpfanne
geröstetes Gemüse ist, das brutzelnd auf den Tisch kommt und
ganz lecker schmeckt (4,68 *lv*), dazu hatte ich Kartoffelpüree
gewählt (1,35 *lv*), das alles in einem Nobelrestaurant, in dem
gestern Abend noch eine Hochzeit war und das dafür
hergerichtet war wie in einem Hollywoodfilm. (...)

Soweit zur Vorgeschichte; dass dieser Tag eine Nachgeschichte
haben würde, und dass die genau dort beginnen würde, wo ich
das Hinayana am Morgen gegen 8.30 h parkte, wusste ich zu
diesem Zeitpunkt noch nicht. Ich war vielmehr froh, dass es
nicht regnete. Immer wenn der Wetterbericht bislang eine
Regenwahrscheinlichkeit zwischen 5 und 9 % vorausgesagt
hatte, hat es geregnet. Warum sollte es also heute, da die
Regenwahrscheinlichkeit mit 83 % angesagt ist, nicht trocken
bleiben? Einzig die Tatsache, dass ich meinen Pilgerhut nicht
finden konnte, trübte den Morgen, also ging ich mit dem
reichlich albern aussehenden chinesischen Papierhut, der nicht
wirklich dadurch besser geworden war, dass ich ihn einmal in
die Waschmaschine gesteckt hatte, los.

Ich ging also meinen mir von der gestrigen Vorexkursion bereits
vertrauten Weg aus Elin Pelin in östliche Richtung nach
Lesnovo, wo ich in einer netten, modern eingerichteten Gaststätte am Ortsplatz ein kleines Eis aß und ein Schweppes trank,
anschließend ging es den gestern vorerforschten Feldweg
entlang. (...)

Bald nach dem Ort kam ich auf die N 8, die eine große Vergangenheit hat, denn sie war als Verkehrsachse Sofia – Plovdiv einmal Teil des berüchtigten Autoput, der Transitstrecke der türkischen Gastarbeiter in Deutschland und anderen mitteleuropäischen Ländern auf ihrem jährlichen Treck in die alte Heimat. Aber bereits seit den frühen achtziger Jahren gibt es hier eine Autobahn, und so war die N 8 nur noch eine breite Straße, die schon einmal bessere Tage gesehen hat, mit recht spärlichem Verkehr. Sie geht meist parallel zur Bahnlinie, hier, wo es gebirgig ist, überquert die gewundene Straße mehrfach die Bahn.

So gab ich mich weiter der *satipatthana*, den vier Grundlagen der Achtsamkeit hin, die heute im Mittelpunkt meiner Praxis standen. Im Rahmen der (1.) Körperachtsamkeit ist es gut, bei jedem Schritt darauf zu achten, wie ich gehe und wohin ich trete. In Anbetracht der vielen Fahrbahnunebenheiten und auftauchenden metertiefen Löcher macht es auch Sinn, dass ich meine Schritte so wähle, dass ich mit dem richtigen Fuß die problematische Stelle passiere, dabei die Körperbewegungen durchaus mit dem synchronisiere, was ich vor mir sehe, von vorne kommen und von hinten hören kann. Daher erschrecke ich inzwischen auch nicht mehr so, wenn jemand von hinten dicht an mir vorbeifährt und dabei kräftig hupt. „Ach, diese Sorte Wesen", kommt mir dann nur noch in den Sinn, und ich verstehe auch, warum die wilden Hunde hier so einen großen Bogen um die Menschen machen; die werden auch bereits ihre Erfahrungen mit dieser Spezies gemacht haben.

Als (2.) weitere Grundlage der Achtsamkeit ist es gut, die *vedana* zu betrachten, also festzustellen, welche Reize zu positiven oder negativen Empfindungen führen, ohne sich durch diese Empfindungen zu unbewussten oder ungewollten Reaktionen hinreißen zu lassen. Als nächstes (3.) beachte ich auch immer wieder meinen Geist, frage mich also: ist er wach, achtsam, träge oder wie auch immer. Und schließlich (4.) sind es die Geistobjekte, die ich betrachte, angefangen bei den störenden, den *Hindernissen*, also frage ich mich zum Beispiel, ob da ein Element von Aufgeregtheit in mir vorhanden ist oder beispielsweise von Abneigung, und wenn ich so etwas entdecke, bemühe ich mich, die geeigneten Gegenmittel zu ergreifen, also zum Beispiel zu kontemplieren, wohin mich dieses Hindernis führen wird. So betrachte ich alle Geistobjekte bis zu den besten, der Erleuchtungsfaktoren, also zum Beispiel, ob da Achtsamkeit, Ergründung der Realität oder Gleichmut in mir vorhanden ist, und wenn nicht, bemühe ich mich diesen noch nicht oder zu schwach vorhandenen Faktoren mit geschickten Mitteln zum Entstehen bzw. zum Wachsen zu bringen.

Heute war so ein Tag, an dem es mir leicht fiel, alle diese vier Grundlagen gewissermaßen spielerisch, nicht formalisiert, einzuüben, also nutzte ich diese Gelegenheit.

In Vakarel waren wieder Pilzsammler dabei, die Ausbeute des Tages in PKWs zu verladen, um sie auf den Markt in der Hauptstraße zu bringen. Ich kam am dortigen Bahnhof so pünktlich an, dass es mir gerade noch gelang, eine Fahrkarte zu kaufen, schon fuhr der Zug ein, ein schöner moderner Zug, wie ihn auch die Hessische Landesbahn betreibt. Es gab sogar akustische und optische Anzeigen zum nächsten Halt, sehr schön.

Auf der sechs Kilometer langen Strecke, die ich zwischen Gara Elin Pelin und Elin Pelin wieder zu Fuß zurücklegte, war eine Unfallgedenkstätte, die mir schon gestern beim Vorbeifahren aufgefallen war, vier Kreuze für Unfallopfer, garniert mit allerlei Autotrümmern. Heute besah ich mir die Stelle näher. Diese Menschen starben hier vor genau sechs Tagen. Wie verschwindend klein sind demgegenüber die Probleme, die mich an diesem Tag noch erwarten sollten!

Denn leider hatte der 104. Tag nicht nur eine Vor- sondern auch eine Nachgeschichte. Nach 27 km kam ich also wieder in Elin

Pelin in der Ulitsa Novoseltsi an und wie immer freute ich mich, als ich mein kleines Auto so brav am Straßenrand stehen sah. Als ich jedoch einstieg, musste ich feststellen, dass die rechte vordere Seitenscheibe eingeschlagen war, außerdem, dass das Schloss der Beifahrertür zerstört ist und dass versucht worden war diese aufzuhebeln. Gestohlen war offensichtlich nichts außer einem USB-Stick, also weder das Autoradio, noch das Navi, noch das Tablet, das (verpackt und unter buddh. Büchern) auf dem Beifahrersitz lag (Bild S. 102). Ich fuhr sofort zur örtlichen Polizei, um eine Anzeige aufzugeben und rief meine Tochter Wendy an, damit diese sich an meine Autoversicherung wendet.

Was mich positiv überraschte, war, dass in mir keine Wut, kein Groll über die dummen Jungs aufstieg, die das getan hatten. Es gelang mir tatsächlich die Sache mit Gleichmut zu betrachten. Die einzige andere Emotion, die in mir aufstieg, war seltsamerweise Mitgefühl für das Hinayana, obwohl ein Auto eigentlich gar nichts fühlen kann und Mitgefühl daher eine unpassende Emotion wäre. Aber vielleicht hat ja ein körperloses Wesen seinen Wohnsitz im Hinayana genommen, wie ein Einsiedlerkrebs in einem Schneckenhaus.

Der kleine Polizist am Eingang der örtlichen Polizeidienststelle holte den Dienststellenleiter, der etwas Englisch sprach, sich den Schaden besah und mir mitteilte, wenn ich eine polizeiliche Aufnahme für die Versicherung brauchte, dass dann ein Protokoll aufgenommen werden müsse und dass sie Ermittlungen anstellen müssten. Für die Protokollierung müsste ein kompetenter Übersetzer geholt werden und das Ganze würde etwa vier Stunden dauern, so geschah es dann auch.

Die Englischlehrerin des Ortes wurde geholt, eine nette junge Frau von nicht einmal 30 Jahren, dann kam die vernehmende Beamtin, Inspektor S. Viele formale Dinge mussten geklärt werden mit meinem Reisepass, meiner KFZ-Zulassung und der grünen Versicherungskarte, was alles gar nicht so einfach war, da die Formulare offensichtlich in Deutschland ganz anders aussehen als man das hier gewohnt ist, und alles musste in andere Schriftzeichen übersetzt werden, deren Lautbedeutungen im Deutschen, Englischen und Bulgarischen unterschiedlich sind. Alsdann musste ein Kurzprotokoll und ein ausführliches Protokoll erstellt werden.

Am Ende bekam ich dennoch noch nichts ausgehändigt, denn die Protokolle seien Ermittlungsergebnisse und nur für den Dienstgebrauch, außerdem natürlich in bulgarischer Sprache, kyrillischer Schrift und – wie das hier üblich ist – handschriftlich. Die Inspektorin versicherte mir aber bereits morgen ein verwertbares Dokument für meine Versicherung zu erstellen, ich könne dieses dann am übernächsten Tag abholen, allerdings nur nachdem ich eine Gebühr von 2,50 *lv* eingezahlt habe und darüber einen Bankbeleg vorlegen könne.

Die Englischlehrerin zeigte mir noch, bei genau welcher Bank in genau welcher Filiale ich – wenn die Banken wieder offen haben, es war inzwischen 21 h – meine Einzahlung tätigen könne. Das muss so sein, weil die Polizei von Elin Pelin dort ihr Konto hat, allerdings gebe es keine Kontonummer, und nur in dieser Filiale wüssten sie dann, wo sie den Betrag gutschreiben sollten. Ich bekam auch einen Zettel in bulgarischer Sprache mit, den ich auf der Bank nur vorzeigen müsste, damit die wissen, was zu tun ist, denn es sei unwahrscheinlich, dass man dort Englisch spreche. Als wir bei der Bank ankamen, musste ich schmunzeln, dass die Polizei darauf bestand, dass es hier geschehen müsse, der Name der Bank war „Bul-Bank".

Humor haben sie ja bei der bulgarischen Bullerei!

Das Hinayana ist geklaut!

Etappe 116 – von Konstantinovo nach Vakarel

Ich hatte tags zuvor das *Hinayana* in Konstantinovo abgestellt, wo ich es im Laufe des heutigen Tages wieder zu finden hoffte. Also stand ich wieder bei Dunkelheit um 5.15 h OEZ auf, verließ eine Stunde später das Hotel, begab mich zum gestern entdeckten Bahnhof, kaufte mir eine Fahrkarte nach Harmanli, Entfernung zwei Tagesetappen, Preis 2,70 lv., Abfahrt laut Anzeigetafel auf Gleis 7. Kaum hatte ich den Bahnhof verlassen, da staunte ich nicht schlecht: die Gleise waren geklaut! Dort wo üblicherweise in Bahnhöfen Gleise zu finden sind waren: Ausschachtungen, tief wie eine Schlucht, überall!

Aber wenn die doch Fahrkarten verkaufen, muss es irgendwo Züge geben und damit auch Gleise, weil die brauchen Züge ja wohl auch hier. Hinter fünf dieser gleislosen, gähnend leeren Trassen aus Luft befand sich ein durchgehender Bauzaun, 100 m entfernt davon dessen Ende. Wenn ich vielleicht durch die gleislosen Schluchten und dann da hinten dran vorbei...? Also stieg ich vom Bahnsteig in die Schlucht, entstieg ihr an einem geeigneten Punkt wieder, dann durch die nächste Schlucht usw. bis zum Bauzaun, dann an diesem entlang, tatsächlich dahinter waren zwei Gleise, auf einem davon einer dieser moderne Züge, die – glaube ich – VT 628 heißen. Leute stehen davor, steigen nicht ein. Auf dem Zug steht „Svilengrad-Plovdiv". Wenn die Reihenfolge stimmt, muss das der Gegenzug sein, und dass er nicht fährt, liegt daran, dass die nächsten 20 Bahnkilometer eingleisig sind, wie der achtsame Pilger in den letzten Tagen geistesgegenwärtig feststellte. Aber wenn die Anzeige, wie auch bei uns, häufig nicht umgestellt wurde, könnte das mein Zug sein. Ich frage eine wartende Frau, die mir wie üblich in fließendem Bulgarisch und mit dieser achterförmigen, mir noch immer unverständlichen Kopfbewegung antwortet, aber aus einer ihrer Gesten entnehme ich, dass der Zug nach Harmanli auf dem anderen Gleis abfährt. Und wenn nicht? Nun es gibt noch Taxis. In diesem Moment gehen bei dem Zug die roten Rückleuchten an, ein weiteres Zeichen, dass es der Zug in die Gegenrichtung ist. Inzwischen ist die planmäßige Abfahrzeit vorbei, aber .... warum sollte das auch hier anders sein?

Mit 15 Minuten Verspätung fährt tatsächlich ein Zug ein, die Fahrzeit nach Harmanli beträgt eine Stunde. Irgendwann passieren wir Konstantinovo, wo ich tags zuvor mit dem Hinayana die Suche nach dem Bahnhof aufgegeben hatte – zum Glück, diese Zufahrt hätte das Hinayana nie schaffen können, ich glaube nicht einmal, dass ein Bundeswehr-Panzer die Chance hätte, hierher zu fahren. Natürlich will auch niemand hier einsteigen, er hätte dazu auch eine Bergsteigerausrüstung gebraucht, zugegeben, nur die kleinere Variante, also ohne Atemmaske.

Ich erreiche Harmanli und finde den Ausgang aus dem Bahnhof nicht, erkundige mich bei der Bahnhofsvorsteherin – kein Problem, so interpretiere ich ihre akustisch unterstützten Handzeichen, immer nur den Gleisen nach. Und tatsächlich geht nach knapp einem Kilometer von dort ein Trampelpfad in die Stadt ab – ja von Pfaden verstehen wir etwas, die Bulgaren und ich.

In Harmanli gab es, obwohl Sonntagmorgen war, offene Läden, worauf ich spekuliert hatte, denn das Hotelfrühstück ist hier nichts für mich, nur für Langschläfer, „Früh"-stück gibt's hier erst ab 7 h vormittags, alles was nach 5 h ist, ist doch nicht mehr früh! Frisch gestärkt begebe ich mich auf den Weg, der hier leider 10 km der Türkenrennstrecke folgt, denn vor Harmanli fehlt ein Stück Autobahn.

Wenn ich das richtig verstanden habe, ruhen derzeit die Bauarbeiten, die Arbeiter sind arbeitslos, die LKWs und Baumaschinen rosten vor sich hin und verursachen keine Erträge, sondern nur Abschreibungskosten, weil die EU zwar das nötige Geld bewilligt hat, aber nur wenn Bulgarien den Eigenanteil von – glaube ich – 55% zahlt, was aber daran scheitert, dass der bulgarische Staat das Geld nicht hat, weil so wenig Steuern anfallen, weil so viele Leute arbeitslos sind und die Unternehmen keine steuerpflichtigen Gewinne erwirtschaften, weil sie zwar hohe Abschreibungen, aber keine Erträge haben, und der Staat sich das Geld natürlich nicht leihen kann, wegen der Schuldenbremse, an der nach bulgarische Lesart Angela Merkel schuld ist. So logisch kann Wirtschaftspolitik sein.

Auf jeden Fall hat es aber sehr viel Verkehr, darunter vor allem türkische Arbeitnehmer aus Deutschland, Frankreich, Holland, Österreich und Belgien (in dieser Häufigkeitsreihenfolge). Was mich besonders beunruhigt, dass die türkischen Kraftfahrer (toller Ausdruck!) deutlich häufiger als die anderen ungehalten ob des Pilgers auf „ihrer" Straße reagieren. Das lässt mich für die Türkei, in der ich häufig die *D 100*, die wichtigste Hauptverkehrsstraße der Türkei, die keine Autobahn ist, folgen muss, einiges erwarten! Da die Autobahnen in der Türkei gebührenpflichtig sind, befürchte ich ein hohes Aufkommen von Windschutzscheibenperspektiven-Türken dort. Aber vielleicht überstrapaziere ich nur immer meine Neigung zu Bedenken. Vielleicht aber ist Vorsicht auch prospektive Weisheit – das habe ich jetzt aber wieder schön gesagt, was?

Ich war froh, als ich die N 8 verlassen konnte und auf eine nicht ganz staubfreie Straße abbiegen konnte, die eigentlich im Ende des Jahres auslaufenden Siebenjahresplan der EU als grenzüberschreitende Straße nach Griechenland hätte ausgebaut werden sollen, aber dann ... ach, ihr könnt es euch schon denken?

Vielleicht im nächsten Siebenjahresplan, obwohl, der ist ja deutlich niedriger ausgefallen, wegen der Schuldenbremse, wisst ihr, und ob da für so ein Projekt noch etwas abfallen kann... Die Bulgaren sind durchgängig der Meinung, dass die früheren 5-Jahrespläne effizienter waren als die 7-Jahrespläne der EU. Zwar muss die Begeisterung für die EU (Sojus genannt – wie die frühere Sowjetunion!) anfangs groß gewesen sein, denn an allen öffentlichen Gebäuden prangt neben der bulgarischen Flagge auch die europäische, auch wenn das Blau inzwischen verwaschen aussieht und die zwölf Sterne deutlich von ihrem Glanz verloren haben. Enttäuschte Liebe – wie weh tut das. Vielleicht würden sie jetzt auch nicht mehr als Symbol der neuen Zeit eine Art große Freiheitsstatue errichten mit einem Europasymbol in der Hand, wie ich es heute Morgen in Harmanli fotografieren konnte.

In Poljanovo, der einzigen Gemeinde auf meinem heutigen Weg, freute ich mich einmal mehr über die pilgertechnische äußerst günstige Infrastruktur des östlichen Bulgarien, in der Tat ist das die Region der Welt, in der als einziger die Biergartenhäufigkeit höher ist als in Bayern. Dafür ist hier auch als einzigem mir bekannten europäischen Landstrich die Abfalleimer- und Fegehäufigkeit größer als in den Niederlanden, nicht vom Effekt her, aber vom Bemühen.

Und dann die letzten Kilometer nach Konstaninovo! Wie immer sagte ich mir auf: Um die und die Zeit (auf die Viertelstunde genau) werde ich mein liebes, treues *Hinayana* wiedersehen – wenn es denn so freundlich war, auf mich zu warten. Und so war auch heute die Vorfreude auf die schönste Begegnung des Tages groß: Dort ist die Kreuzung, wo die Straße abgeht, in der das Hinayana steht. Ich sehe, den Anfang der Straße, in der das

Hinayana – hoffentlich – steht! Das ist das Haus mit dem Baum, unter dem das Hinayana stehen sollte. Und das ist der Baum...

Und kein Hinayana!!! Kann ich mich getäuscht haben? `Die Täuschungswahrscheinlichkeit liegt bei 0,0001%´, antwortet mein fieberhaft arbeitendes Elektronenhirn! Hinayana geklaut? Blöde Jungs, die schnell durch die Gegend sausen wollten! Ist das Hinayana jetzt kaputt? Sind sie verunglückt, womöglich umgekommen, Ort einer neuen der vielen Leichentafeln? Abwehr des Gedankens an „gerechtes Karma", stattdessen Mitgefühl mit verblendeten Wesen? Will sich auch nicht wirklich einstellen.

Neuer Hoffnungsschimmer, die Straße ist nach hinten leicht abschüssig, haben sich vielleicht kleine Blödmänner reingesetzt, an Handbremse und Gangschaltung gespielt und das Hinayana ist dann nach hinten...? Ich gehe die Straße ab, dann müsste es, so wie das Lenkrad stand, an einem der beiden Bäume... Es steht natürlich nicht da, ich inspiziere trotzdem diese Stelle, nein, keine Trümmerteile.

SCHEISSE!!! Das Hinayana ist wirklich geklaut. Was jetzt? Polizei! Das Haus dort drüben hat eine breite Einfahrt, da ist auch einer im Schuppen, das Haus frisch renoviert – bessere Mittelklasse, diagnostiziere ich, gehe hinein, frage den Arbeiter im Schuppen, der holt die Eigentümer, ein Paar in den Dreißigern, natürlich will man mir helfen, telefoniert mit der Polizei, bietet mir Kaffee, Bier und Früchte an. Nach 20 Minuten ist die Polizei da, spricht natürlich nur Bulgarisch, über Handy wird die Polizeiübersetzerin kontaktiert, stellt Fragen: Marke? Daihatsu. Farbe Silber? Ja. Hatte das Auto Vorschäden? Ja, eine Seitenscheibe kaputt, nach einem Einbruch. Und weiter:

„And why was the broken window not replaced?"

"Because there is no Daihatsu Service in Bulgaria."
„But why did you park your car in Konstantinovo?"

– „Well, it has to park somewhere."

„But what did you do after parking your car?"

– „I went to Dimitrovgrad."

„To Domitrovgrad? 25 km? Went??? Why?"

– „There is my hotel, I went to sleep there."

„To Dimirovgrad? Sleep? Without your car?"

- „I DON`T SLEEP WITH MY CAR!"

„But the next morning, what did you do then?"

- „I went by train to Harmanli."

„To Harmanli? 20 km in the other direction? Why?"

– „To walk back to Konstantinovo,
where I hoped to find my car."

"Why?"

– „Because I like walking – and I LIKE MY CAR

– BUT NOW IT IS STOLEN!"

Sie möchte den Polizisten sprechen. Ich soll für ein Protokoll zur Polizeidienststelle. Wir brausen los, für Polizeiautos scheinen hier keine Verkehrsregeln zu gelten, ggfs. wird die Sirene eingeschaltet. Dann die Polzeidienststelle Simenovgrad und davor: das Hinayana – es sieht unversehrt aus. Himmel, bin ich glücklich!

Was war geschehen? Aufmerksame Dorfbewohner hatten ein im Dorf völlig unbekanntes ausländisches Fahrzeug gesehen. Die Seitenscheibe war eingeschlagen. Nein, niemand im Dorf wusste etwas, bei keinem war ein Deutscher zu Gast. Das Auto musste gestohlen sein, ganz klar, und dann hier abgestellt. Anruf bei der Polizei. Nein, es lag noch keine Diebstahlsanzeige vor. Aber der Fall war ja klar, Abschleppdienst angerufen, Fahrzeug sichergestellt.

Mir war jetzt alles egal, sollten sie mir doch 100 Euro fürs Abschleppen berechnen, vielleicht noch eine Strafe aufbrummen, für nicht ordnungsgemäß gesichertes Abstellen eines Automobils, Hauptsache, das Hinyana war wieder da – und heil!

Das Protokoll ging hier viel rascher als in Elin Pelin. Ergebnis des Protokolls: Niemandem kann ein Fehlverhalten vorgeworfen werden, alle Beteiligten hätten sich mustergültig verhalten. Die Kosten trägt die Staatskasse. Wenn Sie jetzt bitte noch quittieren wollen, dass nichts fehlt? Sind sie auch ganz sicher? Dann weiterhin gute Fahrt! Ich musste nicht einmal die übliche Protokollgebühr von 2,50 lv. zahlen.

Himmel, ist das Leben schön! So glücklich bin ich noch nie mit meinem süßen kleinen Auto gefahren wie heute, als wir nach Dimitrovgrad zurückkehrten. Am Abend feierte ich das Wiedererscheinen des Hinayana in einem der zahlreichen Dimitrovgrader Biergärten mit einer Pizza für 2,80 *lv* und einem frisch gezapften Bier für 1,20 lv... ... in der städtischen WLAN-Internet-Zone der Stadt Dimitrovgrad in einem der schönen Parks. Das Leben ist schön!

Bild: Das Hinayana ist geknackt.

Der Beifahrersitz mit den Splittern der zerborstenen Scheibe, unter den Büchern lag in einem A-4-Briefumschlag getarnt das Tablet, auf dem ich diese Geschichten niederschrieb. Das Tablet wurde von den Einbrechern nicht erbeutet, nur ein USB-Stick mit buddhistischen Vorträgen.

Zum Pfadabschnitt Türkei

Da ich immer im Voraus planen möchte, was auf mich zukommt, gehe ich üblicherweise am Ende eines Jahresabschnitts ein oder zwei Tagesmärsche in ein neues Kulturgebiet, um mich dort zu orientieren. Das habe ich beim Eintritt in die jugoslawischen Staaten so gemacht, beim Beginn Bulgariens und auch in die Türkei war ich im Jahr 2013 zwei Tagesmärsche weit gegangen, und habe mich im Raum Edirne mit den türkischen Besonderheiten vertraut gemacht.

Meine wichtigsten Erkenntnisse waren

- Die Türkei hat sich sehr rasch modernisiert, allerdings mit einigen erheblichen (ökologischen und sozialen) Defiziten.
- Die Menschen sind <u>sehr</u> hilfsbereit.
- Apothekenverkaufspersonal kann man vergessen: Kohletabletten (brauche ich oft) kennt man weder in deutscher noch in englischer oder türkischer Sprache. Stattdessen wird gegen Durchfall Aspirin empfohlen. (Das habe ich in drei Apotheken getestet!)
- Es gibt keine Landkarten (nur 1: 2.000.000 – also für Wanderer unbrauchbar).
- Taxen gibt es häufig, sie sind aber dreimal so teuer wie in Bulgarien (aber billiger als bei uns).
- Bahnen gibt es praktisch nicht.

- Erkennbare Busfahrpläne gibt es nicht (nur Verkaufspersonal an Terminals – aber diese sprechen auch nur Türkisch)
- Es gibt den **Dolmus.**
- Wandern ist unbekannt, daher gibt es auch keine anderen Wege als die Straßen.
- So etwas wie Touristenbüros sind unbekannt; in Hotels spricht man meist nur Türkisch (natürlich gilt das nicht an der touristischen Südküste, aber dort wollte ich nicht hin).

Ursprünglich wollte ich über Ankara nach Osten und dann in den Irak, die Unterkünfte hierfür hatte ich bereits gebucht). Mein erstes Ziel dort sollte Mossul sein, wo inzwischen aber der Kalif **Abu Bakr al Bagdadi** den sog. „Islamischen Staat" ausgerufen hatte – also umplanen: Ich möchte jetzt entlang der Schwarzmeerküste nach Georgien gehen und von dort über Aserbeidschan in den Iran.

Von Tücken und von Türken

Etappe 122 – von Havsa nach Babaeski

*Ich war inzwischen in der Türkei und nahm gerade meine Wanderung im Sommer 2014 wieder auf. An diesem Tag war ich von **Mara** geplagt und von äußerst unangemessenen Gedanken, aber sieh selbst:*

Am Tag zuvor war ich in Lüleburgaz angekommen, wohin mich die Wanderung des 123. Tages bringen soll. Da alle dortigen im Internet vertretenen Hotels nicht meinen Preisvorstellungen entsprachen, hatte ich mir vorgenommen, bereits gegen Mittag einzutreffen, um nach einem preiswerten Hotel zu suchen und außerdem die Möglichkeiten für den **ÖPNV** zu ermitteln. Obwohl mir die Hitze von deutlich über 30 Grad schwer zusetzte, verlief dies erstaunlich gut. Nur mein Navi kam mit der Hitze weniger zurecht, er zeigte mit dem Pfeil wie immer in die Zielrichtung, doch je weiter ich fuhr, desto mehr entfernte sich das Ziel, wenn ich rechts abbog, zeigte es dass ich links fuhr und bisweilen drehte es die Ansicht um einen durch 90 teilbaren Winkel, sodass ich mich schließlich in der Hitze zu Fuß auf die Suche machte, was sogar funktionierte. Ich fand ein Hotel für nur 20 € und außerdem die Busbahnhöfe von Babaeski und Lüleburgaz. Ich glaube sogar jetzt zu wissen, wie man sie mit Google findet, wenn das Tablet gerade nicht streikt, was es seit gestern aber gerne macht, dem ist es eben auch zu heiß.

Am Morgen fuhr ich mit dem *Hinayana* zurück nach Havsa, an die nämliche Stelle, an der ich im Vorjahr meine Pilgerwanderung unterbrochen hatte, an einen Springbrunnen, bei dem sich das Wasser über künstliche Tiere wie Kühe ergießt. Türkische Springbrunnen sind immer für eine Überraschung gut!

Da ich früh aufgestanden war, nämlich als der *Muezzin* kurz vor fünf (entspricht 4 h MESZ) erstmals zum Gebet rief, war ich damit (man könnte es auch Meditation nennen) schon beschäftigt und hatte die mir derzeit wichtigsten Buddhas und *Bodhisattvas* bereits in meinem Zimmer versammelt. Frühstück gibt's erst ab 7 h, doch bereits vor 6 h hatte ich das Hotel verlassen, die morgendliche Kühle von 22 Grad auszunutzen, ist für den vorausschauenden Pilger wichtiger als eine Mahlzeit!

In der Morgendämmerung war ich zum Denkmal der nassen Kuh von Havsa gefahren und als die Sonne schlaftrunken über die Hügel blinzelte, schritten meine Wanderstiefel bereits über den Asphalt des leider nur sehr mäßig idyllischen Pilgerpfades, der etwa so aussieht wie woanders eine sechsspurige Autobahn mit zusätzlich rechts, links (und als Un-Grünstreifen auch in der Mitte) jeweils eine drei Meter breite Betonplatte, gewinkelt, zur Aufnahme von Regenwasser und Fahrzeugen, die die Straße nicht getroffen haben. Das Schöne daran: der jeweils äußere Fahrstreifen ist nur für Pilger, Radfahrer und Pferdewagen. Radfahrer gab es heute drei, Pferdewagen etwas mehr, Pilger weniger. Diese Straße namens D-100 ist auf S. 118 abgebildet.)

Der Tag verlief recht unspektakulär: 19.000 Mal den linken Fuß voransetzen, in etwa genauso oft den rechten, dann habe ich mein körperliches Tagespensum abgearbeitet, ergibt 29 km, eben die Strecke von Havsa nach Babaeski. Insgesamt muss man die Nummer mit dem linken Fuß während der ganzen Pilgerwanderung rund 10.000.000 Mal in die richtige Richtung machen, dann sieht man nicht mehr die Gelnhäuser Marienkirche vor sich, sondern den *Maha Bodhi Tempel*, alles sehr unspektakulär – wenn nix dazwischen kommt jedenfalls.

Einen kleinen Schreck bekam ich heute, als ein relativ großer Hund sich mir von hinten näherte. Die wilden Hunde sind in der Regel völlig ungefährlich, morgens gehen sie auf die Straße und ernähren sich von dem Aas, das tags zuvor die Autos zur Strecke gebracht haben, und in der Regel verschwinden sie, sowie sich ein Mensch nähert, verbellen ihn auch nicht, sondern kneifen ihren Schwanz ein, eine Feigheit, die sicher nicht ohne Grund entstanden ist.

Der heutige Hund war aber anders, er verbellte mich. Ich hatte mich kurz umgedreht: ein großer brauner Hund, Dogge oder so. Nun hörte ich, wie er sich laut bellend von hinten näherte. Nicht fixieren, dachte ich mir, nicht stehen bleiben, nicht schneller werden. Da ein zweites Gebell, ein ebenso großer schwarzer Hund lief mir von links entgegen. Hoffentlich haben die hier nicht noch mehr Freunde, die den „Club der geschundenen Rächer" aufgemacht haben, dachte ich so bei mir und blickte rechts neben mich. Eine freundliche männliche Person mit grüner Haut ging neben mir, die rechte Hand wie zum Gruße erhoben, die **Abhaya-Mudra**, die Geste der Furchtlosigkeit. **Amoghasiddhi** hatte ich letztmals in der letzten Nacht während meiner Meditation getroffen. Es ist schön, Freunde zu haben. Ich versuche, die – eigentlich recht vernünftigen – Zweifel abzuschütteln, ob alle Hunde Amoghasiddhi sehen können und ob alle so antworten wie diese beiden, die einfach verstummt waren und – wie ich vermute – auch stehen geblieben sind.

Mitunter klappt aber nicht alles so gut, nämlich immer dann, wenn mein ärgster Widersacher auftritt. Vielleicht ist es **Mara**, ihn habe ich aber noch nie gesehen, aber den Ort, wo mein Widersacher auftritt, den kann ich genau ausmachen, er sitzt in meinem **citta**, meinem Herz-Geist, und dort meldete sich einmal mehr eine garstige Stimme. Und das kommt so: Immer wieder fahren Autos an mir vorbei und hupen. Das war schon seit Österreich so, und praktisch immer – so schien mir jedenfalls – handelte es sich dabei um türkisch aussehende Männer.

Es schien mir nicht immer ein wirklich freundliches Grüßen zu sein, manchmal schien mir der Blick zu sagen: „Was willst denn du hier, wenn du kein Auto hast, dann hau ab von der Straße!"

Ein oder zwei Mal hat man mir auch schon vorgeworfen, ich sei auf der falschen Straßenseite unterwegs, weil ich links gehe. Im Einklang mit meinen früheren Beobachtungen und meinen daraus resultierenden Vermutungen, hat sich die Häufigkeit des Angehuptwerdens vermehrt, seit ich in der Türkei bin. Jeder Zehnte hupt mich an, was dem Erfolg meiner Versuche im Gehen zu meditieren eindeutig keinen Vorschub leistet.

Und dann meldet sich der Widersacher in meinem Geist und sagt mir. „Naja, das hat mit der Evolution zu tun; auf einer bestimmten Stufe ist das eben so: Dann bellt der Hund und der Türke hupt." Selbstverständlich weiß ich sofort, dass das kein **Rechtes Denken** ist (eher rechtsgerichtetes!) und ich versuche das abzuschütteln, aber dann kommt wieder dieser Widersacher in meinem *citta* und dem fallen dauernd vorurteilsbestätigende Dinge ein. Und wieder versuche ich dem entgegen zu treten, vielleicht eine kleine *metta bhavana* einlegen? „Ja!", ruft mein Widersacher: „Mit einer eigenen Phase für Türken und Hunde – und als Sahnehäubchen noch eine Phase für doppelt geschädigte türkische Hunde." Irgendwie fallen mir plötzlich lauter Dinge ein, die erheblichen Zweifel auslösen, ob meine Versuche, mich in der Meditation mit *Manjusri* (Weisheit) und *Tara* (Mitgefühl) zu beschäftigen von dauerhaftem Erfolg bekrönt seien.

Auf diese Weise mit den Dämonen kämpfend, die wohl auch schon Herrn Sarrazin zu schaffen machten, erreiche ich durstig, auf der Suche nach einer Toilette und hochrot, ob der Hitze (34 Grad im Schatten, aber seit Stunden kein Schatten) und der Kämpfe mit meinen inneren Dämonen, Babaeski.

Da, eine Gaststätte, sie sieht relativ einladend aus. Bestimmt haben die dort eine Toilette. Ich habe heute schon zwei Liter Wasser getrunken, einen ziemlich warmen Liter aus meinem Rucksack und einen kalten an einer Tankstelle.

Ich will aber nicht, wenn ich in einer Gaststätte zur Toilette gehe, nur ein billiges Wasser bestellen (kostet hier nur zwischen 15 und 35 Cent), will lieber dem Wirt etwas mehr zu verdienen geben. Also bestelle ich eine Cola. Als ich zahlen will, wollen die Wirtsleute jedoch von mir kein Geld. Ich muss sehr abgekämpft ausgesehen haben. Wer in der Türkei zu Fuß unterwegs ist, wo der Bus für die gleiche Strecke nur umgerechnet ein bis zwei Euro kostet, der muss wirklich arm sein, so glaubt man hier. Ich fühle mich beschämt ob meiner vorigen Gedanken, weiß aber auch, dass der Himmel mir auch diesmal wieder ein Zeichen zur rechten Zeit gegeben hat.

Zum Vergleich: Vor zwei Wochen hatte ich im reichen Frankfurt auf einem Straßenretreat als obdachloser Buddhist um 50 Cent lange vergebens für ein Frühstück bei der **Caritas** gebettelt. An diesem Tag bekam ich jedoch kein Frühstück und auch kein Mittagessen. Ich glaube ich habe beim Betteln einen Fehler gemacht: ich hatte türkisch aussehende Leute nicht ange-bettelt, das war wohl wieder so ein Vorurteil von mir. Es ist gut zu wissen, dass der Ozean der Unendlichkeit immer bereit ist, uns Lehren zu erteilen. Ich nehme mir vor, in Zukunft noch offener für die Schule der Leerheit zu sein.

Inzwischen glaube ich auch zu wissen, warum die mich anhupen, sie wollen mir zu verstehen geben, dass ich auf der rechten Fahrbahn gehen soll, damit mildtätige Menschen die Chance haben, mich mitzunehmen!

Ich lerne! Eigentlich ist das alles eine tolle Erfahrung und ein sehr gutes Zeichen!

*C.G. Jung nennt die negativen Aspekte des eigenen Selbst den „**Schatten**". An diesem Tag verfolgte er mich*

– siehe nächste Seite!

Der Schatten

Wandern auf der Erde

Etappe 128 – von Silivri nach Büyükcekmece

*Es war im Sommer 2014, als ich während meiner Pilgerreise Richtung **Bodh Gaya** nach nunmehr 2960 km in den Großraum Istanbul gelangte. Am Vortag hatte ich die größte Haftanstalt der Türkei in Silivri passiert, wo nach dem Putschversuch 2016 angebliche Gülen-Anhänger inhaftiert wurden.*

An diesem Tag damals jedoch ging es nur noch im Verstädterungsgebiet entlang. Als der Wecker um 3 h morgens klingelte, stand ich pflichtbewusst auf – jetzt würde es noch nicht so heiß sein! Dennoch muss ich sagen, dass es auch einmal toll wäre – sagen wir – sechs Stunden schlafen zu können und dann um 7 h ein Frühstück einnehmen zu können – aber schließlich habe ich keinen Urlaub, sondern bin auf dem Pfad!

Die heutige Wanderung ließ sich wunderschön an, um 4.15 h (Pilgerzeit) war ich unterwegs, die Dunkelheit war jetzt kein Problem mehr, denn inzwischen bin ich in der urbanen Agglomeration angekommen, deren Herz Istanbul ist. Den größten Teil des Tages konnte ich in Sichtweite des Marmara-Meeres gehen, was eine positive Stimmung verursachte.

(Oh, der *Muezzin* ruft zum Gebet: Ich nehme das als Signal, dass es Zeit ist, die buddhistischen *Zufluchten und Vorsätze* zu rezitieren!)

Und tatsächlich, so entfremdet der stetige Asphalt unter den Füßen, die hohen Gebäude auf beiden Seiten, der gleichförmige Geräuschpegel der nahen Straße **D-100** und der allenthalben weggeworfene Plastikabfall wirken, ich bin doch fast den ganzen Tag mit Mutter Natur in Kontakt gewesen. Da waren des Morgens die überall noch herumliegenden schlafenden netten Hunde, das Palaver der erwachenden Krähenschwärme in den Bäumen, die doch recht zahlreichen Bäume selbst, das Gras, das zwischen dem Verbundpflaster durchwuchs, das Meer, der Himmel, die aufgehende Sonne, die einzelnen Wölkchen, der Wind auf meiner schweißbedeckten Haut und das Feste unter meinen Füßen. Ja, das war sie selbst, verformt, aber doch unverkennbar, unsere Mutter, die Erde, unser wunderbarer Planet, die **Mahasattva-Bodhisattva Gaia**, unsere Große Mutter, die Gleichmut in Perfektion ausstrahlt ob des ach so häufig törichten Verhaltens ihrer Milliarden Kinder!

Es ist herrlich auf ihr zu gehen, jeder Schritt ein heiliger Akt in Dankbarkeit für unsere Große Mutter Gaia, die uns alles gibt! Unser ganzer Körper besteht aus **Erdelement** von der Erde, unserer Mutter. Auch das **Wasserelement** in unserem Körper stammt von unserer Mutter, dem blauen Planeten Erde, und natürlich auch das **Luftelement** in uns, und um uns, das wir fortwährend austauschen, es ist Bestandteil der Erd-atmosphäre. Selbst das **Hitzeelement** in uns haben wir nur durch die Wärme auf unserem Planeten und natürlich aufgrund der Verbrennung unserer Nahrung in unseren Muskeln, der Nahrung, die uns unsere Mutter Mahasattva-Bodhisattva Gaia zur Verfügung gestellt hat. Und ich kann es nicht beweisen, aber ich habe die starke Vermutung, dass unser Geist, unser Bewusstsein, Teil eines größeren Bewusstseins ist, von dem ich annehme, das unsere Mutter, von der wir alle abstammen, Träger dieses Bewusstseins ist. Gaia – ein bewusstes Wesen.

Nun könnte man einwenden, dass das, was ich da schreibe, was sich mir in meiner Gehmeditation aufdrängt (offenbart?), nicht buddhistisch sei, sondern **pantheistisch**. Es ist mir allerdings völlig egal, welches Etikett man darauf klebt. Der Buddha hat empfohlen, genau hinzusehen, wie die Dinge sind, er hat keine Dogmen verkündet, sondern ist als Wanderer mit offenen

Augen, offenem Geist und offenen Herzen durch die Welt gegangen. Und so wie der *Dharma* in allen Ländern, in denen er ankam, Elemente dortiger Weisheit aufgenommen hat, so wird er auch im Westen eine Aufnahme westlichen, aufgeklärten und wissenschaftlichen Denkens erfahren. Und so wie der Dharma in allen Ländern neue Symbole, Begriffe und Bilder entwickelt hat, so bin ich auch davon überzeugt, dass in wenigen Jahrhunderten, vielleicht schon in Jahrzehnten, die Figur der Mahasattva-Bodhisattva Gaia, der Großen Mutter, von Buddhistinnen und Buddhisten verehrt werden wird. Welchen genauen Namen und welches Bild dafür stehen wird, weiß ich natürlich nicht, aber dass es so – oder doch so ähnlich – sein wird, davon bin ich felsenfest überzeugt.

Und mit jedem Schritt, den ich auf dieser wunderbaren Erde tue, mit jedem Atemzug, mit dem ich die Luft unserer Mutter aufnehme, und mit jedem Schluck Wasser, den ich trinke, wächst diese Überzeugung. So wird Gehmeditation zur *Vipassana*-Meditation. So entstehen kleine Tröpfchen von Erkenntnis, Mini-Elemente von Wissen und Sicht, wie die Dinge wirklich sind. Und das ist der Grund, warum ich diese Praxis, das achtsame Gehen des Pfades, so liebe.

Für diese Stunden des freudigen Sehens und Staunens in Dankbarkeit bin ich gerne bereit, die kleinen Unbequem-lichkeiten in Kauf zu nehmen, die auf dem Pfad nicht ausbleiben. Mögen die *Beschützer* weiterhin ihre hilfreiche Hand so großzügig schützend und so gnädig über den kleinen Pilger Horst halten wie bisher.

Euch allen Glück und den Segen, die guten Gaben unserer Großen Mutter genießen zu können! *Svaha*!

Bild: Vater (vgl. den folgenden Artikel)

Das Bild zeigt den Sonnenaufgang über Istanbul, aufgenommen von der alten Römerstraße zur Hauptstadt des oströmischen Reiches, Konstantinopel.

Unser Vater im Himmel

Etappe 129 im Verstädterungsgebiet von Istanbul

Habe ich mich gestern meditativ an der Großen Mutter abgearbeitet, so hat es mir heute unser himmlischer Vater angetan. So umfassend die Bedeutung der *Mahasattva*-Bodhisattva Gaia auch ist, sie kann diese nicht zu unterschätzende Rolle nur dank unseres Vaters im Himmel tun, des kraftvollen Vaters Sonne, des *Sol Invictus*, des unbesiegten Mahasattva Sol, dem die Römer das Sonnenwendfest (die geweihte Nacht) am 25. Dezember widmeten.

Und wirklich, so umfassend die Rolle der Großen Mutter *Gaia* ist, so könnte sie diese Rolle nicht spielen ohne die Energie, die sie von der Sonne erhält. Eisig kalt und keineswegs blau wäre unser Planet ohne die Kraft des väterlichen Energiespenders, den ansatzweise der *Bodhisattva Ratnasambhava*, der gelbe Buddha des Südens, verkörpert. Alles Wachstum, alles Leben ist nur möglich durch die Kraft der Sonne. Sie ist es, die es ermöglicht, dass die Pflanzen wachsen, ohne SEIN Licht keine Photosynthese, somit keine grünen Pflanzen und kein für uns atembarer molekularer Sauerstoff.

Alle Energie auf dieser Erde kommt von der Sonne, auch die Windenergie, denn der Wind weht nur aufgrund der Temperaturunterschiede, die ER verursacht, auch die Wasserenergie, denn damit Wasser nach unten fließen kann, muss es erst von IHM nach oben gehoben worden sein. Und auch die fossile Energie, denn die fossilen Rohstoffe Kohle, Öl und Gas sind durch die Verwitterung der Pflanzen entstanden, die ER wachsen ließ. Selbst die Atomkraft ist sein Werk, denn ER ist das einzig sichere Atomkraftwerk im Umkreis von 10 Mrd.

Kilometern – und die Atomkraft, die der Mensch entfesselt hat, konnte auch nur entstehen, da ER Menschen, Tiere, Pflanzen entstehen ließ und ER in seiner großen Gleichmut den Menschen auch hier gewähren ließ, auf dass er aus Fehlern lerne.

So bilden unser himmlischer Vater und unsere heimatliche Mutter eine Symbiose, die Leben erst ermöglichte, sie sind die eigentliche, die ursprüngliche *Yab-Yub-Figur* in diesem Teil der Galaxis: Der empfängliche Schoß unserer großen Mutter benötigt die energiereiche Kraft des himmlischen Vaters Sonne, der mit ihr das Leben, die niedere und auch die *höhere Evolution* zeugt. Nichts Wunderbareres ist denkbar! Und der himmlische Vater erinnerte mich heute mit schöner Penetranz an seine Notwendigkeit, denn keine Wolke verdeckte sein Antlitz, und seine Kraft brannte mir bei 35 Grad in die Haut, als wollte er mir sagen: Ich bin der Herr, Dein Vater, Du sollst mich nicht vergessen, wenn Du der großen Mutter gedenkst. Nein, Vater, ich werde Deiner notwendigen Rolle gedenken und sie preisen (aber bitte erinnere mich künftig etwas weniger stark daran, ich werd's schon nicht vergessen!).

Nachdem ich mit dem ÖPNV zurück zum *Hinayana* gekommen war, das vom Vater wesentlich weniger aufgewärmt war, als ich befürchtet hatte, denn ein Baum spendete ihm liebevoll Schatten, fuhr ich nach Istanbul, meinem letzten Pilgerstandquartier auf diesem Kontinent. Und da ich an der Bahnlinie entlang wandern würde, brauche ich die Unterstützung des kleinen Fahrzeuges hier auch nicht wirklich, zumal es in Istanbul zwar alles Mögliche gibt, nur eines praktisch nicht: Parkplätze.

Ich aber wusste mir – und dem Hinayana – zu helfen, indem ich ihm einen schönen schattigen Parkplatz für drei Tage spendierte und mir dies auch etwas kosten ließ: Das Hinayana wohnt jetzt im Parkhaus des *Atatürk*-Flughafens. Von dort fuhr ich mit der Metro ins Stadtzentrum und wohne jetzt im Orient-Hostel, einer bezahlbaren Unterkunft nur 200 m von dem Park, in dem sich der *Topkapi-Palast*, die *Hagia Sofia* und die *Blaue Moschee* befinden, lauter Stellen, die den Touristen interessieren, für den wahren Pilger jedoch nur unbedeutendes Beiwerk auf dem spirituellen Pfad sind.

Statt diese Objekte zu besuchen, schaute ich lieber nach dem nur 200 m entfernten Bahnhof der Zuglinie, die mich die nächsten zwei Tage begleiten sollte. Doch: herbe Enttäuschung, der Bahnschalter ist zwar noch besetzt, aber die Bahn sei eingestellt worden, Busse seien doch viel moderner. Das warf meine ganze schöne Planung für die nächsten zwei Tage durcheinander und führte zu einem ziemlich unruhigen Tagesausklang. Jetzt endlich, kurz bevor die Sonne den Horizont küsst, habe ich notdürftige Alternativen zusammengestellt: umständlicher, unbequemer, mit häufigem Umsteigen und teilweiser Taxibenutzung, um jeweils zu dem letzten Ausstiegspunkt zurück zu kehren.

Mögen die Probleme auf dem Pfad allzeit nur diese Dimension haben!

Die D-100 (Yol Süz), die Mutter aller Pilgerpfade.

Dank an Amoghasiddhi

Etappe 130 meiner Pilgerwanderung nach Osten

Heute stand (hier im Großraum Istanbul) im Zentrum meiner Betrachtung der archetypische grüne Buddha *Amoghasiddhi*, aber nicht etwa, weil er für den endgültigen Durchbruch, die Möglichkeit tatsächlich Erleuchtung zu erreichen, steht, sondern wegen einer anderen wichtigen Eigenschaft: er gilt als Geber der Furchtlosigkeit, daher seine *Mudra*, die er mit der rechten Hand zeigt, es ist die Geste des Gebens von Furchtlosigkeit.

In erster Linie wollte ich mich heute bei ihm bedanken für die hervorragende Unterstützung, die er mir bei meiner Wanderung bisher hat zuteil werden lassen, bei meiner Pilgerreise, die heute an einen entscheidenden Einschnitt gelangt, ich werde den europäischen Abschnitt zu Ende gehen. Dabei erinnerte ich mich an die vielen Gelegenheiten, bei denen ich Ängste entwickelte und mich dann vertrauensvoll an Amoghasiddhi wandte, den Beschützer, wann immer Ängste ihr übles Spiel zu spielen drohen. Angehörige anderer spiritueller Traditionen würden hier vielleicht vom Schutzengel sprechen. Wie auch immer, mein Ansprechpartner, die für mich sichtbare Verkörperung des Aspekts des *Numinosen*, der Hilfe und die entscheidende Hilfe zur Selbsthilfe, nämlich *Furchtlosigkeit*, bereitstellt, ist für mich Amoghasiddhi, der Buddha des endgültigen Gelingens.

Und so ließ ich vor meinem geistigen Auge die Stellen passieren, an denen ich ziemlich verunsichert war, nicht weiter wusste. Eine erste solche Situation gab es bereits in Deutschland, als die

Schmerzen in meinen Füßen immer schlimmer wurden, und ich am Ende jeden Wandertages zwischen Augsburg und Garmisch von Schmerzen durchgeschüttelt jeweils für eine Stunde aufs Bett fiel, bevor ich es wieder wagen konnte, meine Füße zu belasten, um nach etwas zum Essen zu suchen. Damals waren mir doch erhebliche Zweifel gekommen, jemals auch nur annähernd so weit wie Istanbul zu gelangen.

Dann gab es in Österreich diese Stelle, als ich mir offensichtlich eine Blutvergiftung zugezogen hatte und ich mit pochendem Schmerz in einer offenen Wunde, Fieber und Schüttelfrost in Bischofshofen angelangte und dann meine Ängste, den Alpenhauptkamm zu überwinden, weil Google-Mapps mir nur Fussrouten anzeigte, bei denen ich drei Tage in den Bergen im Freien hätte nächtigen müssen. Dann das Erschrecken, dass es in Slowenien keine Übernachtungsmöglichkeiten gab.

Meine Angst, wie ich Kroatien passieren sollte, wo es unterwegs auch keine Übernachtungsmöglichkeiten nach Tagesetappen gab, auch keine Plätze zum Zelten und sich morgens zu waschen, weil die Bäche an meinem Pfad reine Kloaken waren. Meine Furcht vor den letzten zehn Tagen in Serbien, wo es ab Belgrad ohne Unterstützung durchs *Hinayana* durch einen ausgedehnten unbewohnten Nationalpark gehen sollte.

Meine Ängste vor Bulgarien, als ich feststellte, dass es hier weitgehend keine Möglichkeiten gab, die Entfernungen zwischen den Herbergen und den Endpunkten meiner Wanderungsetappen mit öffentlichen Verkehrsmitteln zu überwinden.

Mein Entsetzen, als ich in Bulgarien dorthin zurückkam, wo ich das Hinayana geparkt hatte, und es offensichtlich geklaut war! Mein Kulturschock, als ich die D 100 erstmals in der Türkei sah: eine 30-km-Etappe in der Sonne, auf einer vierspurigen Asphaltstraße bei 35 Grad im Schatten – allerdings ohne Schatten, ohne Baum, ohne Einkehrmöglichkeit, nicht einmal

Tankstellen oder Bushäuschen gab es. Und dann die Tatsache, dass dort, wo mein Pfad weitergehen sollte plötzlich ein mittelalterlicher Kalif begann, alle Falschgläubigen zu verfolgen und zu kreuzigen.

Wann immer mich Ängste plagten, wandte ich mich an Amoghasiddhi. Dies hatte zwei Folgen: Erstens meine Furcht schwand – oder wurde zumindest deutlich geringer – zweitens zeigte sich plötzlich eine Lösung. Für all das dankte ich heute Amoghasiddhi.

Und zum Schluss bat ich ihn, mir auch auf dem asiatischen Kontinent zur Seite zu stehen, wenn den kleinmütigen Pilger wieder eine Furcht peinigt.

Bild: Amoghasiddhi

Amitabha in Istanbul

Etappe 131 im Zentrum von Istanbul

Erstaunlich ruhig zeigte sich die sonst so laute und geschäftige Megastadt zu so früher Stunde. Am Strand fanden sich einige Dropouts, die dort übernachteten und wohl auf die Nähe der von jungen Touristen geprägten Altstadt angewiesen sind, um dort ihr Dope und das dafür nötige Geld zu organisieren. Viele von ihnen schliefen, andere waren auf eine andere Art weggetreten.

Je weiter ich mich von der Altstadt entfernte, desto mehr wechselte die Szene. Auch hier lagen Menschen und schliefen, doch diese waren anders, hatten sich ordentlich in Decken gehüllt, isolierende Pappe als Unterlage verwendet oder waren durch ein Loch im Zaun in einen asphaltierten Platz eingedrungen. Hier brauchte man keine Pappe, denn der Asphalt konserviert die Hitze des Tages. Ob das wirklich alles Buddhisten auf *Straßenretreats* sind, oder ob sich nicht doch der ein oder andere wirklich Obdachlose untergeschmuggelt hat?

Frauen sah ich keine – oder zumindest keine Person, die als Frau erkennbar sein wollte. An einer Stelle gab es einen Wasserrohrbruch und das Wasser schoss in einer mehrere Meter hohen Fontäne heraus; in unmittelbarer Nähe lagerten mehrere Menschen. „Das könnte feucht für die werden", war mein erster Gedanken. Doch dann entdeckte ich: das tun die mit Absicht, denn bei diesem Wetter ist man doch viel durchgeschwitzter als bei einem kühlen Straßenretreat in Frankfurt –

die haben einen Schlafplatz mit morgendlicher Dusche gefunden! Insgesamt fühlte ich mich etwas an die auf der Straße lebenden Menschen in Delhi erinnert, obwohl das Ausmaß deutlich geringer war als in Indien. Dazwischen immer wieder teilweise über 100 qm große Bilder, die den Führer in eine leuchtende Zukunft priesen, Wahlplakate für die am Sonntag stattfindende Präsidentenwahl mit den passenden Schlagworten, die ich nicht alle verstand, dieses aber doch: „Erdogan – Lideri!" (Das heißt leider genau das, wonach es klingt.)

Das leuchtende Rot auf den Plakaten brachte mich auf die Idee, eine andere rote Lichtgestalt zum Gegenstand meiner Kontemplation zu nehmen: *Amitabha*, der rote Buddha des westlichen Sektors, der mit der Meditationsmudra dargestellt wird, der die selbstlose Liebe der *metta bhavana*, der Meditation zur Öffnung des Herzens, ebenso symbolisiert wie den Gnadenaspekt des *Numinosen*.

Und so konnte ich mich mit allem versöhnen, sah in den Wählern und Parteigängern Erdogans ebenso Liebe, Freude, Wohlstand, eine bessere Zukunft für alle Suchende, wie das auch die Triebkraft meiner Großeltern war, insbesondere meines Großvaters, der als Pazifist und Dalai-Lama-Anhänger in seiner hoffnungsfrohen Verblendung 1927 Ortsgruppenleiter in der Organisation eines anderen Führers wurde, und der über seinen verhängnisvollen Irrtum niemals hinweg kam und nach dem Kriegsende freiwillig aus dem Leben schied. Lasset uns hoffen, dass diese Parallelen übertrieben sind und dass der Türkei ein ähnlich traumatisches Erleben erspart wird, wie es Deutschland (und seine Nachbarn) hatte.

Neben diesen intensiven Empfindungen, war da aber noch ganz viel *metta* für unzählige Wesen in diesem Land und im Rest des Universums. Und eine tiefe Dankbarkeit für die Gnade, die mir in diesem Leben erwiesen wurde, eine Gnade, als deren

Ursprung ich Amitabha ansehe – Praktizierende anderer spiritueller Traditionen mögen andere Bilder oder Namen für den/die Gnadenspender/in haben, ich verwende Amitabha, weil ich jemanden oder etwas möchte, vielleicht sogar brauche, dem ich dankbar sein kann.

Und wie dankbar kann ich sein; ich wandere jetzt spirituell inspiriert seit 3000 km durch Europa. Niemals hätte ich das für möglich gehalten. Vor einem Vierteljahrhundert wanderte ich erstmals mit meinen Freunden vom *EnergieWende-Komitee* – nur ein kleines Stück, ein oder zwei Stunden, und ich musste feststellen, dass ich der am wenigsten fitte in dieser Gruppe war, obwohl andere deutlich älter waren als ich. Vor zwei Wochen war ich mit diesen Freunden wieder unterwegs, einer war nicht mehr dabei, weil ihm dies zu anstrengend war, aber ich konnte feststellen, dass da keiner war, der wirklich fitter wirkte als ich.

Oder wenn ich daran denke, wie mir mein Arzt in den 80er Jahren sagte, ich hätte praktisch keine Chance, vierzig Jahre alt zu werden – obwohl es bis dahin gerade einmal noch drei Jahre waren! Mit 50 oder gar mehr Jahren hatte ich selbst nie gerechnet – meine Eltern waren durchschnittlich 47 Jahre alt geworden. Auch mein Vater wanderte viel – zugegebenermaßen nicht immer selbstbestimmt, aber ich erinnere mich an ihn als athletischen Typen, seine weiteste Wanderung führte ihn fast so weit, wie mich jetzt, 2000 km bis Orel in Russland, dort verlor er 1943 seine Augen.

Und ich bin inzwischen seit geraumer Zeit in den Sechzigern, was ich niemals erwartet hätte, und kann noch immer einen Schritt vor den anderen setzen, meinen Pfad gehen – wunderbar! So wanderte ich in Dankbarkeit für meinen Unterstützer Amitabha, das Herz voller Freude, weiter.

In diesem Moment trafen mich die ersten Tropfen. Oh, stimmt, für heute ist schlechtes Wetter angesagt – und auf den bisherigen 10 km war kein einziges Lokal, in das ich hätte Zuflucht nehmen können! Was sehe ich da: ein McDonalds, es ist 6.59 h Ortszeit, ob der schon offen hat? Ich gehe über die Straße: geöffnet ab 7.00 h – wow! Wenn das kein Beweis von Gnade ist! Und dann noch ein McDonalds! Da weiß doch eine höhere Macht, dass ich genau das brauche, um an meinen Vorurteilen zu arbeiten! Und es hat funktioniert, die Bedienung (am Tisch!) war freundlich – ich war ja auch der erste und einzige Kunde – das Essen günstig und durchaus recht lecker und ich habe es sogar vertragen, keinerlei Magen-Darm-Probleme! Außerdem lernte ich ein türkisches Frühstück kennen, das mir bis dato unbekannt war: Es gab unter anderem ein getoastetes Brötchen mit Honig und weißem Käse – gar nicht schlecht, da kann man sich direkt daran gewöhnen. – Jedenfalls wenn man keinen Kümmel zur Verfeinerung des Honigs zur Hand hat, ist weißer Käse durchaus ein Notbehelf.

Kaum war das Frühstück verspeist, hatte der Regen aufgehört, Amitabha hatte mir ja inzwischen die nötigen morgendlichen Belehrungen gegeben, und so konnte es weitergehen! Und das ganz große Gewitter? Kam auch, nachdem ich ins geschützte Hotel zurückgekehrt war. Das Leben ist schön!

Namo Amida butsu!

Fünf himmlische Freunde
Etappe 135 von Agah Ates nach Derince

Die Uhr zeigte 2.20 h *PZ*, da hielt es mich nicht mehr im Bett. Es braust ein Ruf wie Donnerhall: Im Frühtau zu Berge ihr Pilger all! Am schlafenden Nachtportier vorbei, *Hin* zum *-ayana*, das meiner schon harrte, den Pförtner des Parkhauses wachgehupt und dann zurück an die Stelle, wo mein treues kleines Gefährt schon tags zuvor im Schatten schlummerte, nach Hereke; diesmal aber nicht wie gestern westwärts nach Gebze, sondern ostwärts, dorthin, wo die Sonne sich alsbald über die Bergketten schieben wird. Noch regiert der Mond die Stunde, aber der sieht heute nicht mehr so voll und rund aus wie noch gestern, irgendjemand muss etwas von ihm abgeknabbert haben (was die Theorie unterstützt, dass der Mond aus Käse ist. – „Nein", würde jetzt Heinz Erhardt sagen, „was bin ich doch wieder für ein Schelm!")

Schelm beiseite, pilgern ist eine ernste Sache! Und es heißt Abschied nehmen, Abschied vom Marmarameer, das mehr als eine Woche lang mein stetiger Begleiter war. Zunächst schlängelt sich die *D 100* noch durch gebirgiges Land, doch schon im Morgengrauen geht es wieder in urbanes Gebiet, gleich drei Großstädte, Körfez, Derince und Izmit, sind hier in Reihe geschaltet und miteinander verwachsen. Mitunter gehe ich direkt auf der D-100, mitunter auf dem Yanyol, einer neben jener autobahnartigen Straße gelegene Seitenstraße, auf der auch langsames Fahren, Halten oder Einkaufen möglich ist.

Wie üblich zweimal Rast, Cola Zero, Magnum-Eis. Einmal konnte ich dabei meine Rast im Schatten der D-100 verbringen, da diese hier in Stelzen über den Ort verlief und sich darunter

Sitzbänke befanden. Am Beginn der dritten Großstadt, Izmit, nach etwa 25 km, es ist noch immer Vormittag, besteige ich einen Minibus der Linie 191, um zurück zu fahren nach Hereke, in den Bus werden zwar nur irgendwelche piepsenden Prepaidkarten akzeptiert, aber der Fahrer vermittelt, dass ich gegen 3,5 *TL* auf der Karte eines anderen Verkehrsteilnehmers mitfahren kann, ein Dank an die stets hilfsbereiten Türken! Mit dem *Hinayana* noch schnell nach einem geeigneten Parkplatz für morgen gesucht, dann zurück ins Hotel nach Sakarya.

(...) und unterwegs die Reflexion, welche der fünf archetypischen Buddhas denn dafür zuständig sein kann, einer anderen Person Energie zu übermitteln.

Eigentlich kommen dabei alle fünf archetypischen Buddhas irgendwie mit in Frage. Amitabha, der rote Buddha im westlichen Bereich, steht für *metta*, für positive Energie und auch für den Gnadenaspekt des Transzendenten; das hat schon einiges mit positiver Energie zu tun.

Akshobhya, der blaue Buddha im östlichen Sektor steht für Unerschütterlichkeit. Auch dafür ist eine Energie nötig, die Energie der Standfestigkeit. Außerdem hält er einen *vajra* in der Hand, Symbol der geballten Energie des Universums, ein sog. Donnerkeil.

Der gelbe Ratnasambhava im Süden, der das wunscherfüllende Juwel Cintamani in der linken Hand hält und mit der Rechten die Geste der Wunschgewährung zeigt, bietet sich an, da eine Person den Wunsch nach Energieübertragung hegt.

Und im Norden gibt es noch Amoghasiddhi, der für endgültiges Gelingen steht. Er wird gemeinhin mit *viriya*, Tatkraft im Verfolgen des Guten, assoziiert, er zeigt mit der rechten Hand die Geste der *Furchtlosigkeit* und hält in der Linken das vielleicht mächtigste Symbol von allen, den Doppelvajra! Ich glaube, es wäre gemeinhin Amoghasiddhi, den ein mit dieser

Symbolik vertrauter Buddhist (m/w) bemühen würde, um die gewünschte Wirkung zu erzielen, nämlich etwas von meiner Energie an eine ausgepowerte Person zu übertragen, die mir diesem Wunsch gestern am Telefon mitteilte.

Ich komme jedoch zu einem etwas anderen Ergebnis, und das hat etwas mit der Buddhafigur zu tun, die ich eben unterschlagen habe. Im Zentrum des Mandalas gibt es nämlich noch einen fünften Buddha, den weißen **Vairocana**, und der steht für Ergründung des Dharmas, der Wirklichkeit, der Wahrheit, für genaues, tiefes Hinsehen und Verstehen, für Einsicht in die vernetzte Bedingtheit, für Entstehen in Abhängigkeit von vielen Bedingungen, für Wirkzusammenhänge – und dafür, eben daraus die rechten Schlüsse zu ziehen.

Jeder der vier anderen Aspekte allein ist nutzlos, wenn er nicht durch weises Reflektieren, durch **yoniso manasikara**, abgesichert wird. Nehmen wir nur das, wofür Ratnasambhava steht, er hat das Wunsch erfüllende Juwel – aber jede/r von uns kennt diese Geschichten und Märchen, wo jemand drei Wünsche frei hat und dadurch schließlich nicht glücklicher, sondern noch unglücklicher wird – mangels weisen Nachdenkens.

Und wie sieht es mit der starken Kraft von *metta* aus, daran kann doch nichts Falsches sein, oder? Natürlich ist *metta* immer etwas Starkes und Gutes. Wenn wir aber unser liebevolles freudiges Geben unreflektiert und grenzenlos an eine egoistische Person geben, so werden wir von dieser ausgesaugt und ausgelaugt wie von einem Vampir. Das schadet uns selbst – und auch dieser vampirartigen Person, denn wir verstärken dadurch nur ihr karmisch unheilsames Handeln. Auch hier ist also weises Erwägen unabdingbar, um gute Ergebnisse zu zeitigen.

Und auch Furchtlosigkeit ist eine wichtige Tugend, doch ohne durch weises Erwägen ausgewogen zu sein, kann sie in Leichtsinn und Bedenkenlosigkeit ausarten. Ähnliches gilt für die Unerschütterlichkeit. Ist sie nicht durch weises Erwägen wohl austariert, so entartet sie in Starrsinn und Halsstarrigkeit.

Bei meiner Pilgerwanderung habe ich bislang ein gewisses Maß an Unerschütterlichkeit gezeigt, seit mehr als drei Jahren, seit 135 Wandertagen, seit rund 3600 km, gehe ich meinen Pfad. Dennoch habe ich von vielen falschen Vorstellungen, romantischen Idealisierungen und verblendeten Ideen Abstand nehmen müssen. Nein, ich werde nicht fitter, sondern spüre mein Alter von Jahr zu Jahr mehr. Ich kann mich auch nicht von 25 über 30 und 35 auf durchschnittlich 40 km steigern, wie ich es mir in meiner Verblendung anfangs vorstellte. Es sind im Schnitt nur 23-24 km pro Tag. Und ich gehe auch nicht mit 15 kg Gepäck, Zelt, Schlafsack und Isomatte auf dem Rücken, lagere nicht am Wegesrand und wasche mich nicht morgens im kalten Gebirgsbach, alle diese romantischen Vorstellungen wurden auf die eine oder andere Art ad absurdum geführt. Stattdessen sitze ich in einem Zimmer eines Billighotels in Sakarya, während ich dies schreibe.

Und ich hätte mir auch nicht vorgestellt, dass ich mich von meinem *Hinayana* an meine täglichen Abmarschplätze bringen lasse und dass ich hinterher mit dem Bus zum Hinayana zurückfahre, um mit diesem dann ins Hotel... Nein, natürlich wollte ich nur zu Fuß unterwegs sein, mich abends dort hinlegen, wo ich tags zuvor aufgehört hatte zu pilgern und morgens dort meine sieben Sachen zusammenpacken und weiterziehen. Aber das waren romantische Irrtümer, Verblendungen, von denen es hieß, Abschied zu nehmen.

Und hätte ich nicht genau die sich zeigenden Realitäten betrachtet und nach Möglichkeiten gesucht, mit diesen umzugehen, ohne mein zentrales Ziel der Pilgerwanderung aufzugeben, dann hätte mich die ganze schöne Unerschütterlichkeit nichts genutzt, denn dann wäre ich längst gescheitert.

Und eben daher ist es auch nicht damit getan, einer anderen Person Energie zu übertragen. Energie eingesetzt ohne Weisheit ist nicht hilfreich, sie führt allenfalls dazu, mit Anlauf mit dem Kopf gegen die Wand zu laufen! Weiser ist es, nur die Kämpfe zu führen, die man gewinnen kann. Weiser ist es, sich bescheidenere, aber erreichbare Ziele zu setzen. Wenn man ein bescheidenes Ziel erreicht hat, steigt das Vertrauen in die eigenen Fähigkeiten, und dadurch auch die eigene Energie. Wenn ich hingegen meine Energie in zu hoch gesetzte Ziel investiere, dann werde ich scheitern, werde gefrustet sein und meine Energie wird schwinden.

Daher: Wichtig ist, dass der oder die Handelnde selbst auf die erwägende Kraft des eigenen klaren Verstandes setzt und sich beim Stecken ihrer bescheidenen Ziele von anderen, weiseren und erfolgreicheren guten Freunden beraten lässt. Auch das musste ich erst allmählich lernen.

Niemals werde ich vergessen, wie ich einst *Padamvajra*, einem der erfahrensten Ordensmitglieder des Buddhistischen *Triratna*-Ordens meine Misserfolge bedauernd schilderte. Er sah mich an, lächelte und sagte: „Horst, there is only one thing to do, only one thing: lower your standards."

Und daher ist der Rat, an jede Person, die glaubt, ich sei besonders energiereich: Mach es wie ich, begib dich nur in Situationen, von denen du sicher bist, sie meistern zu können, und betrachte immer wieder die auftretenden Probleme, löse dich von romantischen Vorstellungen, wie es sein sollte.

Samsara ist immer *dukkha*, ist immer unvollkommen und ein Quell auch unerfreulicher Dinge. Es wird nie optimal laufen. Aber bescheidene Ziele sind erreichbar, sie stärken uns. Und so können wir uns vielleicht beim nächsten Mal ein minimal ambitionierteres Ziel setzen. Eine japanische Zen-Weisheit sagt: „Erklimme den Fujiyama, oh Schnecke, aber langsam, langsam."

Das ist mein Rat. Ein Rat eines Menschen, der früher mit schöner Regelmäßigkeit mit dem Kopf gegen jede sich bietende Wand gerannt ist.

Aber neben diesem Rat werde ich mich noch in Meditation setzen und mich an Ratnasambhava wenden, den gelben Buddha. Er steht für den Süden, den Bereich der Sonne, dort wo alle unsere Energie herkommt.

Als mir Ratnasambhava 2001 erschienen ist, trug er auf seiner Robe das EnergieWende-Symbol (es ziert als Aufkleber noch heute das Hinayana), dieses Symbol zeigt einen Umkehrpfeil (U-turn), weg von Atomkraft, weg von der gigantischen im Menschenwahn entfesselten tödlichen Energie, hin zu kleinen, dezentralen, angepassten, erfolgreichen, menschen- und umweltfreundlichen Energieerzeugungen. (Lower your standards – small is beautiful.)

Und eben diesem Ratnasambhava werde ich bitten, der Person, die mich darum bat, von meiner Energie abzugeben – solange sie sich darum bemüht, mit weisem Ergründen und Reflektieren diese Energien dafür einzusetzen, wo mit sehr, sehr hoher Wahrscheinlichkeit ein Erfolg winkt. Und ich werde Vairocana darum bitten, ihr die Kraft zur selbstkritischen Analyse zu geben. Ich denke das ist der einzige Weg. Es ist auf jeden Fall der Weg, der mir geholfen hat. Ich musste das schmerzlich lernen.

Aber inzwischen, dank langjährigen Gehens des Pfades der kleinen Schritte und des Versuchs, den jeweils nächsten Schritt weise zu erwägen, habe ich Selbstvertrauen aufgebaut, with a little help from my friends ...

Von Taxifahrern und Beschützern

Etappe 136 von Derince nach Bagdat

Nein, nicht nach Bagdad, nach Bagdat. Ich habe mich bekanntlich entschlossen, dem neuen Kalifen keinen Besuch abzustatten, er ist meiner denn doch nicht würdig.

Der Tag begann so früh, wie es inzwischen beim unermüdlichen Pilger üblich geworden ist. Das Hinayana trug mich ins kleine Dorf Bagdat und harrte dort unweit der Moschee, wo ein früher *Muezzin* (oder sein Tonband) gerade die Gläubigen zum Morgengebet rief – und mindestens einer folgte dem Ruf und rezitierte noch im Hinayana sitzend – wie üblich – die *Zufluchten und Vorsätze*.

Angenehmerweise hatte es nicht allzu früh die angekündigten und später auch erreichten 37 Grad, denn es dauerte fast bis 8 h *PZ*, bis sich eine Art Hochnebel aufgelöst hatte.

Den heutigen Tag hatte ich unter den besonderen Aspekt der Dankbarkeit gestellt – und ganz besonders dankte ich dabei der Türkei für die hervorragende Bereitstellung dieses außerordentlichen Pilgerpfades. Dies ist bei weitem keine Selbstverständlichkeit, denn bereits an meinem allerersten Pilgertag im Januar 2011 hatte ich mich ziemlich heftig verlaufen. Das hat mich zwischen Gelnhausen und Schöllkrippen mehr als zwei Stunden gekostet und ließ in mir schweres Bedenken für das weitere Pfadfinden aufkommen.

Nicht so hier in diesem einmaligen, pilgerfreundlichen Land. Der Pfad ist gar nicht zu übersehen: groß, breit, klar ausgeschildert, vier- bis sechsspurig, für jeden verständigen Menschen eindeutig erkennbar, häufig mit einer Extraspur für Pilger (und andere Minderheiten) ausgestattet, in Stadtgebieten gewöhnlich um einen *Yanyol* ergänzt, auf dem man abseits des Hauptverkehrs lustwandeln kann. Immer wieder haben außerdem freundliche Großkonzerne wie Shell oder Lukoil Verkaufsstellen aufgestellt, an denen sich der erschöpfte Pilger an Getränk und Dondurma (Speiseeis) laben kann, heute hatte Shell mir sogar Tisch und Stuhl unter einem Sonnenschirm bereitgestellt. Am Yanyol bieten häufig kleine Händler Simit (Sesamkringel) für nur eine Lira dem dankbaren Pilger an. Es ist eine wahre Freude, in diesem Lande pilgern zu dürfen!

Und so, die positiven Seiten der mir inzwischen ans Herz gewachsenen D-100 würdigend, sie mit goldenen Worten und oft genug auch mit lauter Stimme preisend, zog ich meinen Pfad entlang.

Vielleicht auch ein bisschen von Wehmut getragen, denn morgen wird der Tag sein, an welchem ich die Mutter aller Pilgerpfade verlassen werde. Welche neuen Schwierigkeiten werden sich ergeben? Wie wohl werde ich ohne das tosende Band pulsierenden Lebens, das doch gleichzeitig der Pfad des frommen Pilgers ist und so samsarische und nirwanische Aspekte in sich vereint, auskommen?

Auch dieses wird wieder ein Abschied sein von etwas, das ich inzwischen liebgewonnen habe. Und noch ein zweiter Abschied steht an; bislang bin ich immer nach Südosten gegangen. Heute jedoch habe ich den südlichsten Punkt der Reisespanne 2011-2016 erreicht. Es geht selbstverständlich weiter nach Osten, doch ab Morgen allmählich wieder nach Norden, da ich mich ja mit gutem Grunde entschieden habe, dem Kalifen nicht meine Aufwartung zu machen.

Doch zuvor genoss ich noch einmal mehr diesen prächtig angelegten Teil meines Pilgerpfades, der sich in der Ortslage von Izmit in ungewohnter Schönheit präsentierte: schattige Bäumchen säumten den Pfad, große Grünanlagen mit Spielplätzen und Fitness-Einrichtungen, zahlreiche Cafés und obskure Skulpturen säumten den Pfad, dass es dem frohen Pilger das Herz höher schlagen ließ, und die Grünanlagen reichten herunter bis zum herrlichen Sandstrand des Mamarameeres, dessen Anblick ich heute auch letztmalig genießen durfte.

So konnte meine Freude auch hinterher nicht einmal mehr der Taxifahrer trüben, der mich zum Hinayana zurückbrachte (herzlichen Dank an die *Beschützer*). Dieser muss wohl im vorigen Leben eine Ausbildung in der kaiserlich-japanischen Armee als *Kamikaze*-Pilot absolviert haben. Außerdem erwies er sich auch noch hinsichtlich des Weges als beratungsresistent, obwohl ich versuchte, ihn mit Karten und Navi auf die einfache Tatsache aufmerksam zu machen, dass er nur dem Yol Süz, der D-100, folgen müsse; aber er musste ja gleichzeitig noch mit zwei Handys telefonieren, während er im Ort auf der Standspur die anderen Autos passierend laut hupend rote Ampeln überfuhr.

Ich saß daneben, vertraute auf die Beschützer, schnallte mich dennoch vorsichtshalber an, was hier ansonsten nicht üblich ist, und übte mich ansonsten in Gleichmut.

Danke, Türkei, für die D 100!

Istanbul ist kein idyllischer Pilgerort, oftmals musste ich die D-100 (Bild) entlang gehen, hier im europäischen Teil der Stadt. Im asiatischen Teil Istanbuls musste ich auf ihr an einem einzigen Tag insgesamt elf "Autobahnkreuze" durchwandern. Das Durchqueren der Megastadt dauerte sieben Tage. Nicht ganz das, was ich von einer spirituellen Pilgerwandeung erwartet hatte.

Kräfte jenseits von Innen und Außen

Etappe 137 von Bagdat nach Sakarya

Einmal mehr fuhr ich zu sehr früher Stunde nach Bagdat und stellte das *Hinayana* an die gleiche Stelle wie gestern. Heute jedoch ging es ostwärts, nach Sakarya.

Mein Pilgerweg fühlte sich so normal an, als wäre ich nicht seit 40 Jahren Lehrer, der regelmäßig in die Schule geht, sondern als wäre ich seit 100 Jahren Pilger. Der Pilger, der Pfad, das Pilgern – das sind nicht drei verschiedene Dinge, sondern das ist eine Einheit. Allerhöchstens könnte man von Aspekten eines Ganzen sprechen, aber ich glaube, auch das träfe es nicht wirklich. Da ist nur Bewegung, etwas ist in Fluss geraten, und das ist prima, denn es ist im Einklang mit dem Universum, keinerlei Widerspruch, einzigartige Harmonie.

Aber auch das Verhältnis zu meinen Begleitern, den Buddhas und *Bodhisattvas*, hat sich gegenüber den Vorjahren geändert. Anfangs hatte ich mich bemüht, sie zu visualisieren – mit wechselndem Erfolg. Irgendwann schien es natürlich, dass sie in Gestalt anwesend waren. Aber in letzter Zeit ist ihre Anwesenheit stärker fühlbar, allerdings verwende ich immer seltener die traditionellen Bilder, jedenfalls nicht mehr während des Gehens. Sie sind das geworden, was sie immer waren:

Kräfte, Aspekte einer alles durchziehenden göttlichen Kraft. Das heißt, ich spüre nicht die Anwesenheit von Personen oder personalisierten Kräften, sondern eben diese Kräfte selbst. Lediglich wenn ich in eine dialogische Reflexion mit einer dieser Kräfte trete, verwende ich ihren Namen. Ich habe mir auch überlegt, ob das Wort „Gebet" dafür angemessen wäre, das z.B. der Dalai Lama in solchen Fällen verwendet; allerdings verbinden sich bei mir mit diesem Wort Konnotationen und Schwingungen, die unpassend sind, deshalb spreche ich lieber von dialogischen Reflexionen.

Das Schöne dabei ist, dass diese Kräfte, wenn ich sie nicht als Personen betrachte, weniger den Eindruck vermitteln, äußere Kräfte zu sein. Sie sind allerdings mit Sicherheit nicht nur Aspekte meiner selbst. Vielmehr stehen diese für etwas, das Innen und Außen transzendiert, und damit weder Ich noch Anderer ist, sondern einfach Realität.

Dabei sind diese Kräfte, die den Buddhas der vier Himmelsrichtungen entsprechen, auch nur Aspekte einer einzigen Realität, die es zu optimieren gilt.

Ich betrachte es ähnlich, wie beim Mandala der fünf indriyas, der fünf geistigen Fähigkeiten. Hier werden vier Fähigkeiten, nämlich *saddha* (Vertrauen), *viriya* (Tatkraft im Verfolgen des Guten), *samadhi* (meditative Sammlung) und *panna* (Einsicht, Weisheit) dadurch in Einklang gebracht, dass die fünfte geistige Fähigkeit, *sati* (Achtsamkeit) eben dazu benutzt wird, diese teilweise miteinander in Idealkonkurrenz stehenden Fähigkeiten harmonisch auf ein immer höheres Niveau zu entwickeln.

Und ganz ähnlich empfinde ich es auch mit den Kräften, die die vier Buddhas der Himmelsrichtungen repräsentieren. Der fünfte Buddha, der im Zentrum des Mandalas, Vairocana, der für weises Erwägen, für tiefen Einblick in die interdependente Realität steht, sorgt dafür, dass diese einzelnen Kräfte im rechten Maße und in Ausgewogenheit zum Tragen kommen, was natürlich die Aufgabe des oder der achtsam Praktizierenden ist.

Das sind (kurz gefasst und damit wie üblich auch etwas verkürzt dargestellt) Reflexionen (vielleicht sogar Einsichten), mit denen sich der Pilger an diesem Tage trug. Einen Teil der heutigen Pilgerzeit verbrachte ich jedoch auch damit, einfach staunend zu beobachten, wie dieser Körper in inzwischen selbstverständlicher Harmonie den Pfad geht und mit diesem und der Idee des Pilgerns zu einer Einheit wurde, ebenso wie warme Milch, Wasser und Honig, die jemand lange und kräftig verrührt hat, auch zu einem homogenen Gemisch werden.

Doch es gab auch kleine weltliche Ereignisse auf dem Pfad, so mein wehmütiger Abschied von der D-100, die ich gestern euphorisch als die Mutter aller Pilgerpfade bezeichnete. Ich nahm alsdann eine Abkürzung nach Sarkaya, die allerdings über mehrere Hügel führte und offensichtlich einer alten Straßenführung entsprach aus Zeiten, als die Straßen „noch nicht ganz staubfrei" waren. Hier gab es in recht kurzen Abständen Wasserstellen, an denen sich Mensch und Reit- oder Zugtier laben konnten. Außerdem hatte man während des Aufstiegs zum ersten Hügel einen schönen Ausblick auf den Sapanca-See.

Am Morgen lagen noch leichte Nebelschleier über der Landschaft, die alles etwas weichzeichneten und die Vegetation mit einem leicht milchigen Ton verzauberte, wie dies japanische Aquarellisten gern tun. Nunmehr jedoch ist die Weichzeichnung verschwunden, allerdings ist auch jetzt der Fernblick getrübt, so wie dies an heißen Sommertagen eben ist.

Außerdem beendete ich mit dem heutigen Tag meine ursprüngliche Route, ab morgen wandere ich dann die kalifen-vermeidende Strecke Richtung Nordosten.

Bild: Cami (Moschee)

Den Hof von Moscheen nutzte ich häufig für Rast und Meditation.

Elektronische Räuber und fünf Gruppen

Etappe 139 von Ferizli nach Karasu

Der Tag begann mit der Behebung eines kleinen Problems, das sich leider am Vorabend manifestierte. Zwei Tage zuvor hatte ich einige Begriffe recherchieren wollen und mir dazu Google auf die Startseite meines Handys installiert. Ich wurde – wohl standardmäßig gefragt, ob ich statt google.de nicht lieber google.tr laden wollte, was ich verneinte, denn erstens spreche ich kein Türkisch und zweitens habe ich inzwischen festgestellt, dass in der Türkei einige Webangebote gesperrt sind. Dann recherchierte ich in den letzten zwei Tagen ein gutes Dutzend Begriffe.

Am Abend zuvor hatte ich routinemäßig meine Bankkonten inspiziert, denn seit vor einigen Jahren binnen einer Woche zweimal vierstellige Beträge von meiner Visakarte abgebucht wurden, bin ich das sprichwörtliche gebrannte Kind, das das Feuer scheut. Und auch diesmal zeigte mein Visakonto wieder Erschreckendes, insgesamt 20 kleinere Abbuchungen, zweimal 4,99 €, einmal 8,99 € und sage und schreibe insgesamt 17 Abbuchungen zu je 17,99 € – als Auftraggeber war jeweils angegeben: „HGoogle Supercell – Google.com/C066", danach folgte immer eine andere Abrechnungsnummer. Ich frug mich: Geschah das alles nur, weil ich über google.de und nicht über google.tr recherchierte?

Dann per E-Mail einen Hilferuf an meine Tochter in der Schweiz, die ich von hier über Telefon nicht erreichen kann; Anruf bei meiner anderen Tochter in Deutschland, die beiden mögen sich in Verbindung setzen. Dann der Versuch selbst herauszufinden (ohne Google zu benutzen!), was es damit auf sich haben kann.

Es ergibt sich, dass Google Supercell eine Firma für irgendwelche Blödmannsspiele (Rechte Rede, ich weiß – aber trotzdem!) ist, und dass dieser Absender schon öfter für illegale Abbuchungen verwendet wurde. Tatsächlich erhielt ich neben diesen ersten eigenen Erkenntnissen in den nächsten Stunden noch vier Mails aus der Schweiz – auf meine Mädels kann ich mich verlassen!

So begann mein Tag heute Morgen (Aufstehen wie üblich vor dem Wecker, heute allerdings nur 1 Min. davor, um 2.14 h **PZ**) damit, meine Visakarte sperren zu lassen, nunmehr bin ich ganz von der ec-Karte abhängig.

Dann mittels des Hinayana nach Ferizli, wo ich in der Nähe meines gestrigen Parkplatzes (bei der Moschee) anhielt – und gleich von einer laut mahnenden Stimme von oben angehalten wurde, doch bitte die *Zufluchten und Vorsätze* zu rezitieren. Gesagt – getan; danke *Muezzin!*

Als der Morgen graute, zeigten sich dicke Wolken (Mist, vor lauter Visa den Schirm vergessen), zum Glück hielt sich das Wetter dann doch an die Vorhersage, vor dem Abend keine Flüssigkeit abzusondern.

Noch bevor es hell wurde, waren mir binnen einer dreiviertel Stunde fünf Fahrzeuge des Roten Halbmondes mit Blaulicht entgegengekommen. Stunden später konnte ich die vermutliche Ursache mit eigenen Augen sehen: ein Opel Astra, einheimisches Kennzeichen, hatte sich anscheinend ohne Beteiligung eines anderen Autos überschlagen und war eine Böschung hinabgestürzt.

Eine zweite traurige Geschichte hatte sich wenige Kilometer weiter abgespielt: Auf dem Mehrzweckstreifen für Pilger und andere langsame Verkehrsteilnehmer hatte es eine ziemlich große Schildkröte erwischt, sie war kaum mehr zu erkennen, ein sehr schwerer LKW muss ihrer Existenz das Ende bereitet haben, der Panzer in lauter kleine Teile zerhackt, nur ein einziges Bein war heil geblieben und bewies: Dies war einmal eine Schildkröte. Einmal mehr eine Mahnung, wie schnell das Ende kommen kann. Mir wurde das auch kurz darauf bewusst, als wenige Zentimeter neben mir (ich gehe links, auf der Standspur) mit ziemlich hoher Geschwindigkeit ein LKW von hinten (auf der linken Standspur!) an mir vorbeifuhr. Offensichtlich hielt der Fahrer den Streifen für Pilger und andere unorthodoxe Verkehrsteilnehmer für die Geisterfahrerspur.

Gut, dass es an diesem Tag nicht so heiß war, nur 33 Grad, denn sonst wäre die Strecke sicher sehr hart geworden: 30 km und keine Gelegenheit zum Rasten und Verweilen, auch keine Tankstelle. Nur zweimal gönnte ich mir je 15 Minuten Sitzen auf dem Bordstein. Etwa acht Kilometer vor meinem Ziel nahm ich dann eine Abkürzung über eine ganz alte Variante der Verbindung Sakarya-Karasu, sie muss noch aus der Zeit sein, bevor der Gegenverkehr erfunden war, außerdem müssen die Fahrzeuge damals noch für steilere Steigungen ausgelegt gewesen sein. Und noch einen Vorteil moderner Straßen konnte ich entdecken, jedenfalls aus Sicht des Menschen: Alle die Millionen Insekten, die sich auf modernen Straßen an Windschutzscheiben und Kühlergrillen moderner Vehikel befinden und so dem Menschen nicht mehr gefährlich werden können, lauern hier noch immer Pilgern auf, diese als Nahrungsmittel respektive Wirtstiere betrachtend.

Es ist eine ziemlich abgelegene Gegend, nur vereinzelt Leute bei der Feldarbeit, die Wiesen sind erstaunlich grün, es muss hier einen verregneten Sommer gehabt haben.

Am Wegesrand sitzt ein junges Paar; als die junge Frau meiner ansichtig wird, zieht sie hastig das Kopftuch wieder auf, ich muss schmunzeln, zarte Liebe unter den Bedingungen einer traditionellen Gesellschaft – irgendwie schön.

Bevor ich Karasu erreichte, passierte ich noch einen Teil des weltgrößten *Hanuta-Anbaugebietes*, wo Ernte, Darre und Selektion gerade in vollem Gange waren.

Die sog. Abkürzung über die Berge hatte jedoch einen entscheidenden Vorteil: Anders als von der Straße aus sah man hier oben auf die Stadt herab und die dahinterliegende unendliche Weite des Schwarzen Meeres. Gerade als ich meinen Fotoapparat heraus genommen hatte, um diesen erhabenen Anblick auf Speicherchip zu bannen, wusste eine höhere Macht auf welch' bessere Art ich diesen erhabenen Moment würdigen sollte, und – gleichsam, als sei ich schwer von Begriff – schrie man mir es aus allen Richtungen per Lautsprecher entgegen: *„Allahu akbar...“*

Ich steckte den Fotoapparat wieder ein, legte die Hände zusammen und stimmte in die Anrufung transzendenter Weisheit ein: *„Namo tassa bhagavato arahato sammasambuddhasa...“*

In Karasu auf dem Bus-Terminal herrschte das übliche Chaos, aber auch die ebenso selbstverständliche Hilfsbereitschaft. Auf meinen fragenden Blick *„Otobüs* Ferizli?“ bekomme ich sofort Hilfe, man schickt mich an einen anderen Stand, dort nickende Leute, sie zeigen mir, wo man warten muss. Der Bus kommt, der Fahrer ist sehr beschäftigt, andere Fahrgäste bedeuten mir einzusteigen. Ein Mann, der gebrochen Englisch spricht, setzt sich zu mir, fragt, wohin ich will, und erklärt dem Fahrer, er solle in Ferizli abweichend vom Fahrplan zwischen der Moschee an der Gulf-Tankstelle halten. Und der macht das auch. Das Leben ist schön, *Maşallah*!

Ein Thema, das mich heute umtrieb, waren die fünf skandhas, allerdings in etwas anderer Weise als bei früheren Betrachtungen.

Unter den fünf *khandhas* versteht der Buddha fünf Bestandteile des Menschen, die ihrerseits wieder aus einer Vielzahl weitere Elemente bestehen, wieso *khandhas* meist mit „Gruppen", „Anhäufungen" oder auch mit Agglomerationen oder Aggregaten übersetzt wird.

Im Westen unterteilt man den Menschen gern in Körper und Geist, was uns naheliegend erscheint. Die Griechen haben den Geist noch weiter unterteilt in δαίμων (*daimon*), ψυχή (*psyche*) und νοῦς (*nous*). Und der Buddha eben nennt *nama-rupa,* wobei *rupa* in etwa dem Körper entspricht und *nama* die vier anderen Bestandteile umfasst. Diese sind Gefühlstöne (ich nenne das lieber Bewertungen), Wahrnehmung, Gestaltungskräfte (in etwa: Wollen) und Bewusstsein, wobei letzteres ungefähr unserem „Geist" entspricht.

Warum der Buddha die anderen drei Gruppen (außer Körper und Bewusstsein) glaubt anführen zu müssen, hat mich früher ziemlich verwundert. Durch spätere Reflexionen und Meditationen machte das für mich allmählich immer mehr Sinn. Auf diese Überlegungen will ich hier nicht eingehen, das gehört nicht in den Pilgerbericht. Aber dass mich das Thema heute umtrieb, und was mir dabei auffiel – meine ich – gehört schon dazu, denn solche Reflexionen sind für mich Teil des

Gesamtgeschehens „Pilgern". Wie üblich kann ich meine Reflexionen hier nur sehr verkürzt darstellen.

Das Ganze hat damit zu tun, dass ich letztens gelesen habe, im der Wissenschaft würde in jüngerer Zeit darüber diskutiert, ob es auch Bewusstsein außerhalb einer materiellen Basis geben kann. Das finde ich sehr interessant, denn darum geht es ja bei den Kräften, die wir als Buddhas und **Bodhisattvas** bezeichnen. Für mich ist dabei die Antwort eindeutig: Ja, es entspricht meinen Erfahrungen. Umgekehrt könnte man natürlich auch fragen, ob es Materie (Körper, Form, *rupa*) ohne Geist gibt. Hier würden die meisten Menschen – und ich früher auch – eindeutig mit „Ja" antworten.

Eine buddhistische Auffassung dazu besagt, dass es Materie nur dann gibt, wenn da Geist ist, der sie als Materie erkennt. Ich meine aber noch etwas anderes, nämlich das, was unsere Vorvorfahren als Baumgeister, Quell-**Nymphen** und Götter oder Dämonen bestimmter Plätze kannten. Seit ich bei einer Nachtwanderung in den Gelnhäuser Bergen den Eindruck hatte, dass ein Felsen, ein Berg, mit mir in eine dialogische Interaktion eintrat, bin ich dem Gedanken sehr viel aufgeschlossener, dass nicht nur Tiere und meiner Meinung nach auch Pflanzen eine bestimmte Form von Bewusstsein haben, sondern dass das auch für Dinge gelten könnte. (Ich bedanke mich übrigens regelmäßig beim **Hinayana** für seine treuen Dienste, und ich bin sicher, dass das einen Effekt hat, und zwar mindestens den, in mir Dankbarkeit und die Fähigkeit zum Lob des Guten zu schulen).

Wahrnehmung – wo ist die einzuordnen? Nun, zur Wahrnehmung ist wohl ein Wahrnehmungsorgan nötig, das wäre etwas Körperliches. Aber wie ist das beim sechsten Sinn, dem Denksinn? Ist das Denkorgan das Hirn – oder das Bewusstsein?

Der Buddha spricht davon, dass zur Wahrnehmung neben dem wahrgenommenen Objekt und dem Sinnesorgan auch noch ein entsprechendes Bewusstsein (z. B. das Sehbewusstsein) kommen muss. Das kann ich zwar nachplappern, ich kann es auch glauben, aber die wahre Bedeutung erschließt sich für mich immer noch nicht wirklich. Auch ist bei der Wahrnehmung eines Gedankens das Wahrnehmungsobjekt nichts Materielles, sondern wiederum Teil des Bewusstseins. Und dann kann das Wahrgenommene ja auch ein *vedana* sein.

Vedana (Empfindung, Bewertung, also: schön, blöde oder neutral) – gehört das eher zu Körper oder zu Bewusstsein oder ist es etwas ganz eigenes? *Vedana* tritt immer im Zusammenhang mit Wahrnehmung auf. Nur was ich wahrnehme, kann ich auch beurteilen, und unwillkürlich beurteile ich (leider) auch alles, was ich wahrnehme. Auslöser ist dabei ein Sinneseindruck, also häufig etwas materiell Erkennbares, mitunter aber auch ein Gedanke, dann also aus dem Bereich Bewusstsein, aber *vedana* ist immer auch etwas Bewusstseinsbildendes, meist etwas das vorurteilsbefangene Bewusstsein Verstärkendes. Damit ist es zunächst nicht selbst Bewusstsein, beeinflusst dieses aber, was dafür spricht, es als eigenes *khandha* zu betrachten.

Die Gestaltungskraft, der breite Strom unseres Wollens ist gewöhnlich eine Reaktion auf unserer *vedana* (also: Geil, her damit! oder: Hau wech´ den Scheiß!) mitunter aber auch Ergebnis eines bewussten Entscheidungsprozesses. Auf jeden Fall ist die jeweilige Gestaltungskraft aber Ergebnis eines Bewusstseinsprozesses; dieser kann halbbewusst-instinktiv sein, aus egoistischen Motiven erfolgen oder aber auch Ergebnis eines weisen Erwägens sein.

Damit habe ich das Thema natürlich längst nicht erschöpfend behandelt, ich habe auch nur einen kleinen Teil, meiner heutigen Reflexionen aufgegriffen, aber versucht darzustellen, was mich dabei umtrieb.

Das Hinayana parkte häufig an Moscheen, wo ich morgens gegen 5 h meine Tagesetappen begann, auf diese Weise hatte ich meine Etappe vor der nachmittäglichen Hitze beendet.

Das Taxi des Bodhisattvas

Etappe 143 von Alapli nach Eregli

Für heute war der kürzeste Abschnitt des diesjährigen Pilgerpfades geplant, nur 17 km, doch es sollte noch anders kommen als gedacht.

In Anbetracht der Kürze des Pfadabschnittes hatte ich mir vorgenommen, heute einmal auszuschlafen, was mir umso leichter fiel, als mir gestern am Nachmittag und auch am Abend die Bänderreizung im linken Fuß und der zugehörigen Wade noch zu schaffen machte. Ich musste bereits in den letzten Tagen feststellen, dass mich das doch so beeinträchtigte, dass meine Geschwindigkeit auf nur noch 4 km/h abgesunken war.

Da mir nichts Besseres einfiel, habe ich Fuß und Wade mit Soventol eingerieben. Das Medikament hatte ich bei heftigen Beschwerden an einer anderen Körperstelle am Ostersamstag 2011 in Augsburg, das ich damals kurz vor Ladenschluss erreichte, erstanden. Da inzwischen sein Verfalldatum erreicht war, gab es nur die Möglichkeit, es demnächst wegzuwerfen oder jetzt anzuwenden, was mir die Entscheidung ziemlich leicht machte.

In der Nacht erwachte ich immer wieder und starrte den Wecker ungläubig an, aber ich durfte wirklich so lange schlafen! Dann könnte ich heute vielleicht Frühstück bekommen, das es ab 7 h Ortszeit geben soll. Um den armen Nachtwächter, der auch fürs Frühstück zuständig ist, außerdem der Hotelgärtner und vermutlich noch einiges andere ist, nicht noch weiter zu stressen, erschien ich erst um 7.20 h OZ. Doch was musste ich feststellen – offensichtlich bedeutet Frühstück ab 7 h, dass der Zuständige um diese Zeit in der Küche erscheint und mit den ersten Vorbereitungen für ein späteres Frühstück beginnt.

Dann eben wieder ohne Frühstück. Was nicht so ganz stimmt, denn ich hatte noch eine Packung Cashews der eisernen Ration aus Gelnhausen dabei, die ich während der ersten halben Stunde des Wanderns aufaß. (Ich habe auch dieses Jahr wieder während des Pilgerns zugenommen, wie ich nach meiner Rückkehr feststellte, satte fünf Kilo!) Zunächst aber musste mich das *Hinayana* nach Alapli tragen, wo es dann in der Nähe des Busbahnhofs, von dem aus wir gestern zurück gefahren waren, parkte. Ich verabschiedete mich freundlich von meinem Weggefährten und zog los.

Am Anfang ging ich noch mit dem festen Bewusstsein, jeder Schritt auf dem Pilgerpfad sei eine Bekräftigung, eine Unter-mauerung, ein Bekenntnis zum spirituellen Pfad, den der Buddha aufgezeigt hat. Leider war jeder Schritt jedoch auch eine Bekräftigung, eine Bestätigung, eine weitere Manifestation der Beschwerden des linksseitigen Fortbewegungsapparates. So nahm ich mir also vor, die Beschwerden genau zu beobachten, um sie nach meiner Rückkehr nach Gelnhausen einem Orthopäden möglichst genau beschreiben zu können. Auf diese Weise versorgt einen der Ozean der Leerheit mit immer neuen Achtsamkeitsobjekten, damit keine Langeweile aufkommt.

Die beiden Städte Alapli (20.000 Einw.) und Eregli (100.000 Einw.) liegen relativ dicht beisammen. Dazwischen liegen vor allem Strandbäder, in denen zu morgendlicher Stunde erst geringes Bevölkerungsaufkommen zu verzeichnen war, und Werften, wo eifrig gebaut wurde.

Innerhalb des weitläufigen Stadtgebietes von Eregli gab es eine größere Baustelle an der **D-010**. Diese vierspurige Straße mit Mittel-Grünstreifen war einseitig gesperrt, was mich zunächst erfreute, hatte ich doch auf meiner Seite jetzt nicht nur die Pilgerspur, sondern auch noch die beiden Fahrspuren für mich allein.

Dann kam ich zu der Stelle, an der gearbeitet wurde. Ich ging zwischen den Bauarbeitern durch, schlängelte mich zwischen Baggern und von diesen zu beladenen LKWs durch, winkte den Geodäten freundlich zu und zog frohen Mutes weiter meines Weges. Dann jedoch, etwa 3 km vor dem Ende meines Tagesabschnittes, dort wo die **D-010** vom Meer abbiegt, um ein Gebirge vor dem türkischen Kohlepott Zonguldak zu überqueren, gähnte Leere vor mir, da war nichts mehr, worauf ich gehen könnte.

Ich sah nach der Gegenfahrbahn. Die Pilgerspur dort war umfunktioniert, der Verkehr lief in die eine Richtung zwei- in die andere einspurig, rechts und links Leitplanken, zwischen den Schwerverkehrsfahrzeugen, die in dichter Reihenfolge den Stadtverkehr prägten, und den Leitplanken vielleicht 20 cm Platz – und die türkischen Autofahrer fahren sehr schnell. Ob das ein guter Ort ist *Furchtlosigkeit* zu üben, *Amoghasiddhi*?

Irgendeine Kraft drehte in diesem Moment meinen Kopf von der erschreckenden Straße links weg und ließ meinen Blick auf ein gelbes Objekt rechts fallen.

Ich vermochte meinen Augen nicht zu trauen: Auf der gesperrten Straßenseite, mitten in der Baustelle, dort, wo gerade das Straßenfundament mit Sand aufgefüllt wurde, ein Taxistand?! Davor ein einsames Taxi, der Fahrer hatte sich in der Nähe im Schatten niedergelassen, war doch hier wohl kaum mit Kundschaft zu rechnen. Danke, durchfuhr es mich, und ohne einen Moment daran zu zweifeln, ob es vielleicht ein Sakrileg sein könnte, drei Kilometer des Pfades nicht eigenfüßig zu gehen, fragte ich ungläubig den dösenden Mann: „Taxi?" Er stand auf und lächelte: *„Evet, Taksi!"* Hätte er noch grüne Haut gehabt, das hätte mich auch nicht mehr gewundert als die Tatsache, auf einer unpassierbaren Straße ein Taxi zu finden.

Ich nannte ihm mein Fahrtziel, und er fuhr los, schlängelte sich zwischen Bauarbeitern und Geodäten durch, quetschte sich an LKWs vorbei, bat einen verdutzten Baggerfahrer, seine Arbeit zu unterbrechen und sein monströses Gefährt dort mal ein bisschen wegzufahren, überwand mit seinem leuchtend gelben Wagen einige kleine Erdhügel und gelangte schließlich auf den nicht gesperrten Teil der Straße. Als ich ihn später bat anzuhalten, bog er ruhig und ohne weiter zu fragen – gerade so als wüsste er, wohin ich wollte – in die Nebenstraße nach links ab und hielt lächelnd vor dem *Hinayana*. Aha.

Jeder Schritt auf dem Pilgerpfad ist eine Bekräftigung, eine Untermauerung, ein Bekenntnis zum spirituellen Pfad, den der Buddha aufgezeigt hat.

Und gegebenenfalls geschehen auch noch Zeichen und Wunder.

Freundliche Hunde...

Etappe 144 von Eregli nach Sücüllü otobüs duragi

Heute habe ich den armen Nachtwächter wieder kurz nach 4 h *PZ* geweckt, weil die Hoteltür verbarrikadiert war, aber er hat es diesmal mit Fassung getragen, sah er an meinem Gepäck doch, dass er mich wohl nicht mehr wiedersehen müsse. Ich bin sicher, er hat mir keine Träne nachgeweint.

Das *Hinayana* trug mich der hauchdünnen Mondsichel und dem hell leuchtenden Morgenstern entgegen in das Gebirge, von wo ich nach Eregli zurück zu schreiten vorhatte, um mich von dort mittels des ÖPNV wieder zum Hinayana tragen zu lassen, das inzwischen an einer Bushaltestelle ziemlich genau in der Mitte zwischen den beiden Großstädten meiner Rückkehr harrte.

Herrlich war es in der ersten Morgendämmerung allmählich die hintereinander gestaffelten, dunstverhangenen Bergketten ausmachen zu können, an denen sich nur sehr spärlich Dörfer erkennen ließen. Ich zählte bis zu elf Bergketten, die sich hintereinander befanden, und von denen jeweils die hintere höher zu sein schien als die davorliegenden.

Die erste knappe Stunde hatte außerdem den Vorteil, dass hier eine Baustelle war. Die Fahrzeuge – und das sind hier, bevor die Sonnenscheibe sich über den Horizont schiebt, ausgesprochen wenige – wurden auf einer Seite des Grünstreifens entlang geführt, die ganze Breite der anderen Seite aber gehörte einzig und allein dem aufrechten Pilger.

Kurz nachdem die Vierspurigkeit für den Kraftverkehr wieder hergestellt wurde, fand ein Hund Gefallen am Pilgern – oder am Pilger? Auf jeden Fall hatte ich nunmehr einen Weggefährten, den Hinkebeinhund. Warum er diese charakteristische Eigenschaft hatte, war unschwer zu erraten. Er ging gern auf die Straße, trottete nur zögerlich zur Seite, wenn ein Auto kam, echauffierte sich mindestens so sehr wie ich in den ersten türkischen Tagen, wenn er angehupt wurde; und wenn ihm ein Fahrzeug gar zu unsympathisch war, verfolgte er es im raschen Lauf einige Schritte. Da Adrenalin aber kein guter Ratgeber ist, vergaß er dabei gewöhnlich, dass es noch weitere Fahrzeuge geben könnte. Ich machte mir häufig Sorgen um meinen neuen Follower, allerdings waren die Autofahrer/innen deutlich achtsamer als das Tier.

Dann stellte ich fest, dass neben mir ein zweiter herrenloser Hund lief, ich nannte ihn fortan den Braunen. Vorsichtshalber sah ich mich um, ob das eine neue Mode würde – und tatsächlich ging nur einen Schritt hinter mir ein Tier, das eine etwas verkleinerte Ausgabe eines Schäferhundes war. Ich nannte ihn fortan Schäfchen. Irgendwie kam ich mir vor wie der Hundefänger von Hameln. Eigentlich hatte ich auch nicht vor, eine Karriere als Leitwolf einzuschlagen.

Es sollte mehr als drei volle Stunden dauern, bis ich wieder hundefrei war. Jetzt war mir klar, warum man Obdachlose häufig in Begleitung von Hunden sieht: Denen ist irgendwann eines dieser treuen Tiere auf der Suche nach einer Bezugsperson nachgelaufen. Auch ich hätte den lieben Begleitern gern etwas abgegeben, zumal mir der Hinkebeinhund in der ersten halben Stunde deutlich zu verstehen gab, dass er den Inhalt meines Leinenbeutels äußerst interessant fand. Dort drinnen befand sich eine angefangene – also offene und damit Geruch absondernde – Packung Erdnüsse, von denen ich ihm sehr

154

gerne abgegeben hätte. Allerdings war ich mir durchaus bewusst, dass ich ihn dann nie mehr losbekäme, oder dass es zumindest einen erheblichen Trennungsaufwand gäbe, bei dem er mir – und ich war überzeugt davon, dass er seinerseits von anderen, noch viel kleineren Wesen, bewohnt war – wesentlich näher käme, als mir das recht war.

Also musste ich meine Gebefreude zügeln, um nicht noch weitere Hoffnungen zu wecken, die nur zu Enttäuschungen und unangenehmen Szenen führen würden. Es sollte klar sein: Ich bin der, der hier geht. Wenn ihr mitgehen wollt, o.k., aber mehr ist da nicht.

Als ich mich räusperte – bis dahin hatte keiner von uns Vieren eine Silbe gesprochen – bemerkte ich das große Erstaunen meiner neuen Gefolgsleute. Also hub ich an, das Shakyamuni-Mantra voller Inbrunst zu rezitieren. Den Dreien schien es zu gefallen. Da jedoch inzwischen etwas mehr Verkehr die **D-010** entlangfuhr, passte ich auf, nur dann zu rezitieren, wenn kein Fahrzeug in der Nähe war, schließlich wollte ich die Aufmerksamkeit meiner drei Lieblinge nicht zusätzlich vom Verkehr abziehen.

Nachdem ich drei Stunden gegangen war, davon zwei in Begleitung, gönnte ich mir ein Viertelstündchen Rast auf einer verbogenen – und daher bequemen – Leitplanke im Schatten. Der Hinkebeinhund, der Braune und das Schäfchen fanden, das sei eine gute Idee. Ich wusste, dass ich jetzt nicht von den Erdnüssen essen durfte. Selbst davon essen und nichts abzugeben wäre gemein, die Erdnüsse gerecht zu teilen perspektivisch fatal. Allerdings gönnte ich mir einen kräftigen Schluck Wasser aus meiner Flasche, was die Tiere vermutlich nicht als Trinken begreifen konnten, denn sie zeigten sich daran nicht interessiert, obwohl ich sicher war, dass auch sie Durst hatten. (Und ich wusste: Das ist die Chance zur Trennung, früher oder später werden meine durstigen Gefährten Wasser wittern – und das wird dann noch viiiiiiiiel interessanter sein, als einem Pilger zu folgen.) Während ich saß, hatten sich auch meine vierbeinigen Freunde niedergelassen und fraßen einige Kräuter: Seht ihr, so mag ich euch – vegane Hunde.

Die Pause brachte nicht die ganz große Erholung, insbesondere nicht für meine Freunde. Der Hinkebeinhund tat sich immer schwerer mit dem Gehen, und ich hatte dabei großes Mitgefühl mit ihm, war doch auch mein linker Lauf angeschlagen. Heute Morgen hatte ich jedoch nicht nur die Achillessehnen, sondern auch die ganze linke Wade getapet, was eine deutliche Erleichterung war – das hatte ich dem Hinkebeinhund voraus. Allerdings knickte ich mehrfach mit dem linken – dem beschädigten – Fuß um, was zwar immer sehr schmerzhaft war, das Grundproblem aber glücklicherweise nicht dauerhaft verstärkte.

Meine Freunde wurden jetzt doch mehr und mehr von Durst geplagt, was in mir ambivalente Gefühle hervorrief. Einerseits taten mir diese lieben Wesen leid, andererseits wusste ich doch, das würde mich bald von der Bürde ihrer Gefolgschaft erlösen.

Als erster war der Braune verschwunden. Er war einfach nicht mehr da. Ich hatte sein Verschwinden zunächst gar nicht bemerkt und Hinkebein und Schäfchen offensichtlich auch nicht. Dann kamen wir an einem Gastgarten vorbei, den ich liebend gerne aufgesucht hätte, denn inzwischen war es die fünfte Stunde meiner heutigen Wanderung. Aber das hätte uns noch mehr zusammengeschweißt. Nicht auszudenken, wenn die Inhaber des Gastgartens den Hunden, die offensichtlich zu mir gehörten, Wasser angeboten hätten. Und ich hätte es auch nicht übers Herz gebracht, wie üblich ein Eis und ein Getränk zu bestellen und diesen herzallerliebsten Tieren nichts abzugeben.

Inzwischen stöhnten die beiden schon erheblich, die Zunge hing Ihnen aus dem Hals und selbst Schäfchen ging nicht mehr so leichtfüßig, wie das bei dem jungen Hund vordem der Fall war – ich allerdings auch längst nicht mehr. Da: links ein zweites Lokal. Es lockte mich schon – hatte ich doch in fünf Stunden nur 15 Minuten Pause auf einer Leitplanke. Aber in einer Seitenstraße – wir waren inzwischen in die Vororte Ereglis gekommen – gab es zwei Pfützen, und die übten eine magische Anziehungskraft auf die lieben Hunde aus. Nur jetzt nicht in das Lokal gehen, sonst kommen sie zurück. Und siehe da, meine Überlegung erwies sich als richtig: über den Durst würde ich die beiden loswerden können. Es hatte funktioniert!

Vielleicht liegen sie inzwischen irgendwo und träumen davon, wie unsere Freundschaft sich hätte entwickeln können. Und auch mir kommen jetzt beim Schreiben und Nachempfinden Tränen. Freundschaft und Vertrauen sind etwas sehr Schönes. Aber wie selten kommen alle Bedingungen zusammen, dass eine wirklich harmonische Freundschaft entstehen kann. Für uns vier waren heute leider nicht alle Bedingungen gegeben, auch wenn ihr Hunde das vielleicht nicht verstehen könnt. Aber ich wünsche euch viel Glück, es wäre euch von Herzen zu gönnen, einen Freund zu finden – vielleicht sogar einen Freund fürs Leben.

So, und jetzt mache ich noch eine Hunde-*metta-bhavana*!

Die mich begleitenden Hunde machen mit mir eine Rast.

... und andere Hunde

Etappe 146 von Zonguldak nach Filyos über Çatalagzi

Ich begab mich zu früher Stunde zum Hinayana, um wieder die morgendliche Kühle auszunutzen, war gerade die 121 Treppenstufen vom Hotel bis hinauf zur Straße gegangen – hier ist alles sehr gebirgig und steil –, als mich die Lautsprecher, die hier nicht nur an den Minaretten hängen, sondern alle 100 m an der Straße angebracht sind, gemahnten, einmal mehr die *Zufluchten und Vorsätze* zu rezitieren. Nach diesem vertrauten Ritual chauffierte mich das Hinayana die 10 km bis Çatalagzi durchgängig im zweiten Gang (der Taxifahrer, der mich später zum Hinayana zurückbrachte, musste sogar gelegentlich in den ersten Gang zurück schalten, der hatte allerdings auch kein hüpferliches *Hinayana*, sondern nur so 'nen ollen Renault).

Während der Fahrt machte ich mir – wie schon tags zuvor – Sorgen bezüglich meiner Beine, jedoch stellte es sich heraus, dass die Straße beim Zufußgehen wesentlich moderater wirkte als aus der Windschutzscheibenperspektive, was natürlich auch daran lag, dass ich sie vor des Tages Hitze ging. – Geistgeschaffen sind alle Probleme! (Aber auch alle Lösungen, der Weg zu Letzteren ist weises Erwägen, deucht mir.)

Für das Hinayana hatte ich einen schönen schattigen Platz in Çatalagzi gefunden und zum Glück waren während des Gehens auch wesentlich weniger Wachhunde auf der Straße als befürchtet. Nur relativ am Anfang verfolgten mich drei von ihnen bellend, wobei das Bellen ein Kommunikationselement zu haben schien, das sie in der vermeintlichen Richtigkeit ihres Tuns bestätigte, die drei verfolgten mich ein Stück weit randalierend, dass in mir Furcht aufstieg. Also sprach ich den Namen dessen aus, der für *Furchtlosigkeit* steht – *Amoghasiddhi* – mit dem Gedanken: Himmel hilf! Im gleichen Moment sprang mich einer von ihnen – der große wolfsartige – von hinten an. Aber wie durch ein Wunder schien mein Stoßgebet augenblicklich erhört worden zu sein, denn im gleichen Moment kam hinter einem Gebäude ein bärtiger älterer Mann hervor. Er trug eine fromme Kopfbedeckung und einer Gebetskette in der Hand und herrschte die Hunde mit einem einzigen türkischen Wort an, worauf diese flohen, dann grüßte er mich mit der eigentlich hier recht unüblichen Formel – mit „Selam aleykum". Ob das jetzt der Schreihals vom Minarett war oder ein landesüblich getarnter *Bodhisattva*, war mir nicht klar, auf jeden Fall war sein Eingreifen mehr als hilfreich.

Das Gehen ging mir heute leicht von den Füßen, selbst die Blessuren der Vortage waren praktisch nicht zu spüren. Bergauf ging es eine Spur langsamer, bergab einen Tick schneller. Jetzt ging es durch den türkischen Kohlenpott. Überall waren Zechen, die hier aber nicht die typischen Fördertürme wie früher in Deutschland hatten. Aber alle Werksgelände und kommunalen Einrichtungen waren mit bergmännischen Symbolen geschmückt und es gab zahlreiche Kraftwerke und Hochöfen, sowie einen Kohlehafen – streng geheim, fotografieren verboten! – und eine Kohlebahn, die sich durch zahlreiche Tunnel Richtung Ankara schleppt und deren Kohlezüge von vier Lokomotiven bewegt werden, je zwei am Anfang und am Ende des Zuges. In dem Bergarbeiterstädtchen Çatalagzi kam es noch zu einem Deja-vu, als mich vor Tagesanbruch wieder – wie zuvor – zwei kleinere und ein größerer Hund wild bellend verfolgten. Der große Hund wirkte aber von der Stimmlage weniger bedrohlich als der wolfsartige zuvor. Und – das Deja-vu geht weiter – auch diesmal verspürte ich einen Stoß des größeren Tieres von hinten. Inzwischen jedoch hatte ich meine Lehre aus der ersten Begegnung gezogen: Diesmal drehte ich mich abrupt herum, funkelte den *Köpek* an und sagte heftig und vorwurfsvoll: „Na, was soll denn das!" Erschrockener als ich es zuvor war, wich das Tier drei Schritte zurück und kniff den Schwanz ein. Ich aber wandte mich wieder um und ging die Hunde keines Blickes mehr würdigend weiter. Diese übten sich derweil in der buddhistischen Tugend des donnernden Schweigens. Ich hingegen staunte über mich selbst, ich schien (a) spontan und (b) angemessen gehandelt zu haben. Vielleicht wird ja irgendwann doch einmal ein richtiger *Bodhisattva* aus mir!

Danach ging es eine knappe halbe Stunde steil aufwärts und hinterher ebenso weit abwärts. Gerne hätte ich mich danach in dem Dorf an etwas anderem als meinem lauwarmen Wasser erfrischt, aber es gab nur ein einziges Geschäft, einen Bäcker, und auch der hatte nur eine einzige Ware: Brot, genau eine Sorte, eine Größe.

Ich hörte meine Mutter sagen: „Was wären wir nach dem Krieg für so einen Laden dankbar gewesen." Woraufhin ich beschloss, nicht in den Laden zu gehen, um den armen Nachkriegs-deutschen nicht auch noch das wenige Brot wegzukaufen. Das war jetzt also meine gute Tat für heute.

Danach ging es über eine abenteuerliche, immer einmal wieder beschädigte Straße, von der Teile 100 m tief ins Meer gestürzt waren, und auch hier waren Bauarbeiter am Werk, den Weg deutlich großzügiger auszubauen, künftige Pilgergenerationen werden sich daran erfreuen können. Und auch heute sah ich wieder verfallene Tourismusinfrastruktur, ungeklärte Abwässer, die ins Meer geleitet wurden, neue Wohnsiedlungen ohne die notwendige Infrastruktur in der Pampa sowie Hirten mit Kühen, Schafen und Ziegen, bevor ich nach Filyos gelangte, wo ich ein leckeres, knusprig-frisches Simit für 75 *Kurus* (weniger als 30 Cent) verspeiste, dazu einen Ayran (1*TL*).

Was mich aber heute – mehr noch als in den letzten Tagen – störte, war, dass mein Geist sich nicht auf das Gehen konzentrieren wollte, sondern dass immer wieder unangemessene Gedanken meinen Geist beschäftigten, Gedanken, die, wären sie ausgesprochen, unrechte Rede wären, demnach also unrechtes Denken sein müssen.

Es sind alte Gewohnheiten, verbale Gefechte austragen zu wollen, eine Gewohnheit, die ich zu meiner Zeit in der Politik genüsslich zelebrierte, die ich aber schon seit Kindertagen eingeübt hatte. Kein Wunder, dass diese mein Bewusstsein mehr geprägt haben, als das bisschen Meditation in den letzten 20 Jahren. Und das während der Pilgerwanderung, wo mein Geist eigentlich in besonderem Maße von Freundlichkeit, von Mitgefühl, von Mitfreude, von Vertrauen in den Pfad und von Gleichmut geprägt sein sollte.

Na, es gibt eben doch noch Vieles, das ich auf dem Pfad angehen muss! (Bodhisattva ist wohl doch erst später.)

Das Eichhörnchen und der Tod

Etappe 147 von Filyos nach Kizilelma

An diesem Tag mochte ich überhaupt nicht aus dem Haus gehen. Schon in der Nacht plagte mich eine unbestimmt-finstere Unruhe, und – immer wieder erwacht – stellte ich den Wecker auf eine halbe Stunde später. Da ich einen langen Anfahrtsweg nach Kizilelma hatte, würde das bedeuten, dass ich erst bei fortgeschrittener Dämmerung dort sein würde – eine Vorsichtsmaßnahme hinsichtlich des möglichen Auftretens scharfer Wachhunde.

Kaum war ich aufgestanden, plagte mich mein Verdauungstrakt – irgendetwas Vertracktes. Dann fuhr ich mit Unterstützung des Navis los – diesen Teil hatte es bei meiner Testfahrt vor Tagen einwandfrei geschafft. Nicht jedoch heute, das *Hinayana* weigerte sich irgendwie, den letzten Straßenabschnitt Richtung Kizilelma zu finden – ob es eine Vorahnung hatte? Also schaltete ich das Navi aus, eine Handy-App ein und musste nun mein Fahrzeug eigenhändig lenken. Hätte ich das nur nicht getan!

Kurz vor Kizilelma, in einem kleinen Waldstück sprang aus dem Gebüsch nur einen Meter vor mein Fahrzeug ein Eichhörnchen – direkt vors Auto. Es war das erste Eichhörnchen meiner ganzen Wanderung, ich versuchte zwar noch auszuweichen – zu spät. Mit dem linken Hinterrad erwischte ich es. Ich stieg aus. Von seinem Kopf aus war ein Strahl dickflüssigen Blutes auf dem Asphalt. Es war augenscheinlich tot, auch wenn Schwanz und ein Hinterbein noch rhythmisch immer schwächer werdend zuckten – ich wagte nicht, es zu berühren. Seine Hände und das Gesicht strahlten bereits eine würdige Ruhe aus. Es war so unendlich traurig.

Nachdem ich das Hinayana im Dorf geparkt hatte, ging ich zurück, wollte das arme Tier von der Straße entfernen. Drei Autos und zwei Motorräder hatten inzwischen die Stelle passiert. Kurz bevor ich am Ort des Unglücks ankam, hielt ein PKW an einer Kreuzung. Ich hatte den Eindruck, die Beifahrerin sei tief bedrückt. Ich grüßte, aber nur der Mann erwiderte meinen Gruß – ernst. Sollten die beiden mein Opfer gesehen haben? Unwahrscheinlich – obwohl, wie die geguckt hat? Das war nicht wie im Streit mit ihrem Partner, da lag Trauer drin. Ich sagte mir, das müsse eine Projektion meinerseits sein. Niemand schaut sich überfahrene Tiere so sentimental an – außer vielleicht ein über Vergänglichkeit meditierender Pilger.

Ich kam an die Stelle meiner Schmach. Das Blut war da – das Tier nicht. Die beiden müssen wirklich angehalten haben, um nach dem kleinen Wesen zu sehen. Ich blickte mich um. Tatsächlich, das was ich tun wollte, war schon getan. Das kleine Eichhörnchen – Ameisen hatten inzwischen von ihm Besitz ergriffen – lag ordentlich neben der Straße im Gras und wartete darauf, sich wieder mit Mutter Erde zu vereinigen. Ich war tief beeindruckt vom Mitgefühl des türkischen Paares. Natürlich war dieser Tag von Reflexionen geprägt. Von Reflexionen zum Thema Wert des Lebens, zu Schuld und selbstverständlich auch zum Thema Vergänglichkeit.

Wir tun immer so, als sei Leben der höchste Wert. Und bemühen uns unser *Metta* gegenüber allen Wesen, also auch einem Eichhörnchen und mir selbst gleichmäßig zu verteilen. In Wirklichkeit aber bin ich mir selber viel wichtiger als dieses arme, unschuldige Wesen. Selbst vor die Frage gestellt, ob es mir lieber wäre, das Eichhörnchen würde leben und das Hinayana wäre kaputt, erschreckte mich die Antwort. Was ist ein Leben wert? Was wäre es mir wert, das heute Morgen Geschehene rückgängig zu machen? 100 € sicher. Aber auch 1000 €? 10.000 € sicher nicht. Von wegen Metta im gleichen Maße für alle Wesen!

Und dann die Frage der Schuld. Wenn mich eine Schuld trifft, dann die, mit dem Auto zu fahren oder überhaupt auf Pilgerwanderung gegangen zu sein. Dass die Benutzung eines Fahrzeugs in sich problematisch ist, ist nicht zu übersehen. Und dass heute erstmals in diesem Jahr lauter kleine Fliegen vor meiner Brille herumflogen, kam sicher daher, dass diese mir zeigen wollten, dass ich nicht nur ein Eichhörnchen, sondern auch Tausende von Insekten getötet habe. Ich ging meinen Pfad und ließ mich gerade von Fliegen belehren!

Dennoch ist mir offensichtlich die Pilgerwanderung wichtiger als das Leben dieser Wesen. Ja, ich habe den Tod dieses Eichhörnchens letztendlich billigend in Kauf genommen, als ich mich entschieden habe, eine Pilgerwanderung durchzuführen, und als ich gesehen habe, dass sie für mich nur in dieser Kombination mit Verkehrsmitteln als Zubringer zu meinen jeweiligen Tagesabschnitten möglich ist. Ich habe den Tod von Wesen billigend in Kauf genommen, weil mir der teilweise schon eingetretene und der noch erhoffte spirituelle Nutzen höher erscheint als das Leben einiger Wesen. Ich möchte zwar alles im Rahmen meiner Pilgerwanderung Vertretbare tun, die Opfer an Leben klein zu halten, aber ich nehme bewusst billigend in Kauf, dass es zu Opfern kommt. Ja, ich nehme sogar in Kauf, dass ein noch deutlich größeres und – wie ich glaube – spirituell weiter entwickeltes Wesen dabei umkommt. Auch wenn ich natürlich alles tue, um den Tod des Pilgers auf dem Pfad zu vermeiden.

Ich würde dieses billigende Inkaufnehmen auch nicht wirklich als Schuld ansehen. Jeder Abwägungsprozess, bei dem Güter, Ziele und Ideale in Idealkonkurrenz zueinander stehen, denke ich, ist legitim, wenn er in erster Linie von ethischen Werten getragen wird. Äußerst unethisch wäre es demgegenüber gewesen, in eines der vielen Fischrestaurants zu gehen, die es hier am Schwarzen Meer gibt. Denn dabei ginge es nicht um das Abwägen verschiedener ethischer Werte (spiritueller Fortschritt – vielleicht sogar zum Wohle aller Wesen?) gegenüber dem nicht angestrebten, aber billigend in Kauf genommenen Tod eines oder mehrerer Wesen, sondern dabei ginge es nur um sinnlichen Genuss auf Kosten des qualvollen Todes eines anderen Wesens, wobei der Restaurant-Gast außerdem noch denjenigen, der das Wesen auf qualvolle Weise hingerichtet hat, finanziert und ihn dadurch darin bestärkt, weiter so zu handeln und sich damit weiteres schlechtes Karma zu schaffen.

Das wäre wirkliche Schuld, das wäre meiner Meinung nach nur graduell verschieden von einer finanziellen Unterstützung des *IS* unter **Abu Bakr al Bagdadi.**

Und natürlich habe ich die Reflexion über Vergänglichkeit auch auf diesen meinen Körper angewendet, von dem ich weiß, dass ihm nur noch wenige Jahre verbleiben. Zwei? Drei? Fünf? Vielleicht sogar zehn? Zwanzig ganz sicher nicht. Und auch die zwei Jahre sind nicht sicher. Das Schicksal eines lieben Wesens hat heute binnen einer einzigen Sekunde eine tragische, eine tödliche Wendung genommen. Es kann so unwahrscheinlich schnell gehen.

Passend zu meiner Stimmung habe ich heute meine Rast auf einem Friedhof gemacht. Nicht dass ich gezielt danach gesucht hätte. Aber nach zweieinhalb Stunden hatte ich mir gesagt: Den nächsten schattigen Platz nimmst du. Es war passenderweise ein Friedhof. So setzte ich mich auf die Grabeinfassung eines vor zehn Jahren verstorbenen Mannes. Das Grab war irgendwie eingebrochen, in der Größe eines Menschen, etwa auch in der Breite. Es wirkte fast so, als würde in der Erde etwas fehlen.

Aber es fehlt nichts. Da ist nur ein Körper zurückgegangen in den Schoß von Mutter Erde, die ihn einst gebar. So wie die Ameisen sich bemühen, den Körper des Eichhörnchens wieder mit der Erde, deren Teil auch sie sind, zu vereinen.

Ich glaube, ich will eine Erdbestattung, eine auch symbolische Rückkehr zur Großen Mutter.

Eine Grabinschrift zeigte die Lebensdaten eines Verstorbenen: geboren 1327, gestorben 1985. Zum ersten Mal an diesem Tag musste ich schmunzeln: herrlich, nicht einmal die Zeitrechnung hat etwas Beständiges.

Ich kann diesen Abschnitt nicht schließen, ohne es noch einmal zu betonen: Ich mag' doch Eichhörnchen!

Rast auf einem Friedhof, rechts mein Reise-Buddha, den ich bei den Meditationen immer vor mir stehen hatte (außer wenn ich auf dem Gelände einer Moschee meditierte).

Der letzte Pilgertag des Jahres 2014

Etappe 150
von Amasra in den Wald hinter Kalayci

Der letzte Tag des diesjährigen Pilgerns? Ja, wie kam denn das? Eigentlich habe ich mich doch gerade erst richtig eingelaufen. Und es soll jetzt elf lange pilgerwanderungsfreie Monate geben? Kann es denn eine Welt geben, in der man sich nicht des Morgens um 4 h auf die Straße begibt, um gehend seine Zufluchtnahme, sein Bekenntnis zum *Erwachten*, der Guten Lehre und der Gemeinschaft der Edlen auch durch körperliches Handeln, eben durch Gehen, auszudrücken?

Das waren einige Gedanken, die ich mir machte, bevor ich den verschlafenen Hotelbesitzer bitten konnte, mich aus dem Haus zu lassen. Gut 20 km fuhr ich gen Osten, wo ich das *Hinayana* in einem Wald parkte, es war ein herrlicher Platz. Morgens um halb fünf ist die Welt so wundervoll friedlich!

Ich hatte tags zuvor tatsächlich überlegt, ob ich meine Wanderungen nicht noch zwei Stunden früher beginnen sollte, zu einer Zeit, in der Baumgeister und Elfen noch genauso spürbar sind wie Dämonen und andere Geistwesen. Eine Entscheidung dazu habe ich noch nicht getroffen, aber es würde auf jeden Fall darauf hinauslaufen, tags einige Stunden zu schlafen. Die Hundeheit hätte naturgemäß kein großes Interesse daran und würde mich das sicher – hoffentlich nur akustisch – spüren lassen, und auch der Rücktransport des Menschen zu seinem

Standquartier würde schwieriger, denn hier bin ich auf die Mitwirkung anderer Leute angewiesen, und von denen scheint die Mehrheit eine andere Vorstellung vom Tagesablauf zu haben als unsereiner. Vielleicht sollte ich es ein-, zweimal testen, aber noch nicht hier, denn der Hotelbesitzer schließt sein Haus nachts ab, und ich habe ihn zwar überzeugen können, rechtzeitig genug aufzustehen, um den ungekrönten König der Frühaufsteher um 4 h **PZ** hinauszulassen. Wenn ich dem jetzt aber mit 2 h käme... Aber ich will ja nicht nur zum Wohl aller Hunde, sondern auch zu dem von allen Hoteleignern pilgern.

Da es heute nicht bewölkt war, funkelten die Sterne am Firmament und gaben dem eifrigen Pilger genügend Licht, sich im Walde zu orientieren. Noch niemals habe ich irgendwo so viele Käuzchen gehört – grandios. Sie verkündeten, dass diese Nacht etwas Besonderes sei. Und ich fühlte, wie die Elfen den Feen zuraunten, dass da der Mensch kommt, der den Edlen Pfad beschreitet, den tugendhaften, den Pfad, der zur vollkommenen Befreiung führt. Und all´ die Baumgeister und Quell-**nymphe**n freuten sich, dass der Mensch in diesem Moment und hier in der nördlichen Türkei den Pfad beschreitet, und sie hofften, dass im Laufe der Jahre noch viele Wesen den Pfad beschreitend Friede und Freude in diesen Wald brächten. Lediglich die Dämonen hatten sich zurückgezogen und grummelten, wussten sie doch, dass dies nicht ihre Nacht war. All´ das bestärkte mich natürlich in meinen gestrigen Überlegungen, künftig mehr diese frühen, friedvollen Stunden zum Pilgern zu nutzen, der Zauber der Nacht ist so einzigartig, so friedlich, so rein.

Nach einiger Zeit durchschritt ich das nächste Dorf und staunte nicht schlecht, dass in diesem winzigen Örtchen zu frühmorgendlicher Stunde – die Uhr des Pilgers zeigte gerade 5 – ein solcher Betrieb herrschte, die Cafés hatten geöffnet und erfreuten sich regen Zuspruchs, die Läden boten ihre Waren feil und trafen auf Nachfrage, zahlreiche Menschen flanierten rauchend auf der Straße und ein Mann an der Moschee kassierte den Obolus von denen, welche die dort befindlichen Toiletten besuchten.

Des Rätsels Lösung für diese frühmorgendlichen Vorgänge war, dass die Fernbusse, die die Nacht durchfuhren, hier hielten, um den Menschen eine Rast und die Befriedigung ihrer elementarsten Bedürfnisse zu ermöglichen. Und irgendwie schien sich der ganze kleine Ort darauf eingerichtet zu haben. Es war dies die Marktlücke, die dem Ort einen bescheidenen Wohlstand ermöglichte und wohl zu einem Alleinstellungsmerkmal im Umkreis von vielleicht 100 oder mehr Kilometern führten. Die Busse kamen aus Istanbul und waren offensichtlich die Nacht durchgefahren und wollten sicher die **D-010** noch länger entlang, gen Osten, wie der Pilger – der allerdings erst im nächsten Jahr. Was ich zu diesem Zeitpunkt noch nicht wusste: die Straße war auf den nächsten 200 km so, dass sie kein verantwortungsbewusster Busfahrer zu nächtlicher Stunde fahren würde.

In der Dämmerung marschierte ich weiter und kam zu einem ein Kilometer langen und recht neuen und daher pilgertauglichen Tunnel, schließlich muss man sich hier bereits auf die ganzen Scharen buddhistischer Pilger einstellen, die demnächst hier den Pfad beschreiten werden. Wenn der Tunnel autofrei ist, was er zu diesem recht frühen Zeitpunkt meist noch war, so eignete er sich ausgezeichnet, sich des Widerhalls beim Shakyamuni-Mantras zu erfreuen und – ein Geheimtipp für kommende Pilgergenerationen – das *Padmasambhava-Mantra* klingt hier noch besser, nicht zuletzt wegen der beiden wuchtigen HUM!

Umso erstaunter war ich, als ich den Tunnel verließ und bemerkte, dass die Sonne hinter mir aufgegangen sein musste, ich konnte sie zwar noch nicht erblicken, aber die Bergspitzen vor mir lagen schon im frühen Sonnenlicht, das sich im Laufe der nächsten halben Stunde den Weg bis hinunter in die Täler bahnte.

So schön dieser Anblick auf die Berge auch war, bedeutete er doch, dass es jetzt aufwärts ging, dann wieder abwärts auf Meereshöhe, bevor die nächste Bergkette überwunden werden musste, ein Spiel, das in der Pilgersaison 2015 hier am Schwarzen Meer mein täglich Brot sein dürfte, aber vielleicht erträglicher ist, wenn es denn mein nächtliches Brot wäre – schaun-mer-mal.

Gegen 10.40 h OZ kam ich – wie gestern auch – in meiner Pension an, wo es eigentlich nur bis 10.00 h Frühstück gibt, aber der Hotelbesitzer hatte bereits Anweisung gegeben, dass man nicht abräumen solle, bevor der erschöpfte Pilger sich gelabt habe. Er erkundigte sich prompt, von wo bis wo ich denn heute..., ließ es sich auf der Karte zeigen, um alsdann den übrigen noch anwesenden Gästen zu verkünden, was denn dieser merkwürdige abendländische Buddhist heute wieder... Soweit ich es mitbekommen hatte, muss er vorher schon von meiner gestrigen Wanderung (und sicher auch von seinem heldenhaft frühen Türöffnen) erzählt haben, sowie von meiner Wanderung, die mich aus dem fernen Deutschland dereinst – möglicherweise – ins nicht minder ferne Indien bringen würde.

Danach rief er mir ein Taxi, um wieder zum Hinayana zurückzukehren, ein Verfahren, das mir inzwischen zu kostspielig wird, und das ich im nächsten Jahr durch ein anderes Verfahren ersetzen werde.

Am Ende der diesjährigen Saison meinen Dank an meine wichtigsten Unterstützer:

- BUDDHA SHAKYAMUNI – der mich zu dieser Wanderung inspirierte

- Vajrapani – der mich auf seine heftige und erschütternde Weise veranlasst hat, diesen Pfad wirklich zu gehen (vgl. Pilgerbericht zum 1. Tag)

- Ratnasambhava, der mit seinem Wunsch erfüllenden Juwel bereitstand, wenn es gerade wieder einmal harkte

- Aksobhya, ohne dessen inspirierende Bestimmtheit ich meinen Pfad nicht so gehen könnte

- Amoghasiddhi, der mir mit seiner Geste der Furchtlosigkeit manches Mal den Mut gab, etwas doch zu tun

- Amitabha, ohne dessen Liebe und Gnade ich den Pfad nicht gehen könnte

- Vairocana, der mir hilft, dem nötigen Vertrauen auch das angemessene Abwägen gegenüber zu stellen

- Manjusri, dessen schneidend scharfes flammendes Schwert der Weisheit mir immer wieder den Weg wies und die Bestimmtheit, das umzusetzen, von dem ich überzeugt bin, dass es richtig ist

- der Grünen Tara, weil sie mir in vielen Fällen, wenn Abneigung in mir aufstieg, immer wieder den Weg zu Liebe und Mitgefühl aufgezeigt hat

- Vajrasattva, der für mich all diese Aspekte verkörpert, und an den ich mich immer wenden kann, wenn ich nicht mehr weiter weiß

- Mutter Erde und Vater Sonne, die mich – und alle Wesen – mit den physischen Voraussetzungen versehen haben, diesen Pfad zu gehen

- Sangharakshita, ohne dessen Auslegung des Dharma ich heute nicht dort ginge, wo ich gehe, auf dem Edlen Pfad der Höheren Evolution

- den Ordensmitgliedern der Buddhistischen Gemeinschaft Triratna, die mich kritisch begleiten und mir wichtige Hinweise geben (wovon ich die meisten nach kritischer Prüfung in der einen oder anderen Art umsetze)

- meinen Freundinnen und Freunden von Meditation am Obermarkt und allen anderen, die mich ermutigen, unterstützen, mir Feedback geben – und mich auch manchmal kritisieren

And so I'm able to go this Path – <u>with a lot of help from my friends!</u>

Das Hitzeelement

Etappe 151 von Kalayci nach Kurucasile

Nach elf Monaten Wanderpause war es wieder so weit: Meine Pilgerwanderung konnte fortgesetzt werden. Tags zuvor hatte ich nach rund 3000 km Fahrt mein Quartier in Cide bezogen, was etwa 80 km östlich von Amasra liegt, meinem letzten Standort im Vorjahr. Damals war ich von Amasra aus noch einen Tagesmarsch weitergezogen in einen kleinen Wald hinter dem Ort Kalayci.

Schon gestern, auf dem Weg nach Cide hatte ich die heutige und die nächste Etappe mit dem *Hinayana* abgefahren und mir Notizen gemacht, was auf der Strecke wo zu finden sei, so, dass ich für die heutige Etappe gut präpariert war. Ich stellte meinen Wecker auf zivile 4.00 h, sodass ich bereits vor 5.00 h das Haus verlassen konnte. Allerdings schlafen die Hotelbesitzerin und ihr Vater, wie ich das häufig in der Türkei gefunden habe, in der Rezeption. Ich habe mich zwar bemüht, besonders leise zu sein, aber die beiden haben einen sehr leichten Schlaf. Ich muss die Tür von innen aufschließen, und sie mögen sie auch gleich wieder hinter mir verschließen. Die Besitzerin, unterstützt von ihrem etwa achtzehnjährigen Cousin, führt das Haus offensichtlich meist ohne Personal. Die beiden machen also alles, auch das Kochen und Servieren im Restaurant, eine Art, wie man es früher auch bei uns in vielen italienischen Restaurants kannte, hier kommt aber der Dienst rund um die Uhr dazu. Auch in anderen Einrichtungen hier in der Türkei konnte ich feststellen, dass Leute rund um die Uhr Dienst taten, natürlich nicht immer mit vollem Einsatz, aber praktisch ohne jemals das Feierabenderlebnis zu haben.

Ich begab mich also dank der freundlichen Unterstützung des Hinayana in deutlich weniger als den vom Navi errechneten 93 Minuten auf die 52 km lange Strecke an die Stelle, an der das Hinayana auch letztes Jahr stand, als ich mich anschickte, die 150. Tagesetappe zu schreiten. Allerdings war ich damals wohl deutlich früher losgegangen, denn damals war es noch völlig dunkel, während es heute bereits richtig hell war und auch bereits nach einer halben Stunde schaute Gün, die türkische Sonne, über den nächsten Berghang. Eigentlich hatte ich gehofft, es würde dieses Jahr weniger heiß, denn ich hatte in den vergangenen zwei Monaten täglich das hiesige Wetter abgefragt, und es hatte bei meinem Internetdienst niemals über 32 Grad angezeigt, aber das muss wohl auf die Intervention der türkischen Tourismusindustrie zurück zu führen sein, denn laut Türkei-Reiseführer ist es hier sowohl heißer als auch regnerischer als bei wetteronline.de. Auf jeden Fall hatte ich schon in Bulgarien und auch in der Türkei, wann immer ich die Tür des klimatisierten *Hinayana* öffnete, gedacht: Oh, nein – das ist ja viel drückender als in den letzten Wochen zuhause, wo wieder einmal ein neuer Rekord (40,3 Grad) vom Deutschen Wetterdienst vermeldet wurde. Und als ich dann gestern um 19.30 h in Cide ankam, zeigte das offizielle Thermometer der Gemeinde immerhin noch 38 Grad.

Ich hatte mir vorgenommen, in diesem Jahr der vier Elemente (Erde, Feuer oder Hitze, Luft und Wasser) noch bewusster zu sein als sonst. Und während meiner heutigen Wanderung zeigte es sich, dass ich mir dabei über das Hitzeelement keine Sorgen machen müsste, es meldete sich unaufgefordert von allein.

Danke Hitzeelement, dass du meine Bemühungen so hilfreich unterstützt!

Der heutige Pfad – immer entlang der **D-010** – war eine einzige Berg- und Talbahn. Bei allen Orten – drei auf der Strecke – ging es herunter auf den Meeresspiegel, anschließend wieder mit 10% Steigung in die malerische Berglandschaft und dann wieder mit 10% Gefälle zurück auf den Meeresspiegel. In Amasra hatte man mir gesagt, die folgende Strecke (mindestens bis Inebolu, sechs Tagesmärsche) wäre die malerischste an der ganzen türkischen Schwarzmeerküste. Ich vermutete damals schon, was das impliziere. Heute habe ich es zunächst erfahren (mit dem **Hinayana**), und danach ist es mir wirklich ins Bewusstsein eingeGANGEN.

Meine erste Rast nutzte ich dazu, die kleine Buddhafigur vor mir aufzubauen und die Pilgerpfad-Weihungszeremonie zu rezitieren, ein Ritual, das ich vorhabe, so oft wie möglich durchzuführen. Im letzten Jahr hatte ich damit begonnen, wann immer der **Muezzin** mehr oder weniger melodisch durch seine Lautsprecher ruft, die **Zufluchten und Vorsätze** zu sprechen. Ich denke die **Weihungszeremonie** ist eine noch würdigere Handlung auf der Ebene der Sprache, um mich mit Sinn und Zweck meines Tuns immer aufs Neue zu identifizieren.

Mit dem **Hitzeelement** hatte ich keine Probleme, anders ist es mit dem **Bewusstseinselement**, das offensichtlich mit der Hitze in einem bestimmten Bereich negativ korreliert. Wenn die Außentemperatur über 30 Grad Celsius steigt und gleichzeitig der Körper in hohem Maße angestrengt ist, funktioniert mein Bewusstsein nicht mehr richtig. Im Buddhismus unterscheidet man zwischen **vitakka** und **vicara**, zwischen aufnehmendem und diskursivem Denken. Das diskursive Denken scheint mir unter den gegebenen Bedingungen nicht zu funktionieren, jedenfalls nicht was das logische, entwickelnde, schluss-folgernde Denken angeht. Es geht einfach nicht. Bereits früher eingeübte Handlungen und Reaktionen sind davon nicht betroffen.

Wenn ich also zum Beispiel versuche, eine meditative Haltung während des Gehens aufzubauen, kann ich hier nicht mit diskursivem Denken arbeiten. Das aufnehmende Denken geht. Ich kann mich zum Beispiel entschließen, *metta* auszustrahlen. Ich kann mich auch entschließen dieses *metta* einer be-stimmten Person zukommen zu lassen, beispielsweise meiner jüngeren Tochter, die heute Abschlussprüfung hat. Das reine Ausstrahlen funktioniert, dabei eine Reihe folgerichtiger Gedanken unterzubringen, nicht. Es gelingt auch, das Bild der mir aus naheliegenden Gründen besonders bewussten Sonne zu verwenden und mich als sonnengleich zu sehen, der dieses **metta** in alle Welt über alle Wesen gleichermaßen ausstrahlt auch. Das ist aber eine früher oft und oft und oft eingeübte Verhaltensweise, die keine diskursiven Denkaktivitäten mehr voraussetzt.

So verbrachte ich Stunden im Versuch, mich und mein Bewusstsein besser zu verstehen, während ich mich gleichzeitig in meditativer Haltung übte und meine Füße in wundersamer-weise voranschritten. In den drei Dörfern auf dem Weg erfrischte ich mich und in Kurucasile steuerte ich geradewegs die Stelle an, an der ich am Tag zuvor eine Taxistation erspäht hatte. Ich wandte mich an die versammeln Taxifahrer und fragte, was sie denn für eine Fahrt von 23 km wollten. Ein älterer Mann mit einem schäbigen Fahrzeug ergriff die Chance und erbot sich, für 50 Lira (17 €) die Strecke zu fahren, die ihn, den Rückweg eingeschlossen, mindestens 80 Minuten unter-wegs sein lassen würde. (Woran man sieht, dass auch die Strecke mit dem Auto mühsam zu fahren ist.)

Erdelement

Etappe 152 von Kurucasile nach Cide

Meine heutige Tageswanderung setzte meinen Weg in Richtung meiner derzeitige Unterkunft fort. Ich war wieder um fünf Uhr aufgebrochen und hatte gehofft, etwas länger bis zum Sonnenaufgang unterwegs zu sein, doch da der Berg, hinter dem die Morgensonne hervorlugte, niedriger war, als das gestern der Fall war, ging ich auch heute bereits nach einer halben Stunde in der Morgensonne, die allerdings natürlich noch längst nicht die schweißtreibende Kraft hatte, wie sie sie ab 10 h gewinnen sollte.

Die ersten zwei Stunden war das Gehen richtig angenehm, mitunter konnte ich sogar im Schatten von Bäumen und Bergen gehen. Ich nahm die Chance wahr, bewusst zu gehen, den Kontakt zwischen dem harten Boden unter mir, meinen festen Füßen und dem soliden Schuhwerk tatsächlich zu empfinden. Es war eine Begegnung mit dem Erdelement, dem Festen, dem Soliden, dem Tragfähigen, dem Verlässlichen. Und es war natürlich eine Begegnung zwischen der Erde und mir. Was allerdings insofern falsch ist, als ich aus *Erdelement* bin, das mir die gütige Erde geborgt hat, ohne irgendeine Gegenleistung von mir zu erwarten, wie das so die Art hoch entwickelter Wesen ist.

Einmal ertappte ich mich dabei, wie ich vor Freude ausrief: „Ja, das ist alles meine Erde!" Was natürlich vollkommen irrsinnig ist, ein Possessivpronomen vor die Erde zu setzen, diese gehört natürlich ebenso wenig mir, wie der Boden demjenigen gehört, den in unserem „Rechts"system das Grundbuchamt als Eigentümer ausweist. Die Erde ist nicht privatisierbar!

Anderseits hat ein Possessivpronomen – trotz seines Namens – auch noch eine andere Funktion. Es zeigt eine innige Beziehung an, so wie wenn wir sagen „mein Freund, meine Kinder, meine Partnerin". Auch hier ist von einer engen – allerdings nicht auf Besitz und Eigentum beruhenden – Beziehung die Rede. In diesen Fällen geht es weniger um Rechte – also um Ausbeutungsrechte – sondern stattdessen um Pflichten. Um meine Pflichten meinen Freunden, meinen Kindern, meiner Partnerin gegenüber. In diesem Sinne könnte der Begriff „meine Erde" Sinn ergeben, denn es ist dies die Erde, die mir meinen Körper geliehen hat, der ich dafür zu dreifachem Dank verpflichtet bin.

Zu Dank im Geiste, wie ich ihn auch während meiner heutigen Wanderung in starkem Maße empfand und der mir diese Gedanken durch den Kopf gehen ließ, bevor es einmal mehr zu heiß war für diskursives Danken; zu Dank mit Worten, wie ich ihn hier niederschreibe und ihn per Mail und Internet zu kommunizieren versuche; zu Dank mit Taten, nicht zuletzt ist meine Pilgerwanderung auch ein Akt ausgedrückter Dankbarkeit zum Buddha, zu seiner Lehre, zur *Sangha* und natürlich auch zu den Bedingungen, unter denen diese Entstehen konnten.

Des Buddhas wichtigste Lehre ist das Entstehen in Abhängigkeit, und der Buddha wurde nicht müde, immer wieder genau darauf hinzuweisen. Das Entstehen in Abhängigkeit ist dabei letztendlich immer auf grundlegende Bedingungen, Elemente, zurück zu führen, und hier werden in der buddhistischen Tradition immer wieder sechs Elemente genannt: Erde, Feuer (Hitze), Wasser, Luft, Raum (Äther) und Bewusstsein.

In meinem letzten Bericht war ich neben dem Hitzeelement bereits auf das Bewusstseinselement eingegangen. Ich werde mich in den nächsten Tagen mit den übrigen Elementen beschäftigen, auch mit dem Raumelement, das sich mir bis vor wenigen Monaten verschloss, inzwischen aber immer weiter in mein Bewusstsein vordringt.

Und dann war da noch die Pappe. Das Erdelement ist ja sehr hart und solide, was seine unbestreitbaren Vorteile hat, aber für eine Rast am Straßenrand doch nur bedingt geeignet ist, wie ich gerade gestern wieder feststellen musste. Und dann war sie plötzlich da: ein fast zwei Quadratmeter großes Stück Pappe, das an einer schattigen Stelle (!) am Straßenrand lag. Sie konnte noch nicht lange gelegen haben, denn sie sah wie neu aus, ein großes jungfräuliches, weiches Stück Pappe, das sich dem Pilger genau zur Zeit der ersten Pause – nach gut zwei Stunden – darbot. Dankbar nahm ich das Geschenk des Ozeans der Leerheit an, ließ mich darauf nieder und sprach, wie das so meine neue Gewohnheit ist, die Pfad-Weihungszeremonie.

Der Pilger weiht diese Pilgerwanderung den Drei Kleinoden:

Dem Buddha, dem Ideal der Erleuchtung, das der Pilger anstrebt;

Dem Dharma, dem Weg der Lehre, dem der Pilger folgt;

Dem Sangha, der Geistigen Gemeinschaft mit anderen, die der Pilger genießt.

Auf diesem Pfad soll kein nichtiges Wort gesprochen werden.

Auf diesem Pfad möge kein unruhiger Gedanke den Geist verwirren.

Der Befolgung der fünf Vorsätze weiht der Pilger diese Wanderung.

Der Übung von Meditation weiht der Pilger diese Wanderung.

Der Entstehung von Weisheit weiht der Pilger diese Wanderung.

Dem Streben nach Erleuchtung weiht der Pilger diese Wanderung.

Obwohl die Welt voller Streit ist – auf diesem Pfad möge Friede sein.

Obwohl die Welt voller Hass ist – auf diesem Pfad möge Liebe sein.

Obwohl die Welt voller Gram ist – auf diesem Pfad möge Freude sein.

Nicht durch den Gesang der Heiligen Schriften,

Nicht durch das Sprenkeln Heiligen Wassers,

Sondern durch das Streben nach Erleuchtung weiht der Pilger diese Wanderung.

Um dieses Mandala, um diesen heiligen Pfad, mögen sich die Lotosblüten der Reinheit öffnen,

Um dieses Mandala, um diesen heiligen Pfad, möge der Vajra-Wall der Entschlossenheit aufragen,

Um dieses Mandala, um diesen heiligen Pfad, mögen die Flammen lodern, die *Samsara* in *Nirwana* verwandeln.

Indem der Pilger hier geht und übt

Möge der Geist Buddha werden,

Möge das Denken Dharma werden,

Möge die Verbindung mit Freundinnen und Freunden zuhause Sangha sein.

Dem Glück aller Wesen,

Dem Nutzen aller Wesen -

Mit Körper, Rede und Geist

Weiht der Pilger diese Wanderung.   – Svaha!

Erholt und gekräftigt setzte ich nach einer kurzen Meditation und gelabt durch Wasser meinen Pfad fort, und wie es allmählich heißer wurde, ging ich vom diskursiven Denken in die einfache Erfahrung, die Empfindung, das dankbare Annehmen des Geschenkes des Erdelementes gegenüber. Und jeder Schritt wurde eine Vermählung mit der göttlichen Erde unter meinen Füßen, Erdelement trifft Erdelement, zwei Konstituenten des Gehens, des Pfadgehens. Das Gehen, eine Vereinigung von Erdelement in meinem Körper mit Erdelement im großen Körper des Planeten, dessen Teil ich bin. Und zum ersten Mal empfand ich das, was bis dahin ein fremder Begriff meiner Kindheit war: heilige Kommunion, eine Vereinigung, ein Zusammengehen, eine Bekräftigung, eine Untermauerung, eine Kommunion von der Erde mit ihrem – manchmal etwas abgehoben agierenden – Teilchen namens Horst. Und wie zur Bestätigung dieser spirituellen Erfahrung untermalte der ferne Ruf eines *Muezzin* die Heiligkeit dieses Augenblicks.

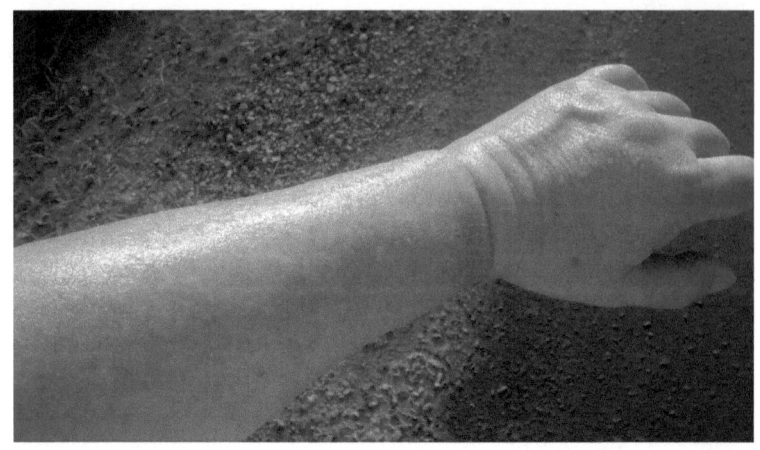

*Die Elemente geben sich ein Stelldichein: mein Arm
(Erdelement) ist bedeckt mit Schweiß (Wasserelement), dass
das Hitzeelement aus meinen Körperöffnungen (Raumelement)
hervorgetrieben hat, jetzt gilt es mich abzukühlen
(Verdunstungskälte des Windelementes) – und das
Bewusstseinselement erkennt all das.*

Luftelement

Etappe 153
von Cide auf der *D-010* zum Abzweig Koclar

Unter dem *Luftelement* versteht man im Buddhismus gemeinhin nicht nur Luft und alles Gasförmige, sondern auch alles
Bewegliche, ja Beweglichkeit, Mobilität, selbst. Kein Wunder
also, dass eine Pilgerwanderung und das Luftelement eine
Menge miteinander zu tun haben.

In den letzten Tagen hat sich aber das Luftelement auf eine
weitere Art in mein Bewusstsein gedrängt. Schon am ersten
Abend meiner Hinfahrt mit dem *Hinayana* in die Türkei, in
meinem ziemlich warmen Zimmer in Regensburg, stellte ich
leichte Atembeschwerden fest. Der Atem ging schwerer, das
Einatmen durch die Nase schien nicht genügend Luft in die
Lungen zu bringen. Ich nahm an und hoffte, dies sei nur ein
momentanes Ereignis, es war auch glücklicherweise nicht so
stark, dass es mich am Einschlafen gehindert hätte. Dennoch
erwachte ich mit einem ganz leichten Kopfschmerz, wie wenn
man in einem Raum mit mehreren Personen übernachtet und
die Fenster sind geschlossen: Sauerstoffmangel.

Der Schmerz verflüchtigte sich zwar bald, doch am nächsten
Abend in Sremska Mitrovica (Serbien) das gleiche, sogar noch
etwas stärker, hier hatte ich allerdings das Fenster wirklich
geschlossen, wegen des Lärms von außen, dafür die
Klimaanlage an – ich schob das Ereignis auf die Klimaanlage.
Auch hier das gleiche: Schlafen, leichter Kopfschmerz, weiter.

In Lüleburgaz im europäischen Teil der Türkei hatte ich ein sehr kleines Zimmer ohne Fenster, aber mit einer Klimaanlage und hier zeigte sich das Problem stärker, ich schob es wieder auf die Klimaanlage, aber hier konnte ich aus Luftmangel nicht einschlafen, das Atmen durch den Mund ist für mich doch zu unbequem, also nahm ich etwas von dem Tigerbalsam, von dem ich in meiner recht gut sortierten Pilgerapotheke zwei Varianten mit mir führe, und schmierte es mir unter die Nase, die Wirkung des Menthols half mir und ich konnte ohne Atembeschwerden schlafen.

Hier in Cide zeigte es sich jedoch, dass es nicht an der Klimaanlage liegen konnte, denn hier gibt es keine, das beklemmende Gefühl, nicht genug Sauerstoff zu bekommen, trat aber erneut auf, sobald ich mich zu Bett begab, sodass ich jeden Abend den Tigerbalsam bemühen muss.

Es handelt sich dabei zuerst um ein Problem der Nase, es scheint, dass die Nasenschleimhäute angeschwollen sind. Allerdings habe ich auch den Eindruck, durch den Mund nicht so unbeschwert atmen zu können wie gewöhnlich. Ich nehme an, dass das mit meiner Allergie zu tun hat („Heuschnupfen"), unter der ich früher litt und die sich in diesem Jahr erstmals wieder kräftig zurückgemeldet hat. Ich nehme an, das ist die Folge der Tatsache, dass ich in diesem Jahr häufig im Café frühstückte, wo es keine Margarine sondern Butter gibt und dass ich auch oft im Café ein Stück Kuchen aß, in dem wohl *Milchprodukte* und auch Eier enthalten sind. Mit anderen Worten: Ich habe meine frühere fast vollständig vegane Ernährung (Ausnahmen machte ich nur, wenn ich mit Besuchern oder Freunden im Restaurant war) zugunsten einer nur vegetarischen verändert. Zuhause habe ich mich zwar weiterhin vegan ernährt, war aber eben doch ziemlich oft im Café, wo ich gerne sitze und die Zeitung

186

lese. Damit habe ich mir zweifellos negatives Karma gemacht – und Handlungen haben nun einmal Folgen.

Im Mai und Juni dieses Jahres habe ich daher ein Heuschnupfenmittel (Lora) genommen, das auch die Symptome deutlich linderte. Wie früher auch habe ich dieses Mittel dann Anfang Juli abgesetzt, weil da die Gräser und Blumen, die die durch tierische Produkte verursachten Allergien schließlich auslösen, verblüht sind. Allerdings scheint das Problem diesmal im Juli noch nicht vollständig behoben zu sein. Ich habe zwar eine kleine Menge Lora-Tabletten dabei (für zwanzig Tage), halte sie aber vorerst noch zurück, solange ich mit dem Tigerbalsam auskomme.

Diese etwas lange Einleitung dient dazu deutlich zu machen, dass ich mich dem Luftelement nicht nur deswegen zuwende, um alle Elemente durchzudeklinieren, oder weil ich weiß, dass ihre Bedeutung und die Reflexion darüber wichtig sind, sondern dass es in der Tat genügend Anlass gab, meine Achtsamkeit stärker dem Luftelement zuzuwenden. Und irgendwie sorgt ja auch der Ozean der Leerheit dafür, dass ich mich allen wichtigen Aspekten in genügendem Umfang und einem jeden zu seiner Zeit widme.

Heute Morgen also stellte ich das Auto auf der Straße *D-010* am Abzweig Kocali ab, das ist 22 km von meinem kleinen Hotel in Cide. Einmal mehr habe ich dabei die Hotelier-Leute in der Eingangshalle geweckt, als ich um 4.30 h das Haus verließ. Es war Vollmond und ich machte einige Aufnahmen von diesem über dem Meer. In der Dämmerung gelangte ich dann zum avisierten Abstellplatz fürs *Hinayana* und machte mich bei angenehmer Temperatur auf dem Weg. Die erste Stunde war ideales Wanderwetter und auch der Rest der Wanderung hatte gute Witterungsbedingungen, denn ich kam bereits um 11.30 h wieder an meinem Quartier an.

Beim heutigen Gehen beschäftigte ich mich mit dem Luftelement. Ich war mir des Atems beim Ein- und beim Ausatmen bewusst. Und ich war mir auch dessen bewusst, was sich beim Wandern bezüglich des Atems anders anfühlt als in meditativer Ruhe oder bei der gemächlichen Gehmeditation. Und ich war mir auch bewusst, inwieweit sich mein Atem anders anfühlte, als ich das aus früheren Jahren in Erinnerung hatte. Da die Gegend sehr gebirgig war, hatte ich außerdem die Gelegenheit, die Unterschiede beim Atmen im Abwärtsgehen, im leichten Aufwärtsgehen und im stärkeren Aufwärtsgehen zu vergleichen.

Ohne hier auf die Einzelheiten eingehen zu wollen, kann ich doch feststellen, dass beim Abwärtsgehen die normale Atmung durch die Nase ausreichte; die **Bauchatmung** ist dabei fast noch ausreichend, **Brustatmung** kommt nur ansatzweise zum Einsatz. Doch schon beim leichten Aufwärtsgehen ändert sich das. Die Atmung durch die Nase reicht mir jetzt nicht mehr, der Mund steht offen und sorgt für zusätzliche Sauerstoffzufuhr, neben dem Bauch ist jetzt auch die Brustatmung klar auszumachen, allerdings nicht in vollem Umfang aktiviert.

Bei stärkerem Anstieg sind Bauch- und Brustatmung voll ausgeschöpft und sogar die **Schulteratmung** ist zu einem gewissen Grade aktiviert. Der Mund ist aktiv wie bei der Atmung des Fisches: Beim Einatmen ist der Mund weit aufgerissen, Luft wird gierig eingesogen, beim Ausatmen ist der Mund weniger weit geöffnet, er erscheint eher o-förmig und der Atem wird kräftig und hörbar ausgestoßen, ja geradezu herausgepresst. Während in der ersten Morgenstunde der Atem angenehm dahinfloss (es ging in dieser Zeit beständig abwärts) und es eine Lust war, die frische Morgenluft beim Atmen, aber auch auf der Haut zu genießen, wurden diese Empfindungen, je höher die Sonne stand und je stärker es aufwärts ging, deutlich weniger angenehm, sie tendierten gar leicht ins Unangenehme. Trotz der schweißbedeckten Haut in Gesicht und auf den Armen konnte das Luftelement jetzt keine Kühlung mehr verschaffen.

Doch die andere Eigenschaft des Luftelementes, die Beweglichkeit, die Mobilität blieb die ganz Zeit über gleich. Ich genieße die Mobilität, die ich habe, es ist möglich sich zu bewegen, nicht starr und unbeweglich zu verharren wie festes Erdelement, das sich höchstens bei einem Bergrutsch in ganz seltenen Zeiten einmal bewegt. So ist uns Tieren – im Gegensatz zu den Pflanzen, die verwurzelt sind – eine höhere Beweglichkeit vergönnt, man könnte geradezu sagen, dass wir tierischen Lebewesen das Geschenk der Mobilität bekommen haben, dass wir die Geschöpfe (ich verwende das Wort bewusst und ohne jede Scheu, setzt es doch keinen persönlichen Schöpfer, sondern nur den Prozess der Schöpfung voraus) mit dem Totem des Luftelementes verbunden sind.

So mich meiner Beweglichkeit erfreuend, die schließlich auch beinhaltet, den Pfad gehen zu können, physisch und spirituell, strebte ich meinem Tagesziel entgegen. Nur drei Kilometer von diesem entfernt gab es einen Aussichtspunkt, wo ich einige Fotos machte. Hier war ein Motorradfahrer, der, als er hörte, ich sei aus Deutschland, gleich seinen Freund in Köln anrief und wollte, dass ich ein paar Worte mit ihm wechsle, anschließend schenkte er mir noch von ihm selbst gepflückte Haselnüsse, noch mit grünen Umhang, und zeigte mir, wie man diese knackt. Die unmittelbare Freundlichkeit der Türken ist schon ganz erstaunlich.

So auch bei meiner Hauswirtin, die mich angestiftet hatte, heute entgegen meiner gewöhnlichen Richtung zu gehen und den Weg gewissermaßen rückwärts zu gehen, denn so brauche ich kein Taxi und sie würde mir einen Platz in einem *Dolmus* besorgen, was auch durch fünf Anrufe und viele, viele Worte gelang. Anschließend schickte sie noch ihren Cousin mit mir in die entsprechende Straße, um den Dolmus anzuhalten. Das ist ein Kleinbus von Ford, in dem wir mit nicht weniger als 28 Personen waren. Ich hatte eine Art Stehplatz ohne Haltegriffe, aber umzufallen war schlicht nicht möglich. Der Fahrer hatte mich aufgefordert ihm zu sagen, wo er halten solle, was gar nicht so einfach war, denn Fenster gab es dort oben, wo mein Kopf war, nicht. Also holte ich mir den sehr genauen Kartendienst *Here!* auf mein Handy, um dem Fahrer an der richtigen Stelle auf perfektem Türkisch zuzurufen: „Schoför, dur lütfen!" (Fahrer, bitte Halt!) Und tatsächlich hielt der Dolmus genau neben dem Hinayana. Es funktioniert hier vieles anders, aber in seiner Weise letztendlich irgendwie doch.

Jetzt am Nachmittag, als ich dieses schreibe, hat es den Anschein, als habe der Ozean der Leerheit vor, dass ich mich morgen mit dem *Wasserelement* beschäftige. Zwar zeigt mein Wetterdienst für die nächsten 14 Tage immer über 30 Grad und strahlenden Sonnenschein an, jedenfalls für Amasra, 80 km von hier nach Westen, aber für Inebolu, 100 km von hier nach Osten, nur noch Temperaturen um 25 Grad und für jeden der nächsten 14 Tage Regen – und ich gehe nach Osten, Inebolu wird mein nächstes Standquartier sein, also demnächst intensive Beschäftigung mit dem Wasserelement, wie es aussieht.

Das Raumelement
Etappe 154 vom Abzweig Koclar nach Akbayir

Noch vor dem ersten Ruf des *Muezzin* (4.30 h) hatte das *Hinayana* Cide verlassen und die Stelle aufgesucht, wo es schon tags zuvor stand. Ich begab mich diesmal von dort aus in der Morgendämmerung gen Osten und genoss zunächst die herrliche Zeit, bevor die Sonne am Himmel erschien und die Straße allein dem frühen Pilger gehörte. Heute dauerte es fast zwei Stunden, bis mich der erste Strahl der Sonne traf, denn kurz bevor diese sich anschickte über die Berge zu lugen, ging es einmal mehr einen dieser fjordartigen Einbuchtungen hinunter bis zum Meeresspiegel, bevor sich die *D-010* wieder in Kehren den Hang emporwand. Hier begegnete mir tatsächlich anderthalb Stunden lang kein Mensch – auch kein in Blech verpackter. Nur ein später Marder war noch unterwegs – ob der es wieder aufs Hinayana abgesehen hat?

Meine erste Rast machte ich in einem Ort namens Denizkonak, wo es eine (Sitz-)Bank gab. Der ganze Ort schien noch zu schlafen, nicht einmal einen Hahn hörte ich krähen, die Einzigen die bereits munter waren, waren fünf Welpen, die herumtollten, dann kam ihre Mutter dazu und es wurde ein herrlicher verspielter Familienmorgen. Leben ist schön! Selbst dann, wenn man sich einfach nur desselben erfreut, ohne den Pfad zu beschreiten, wie diese possierlichen Tiere, die Teil einer *Evolution* sind, die auch ich durchlaufen habe und die ich jetzt auf dem spirituellen Pfad, dem Pilgerpfad, weitergehe – bis ans Ende.

Anders als gestern vermutet, waren nur ganz vereinzelt Wolken am morgendlichen Himmel und so war mein Schwerpunkt nicht auf dem Wasser- sondern auf dem *Raumelement*. Das ist dasjenige, mit dem ich mich besonders schwer tat. Extra deswegen hatte ich mir vor zwei Jahren das Buch „Leben wie ein Fluss" von Bodhipaksa über die sechs Elemente gekauft, musste dann aber feststellen, dass er auch zum Raumelement wenig Erhellendes beizutragen hatte. (Zu den anderen hingegen sehr, besonders die Beispiele zum *Erdelement* haben es mir angetan.)

Raum war für mich immer etwas selbstverständlich Vorhandenes. Wenn es an Erdelement (respektive Stabilität) fehlt, kann das ein Problem werden, das ist klar, angefangen von Knochenerweichung über das verzweifelte Suchen eines ins Moor geratenen Menschen nach stabilem Grund bis hin zur Wirtschaftslage, die 1967 die Einführung des Stabilitätsgesetzes nötig machte. Stabilität ist nichts, was wir als selbstverständlich nehmen können, weder in der Natur, noch im Sozialen (die ewige romantische Beziehung) noch in unserer Person (vom Waschbrettbauch bin ich ebenso weit entfernt wie von stahlharten Muskeln, wie ich jeden Tag aufs Neue erfahre). Das Erdelement gehört mir nicht, nicht einmal ein einziges Atom meines Körpers gehört mir, alles ist von der Natur, von der Erde, nur geborgt. Genau das gleiche gilt auch für Wasser- Luft- und *Hitzeelement*, wie sich leicht nachvollziehen lässt.

Und natürlich auch der Raum, den mein Körper derzeit einnimmt, gehört mir genauso wenig, wie der Wohnraum, den ich gemietet habe, und der nicht einmal der Hausbesitzerin gehört, denn dieser Raum wird dereinst völlig anders genutzt – und das, ohne dass die vermeintliche Besitzerin dafür irgendeine Entschädigung beanspruchen kann. Ich will diesen Gedanken nicht weiter ausführen, sondern es der Leserin überlassen, das zu Ende zu spinnen.

Aber Raum als solcher schien mir immer selbstverständlich. Klar es gibt eisig kalte Gegenden, selbst in unserem Sonnensystem, wo das **Feuerelement** kaum hinkommt, z. B. auf Pluto. Und auch der Mond, in sehr räumlicher Nähe zur Erde, ist nicht gerade mit Wasser- und Luftelement gesegnet. Zwar gibt es dort Stürme, die eindeutig beweglich, also Luftelement sind, könnte mir jetzt ein buddhistischer Scholastiker vorwerfen, aber als atemfreudiger Mensch bleibe ich dabei: Mir würde es dort an Luftelement ermangeln.

Aber überall dort gibt es doch Raum und überall dazwischen auch, es heißt schließlich Weltraum! Also: Raum ist doch eigentlich etwas Selbstverständliches, oder? Leider nicht. Gehen wir nur einmal einige Milliarden Jahre zurück (auf die genaue Zahl will ich mich nicht festlegen), also in die Zeit vor dem Urknall. Damals, so heißt es, war alle Materie auf unendlich kleinem Raum verdichtet, d. h. es gab praktisch gar keinen Raum. Einen Raum, der nicht Raum gibt, den gibt es nicht.

Letztlich war der Urknall nichts anderes als die Entdeckung des Raumes. Durch dieses merkwürdige Phänomen, das wir heute als Urknall bezeichnen, entfaltete sich die geballte Energie, die vorher keinen Raum gehabt hatte. Mit anderen Worten, der Raum birgt die Potentialität der Entfaltung. Nur durch Raum ist Entfaltung, **bhavana**, Entwicklung, Entstehen, Veränderung, Leben, Tod und Emanzipation möglich.

Und genau das bot sich meinen Augen heute auf dem Pfad dar: Raum vor mir, da war noch Straße, D-010, vor mir, da waren noch Bäume, Bergketten, die unendliche Weite des Meeres war sichtbar, es ging weiter, all diese Möglichkeiten gab es ohne den Raum, den der Urknall entdeckte, nicht. Und so pries ich heute, während ich den Pfad ging, den Raum und den Urknall. Wie herrlich: Nach jeder Kurve ging es noch weiter, immer neuer Raum der durchschritten werden kann. Und das Schreiten des Pfades ist natürlich auch eine Entfaltung, eine spürbare Entfaltung des spirituellen Pfades.

Das vielleicht schönste Bild dieser Entfaltung ist das einer sich öffnenden Lotosblüte. Die geschlossene Knospe ist eine bildgewordene Erinnerung an die geballte Materie vor dem Urknall, das Aufbrechen der Knospe des tausendblättrigen Lotos der Urknall, die langsame, allmähliche Entfaltung der tausend Blütenblätter stellt die Entfaltung des spirituellen Pfades, das Beschreiten des Pfades dar. Und im Inneren des Lotos – *om mani padme hum* – liegt das Juwel, das ein jeder von uns im Kern schon ist, die Entfaltung, die Läuterung, die Transformation. Sie schließlich legt allmählich diese Kostbarkeit frei, setzt sie frei, ein Freisetzungsprozess, der im Urknall seinen Anfang nahm und im Durchbruch zum Juwel, zum Erwachen, zum *Nirwana*, seine Vollendung erreicht. Und in dieser Herrlichkeit stellte sich mir heute der Pfad dar. Es gibt nichts Vollkommeneres als den edlen Pfad, nichts Erfüllenderes, als das Gehen des Pfades, nimmer will ich den spirituellen Pfad missen! *Svaha*!

Zurück zum profanen Teil meines Tagesablaufes. Erstmals wusste ich heute nicht, wie ich zum Hinayana zurückkommen würde, was einem planenden, alles doppelt und dreifach absichernden Menschen wie mir erst einmal ein Grauen ist und dazu führte, dass mein Tag heute noch vor drei Uhr morgens mit Durchfall begann. Meine Großmutter hätte gesagt, Sorgen brauche sich der nicht zu machen, der Gottvertrauen hat. Ich habe beides: Sorgen und *saddha*, Vertrauen, dass ich aus eigener Kraft und mit der Unterstützung transzendenter Kräfte zurückkomme. Und so habe ich tatsächlich zum ersten Mal nach über vierzig Jahren gewagt, den Daumen heraus zu strecken, und um Mitnahme als Anhalter zu ersuchen. Insgesamt fünf Mal habe ich es versucht, der erste (ein BMW-SUV) fuhr durch (ehrlich gesagt, der hätte mich auch durch ein anderes Verhalten gewissermaßen enttäuscht), der zweite hielt, aber das Fahrziel passte nicht. Auch der dritte hielt und nahm mich mit, allerdings nur zwei Kilometer (die ich dann ein zweites Mal in Pfadrichtung ging), der vierte war Fehlanzeige und der fünfte nahm mich schließlich die ganze Strecke mit, ein Ehepaar (sie mit Kopftuch) und ihre Tochter, ein wunderhübsches Mädchen, nach eigener Aussage 25 Jahre alt (ich hätte sie für 13 gehalten), die mit mir die Rückbank teilte und die sich die ganze Zeit auf ungeheuer süße Art um Kommunikation mit mir bemühte. Ich sollte mich viel häufiger von den transzendenten Kräften leiten lassen!

Bild: Tugce, das Bild gehört zum folgenden Artikel.

Ein Zeitungsfetzen, das einzige Stück Zeitung, das ich auf meiner ganzen Wanderung in der Türkei zu sehen bekam, enthält das Bild des Mädchens aus Wächtersbach bei Gelnhausen, das im Jahr zuvor auf tragische Weise umkam und auf dessen Gedenkveranstaltung ich in Gelnhausen war.
Der Fetzen lag plötzlich vor mir, als ich mich auf einer Bank niederließ, um jemandem zum Geburtstag zu gratulieren.

Pfadeigenschaften
Etappe 155 vom Akbayir nach Doganyurt

Ich stand nochmals etwas früher auf, 3.30 h Ortszeit, entsprechend 2.30 h MESZ, denn mein Anfahrtsweg wird täglich länger, seit ich in der jetzigen Pension abgestiegen bin, und er führt über die enge, steile und kurvenreiche Küstenstraße, die ständig bergauf bzw. bergab führt; dies hat mich auch zum heutigen Titel „Pfadeigenschaften" geführt.

Ich stellte das *Hinayana* dort ab, wo ich gestern per Anhalter mitgenommen worden war. Auch heute blieb es trocken, es war allerdings vormittags, also während meiner Wanderung, überwiegend bewölkt, was dazu führte, dass ich etwas weiter ging als ursprünglich eingeplant, nämlich bis Doganyurt, einer Kleinstadt.

Als ich morgens bei Dunkelheit mit dem Hinayana fuhr, waren noch reichlich Fledermäuse unterwegs. Später hatte ich dann eine merkwürdige Begegnung. Ich saß auf einer der ganz seltenen Bänke und rief gerade die Mutter meiner Kinder an, die an diesem Tag einen runden Geburtstag hatte. Zeitungen lese ich in der Türkei ja nicht – es gibt keine ausländischen Zeitungen – und auch die Türken hier auf dem Land sieht man eigentlich nie mit Zeitung. Dennoch lag diesmal ein Zeitungsfetzen auf der Straße, ein kleines Stück einer zerrissenen Zeitung, ca. 15 x 20 cm klein, sonst nichts (Bild Seite 196). Und darauf neben dem angerissenen Zeitungstitel Zamaan (Zeit), nur ein Bild – das Bild einer mir persönlich bekannten Frau! – und ganz wenige Buchstaben „**Allmanija ___Tu_c**" sonst war nichts darauf zu lesen, und dann groß das Bild eines Gelnhäuser Mädchens, der im letzten Jahr unter tragischen Umständen verstorbenen **Tugce Albayrak**. Wieder einer dieser Zufälle. Zufälle? Nein! (...)

Heute also ein größtenteils schattiges Gehen, schön. Eigentlich gehe ich ja am angenehmsten, wenn es leicht bergab geht, so mit 2-3% Gefälle, allerdings bedeutet Gefälle aber immer auch, dass es zwangsläufig irgendwann wieder bergauf geht, daher war mir bislang ein ebenerdiger Verlauf eigentlich am liebsten. Das Problem hier in der Türkei ist, dass ein relativ ebener Verlauf eine lange, langweilige, breite Straße bedeutete, wie ich sie im letzten Jahr zur Genüge erlitten hatte, wohingegen die kleinen, kurvenreichen Straßen und die Aussicht auf die Küste wesentlich abwechslungsreicher sind. (Und vom **Hinayana** auch vielmehr geschätzt werden, da läuft es zur Höchstform auf!) Aufwärtsgehen andererseits ist für einen alten, überge-wichtigen Mann, besonders bei Hitze, naturgemäß nicht besonders angenehm.

Inzwischen aber, und das hat sich im Wesentlichen in den letzten Tagen herausgebildet und ist mir heute erst voll bewusst geworden, liebe ich diese abwechslungsreichen, gebirgigen Strecken, und zwar nicht nur wegen der nicht auftretenden Langeweile. Gestern habe ich bereits daraufhin gewiesen, wie toll es ist, den sich entfaltenden Raum beim Gehen zu genießen, jede Kurve: Jede Bergkuppe gibt neue Ausblicke auf die variantenreiche Natur, zeigt, dass der Raum weitergeht, und dabei ist mir auch das Hintergrundwissen gegenwärtig, dass sich der gesamte Raum, das Weltall weiter ausdehnt. Evolution ist ein expansiver Prozess, und **spirituelle Evolution** ist ein Teil davon. Das ebenerdige Gehen ist gewissermaßen die zweidimensionale Variante dieser Raumerfahrung, durch das Auf und Ab kommt dann aber eine dritte Dimension hinzu.

Ich genieße es, wenn es leicht abwärts geht, der Schritt beschleunigt sich etwas, es zeigt sich ein Gefühl von Fließen, wobei eine Verbindung zum Wasserelement da ist, Wasser fließt ja auch immer nach unten, allerdings ist das *Wasserelement* das zweitträgste, gleich nach dem *Erdelement;* die Dinge sind hier zwar nicht mehr so statisch, sie sind in Fluss geraten, aber eben nur in eine Richtung, nach unten. Entwicklung, *bhavana*, Evolution, das Gehen des Spiralpfades, des im *upanisa-sutta* beschriebenen Pfades, ist hingegen aufwärts gerichtet.

Ebenso wie beim Aufwärtsgehen auf dem physischen Pfad ein gewisser Widerstand da ist, wie es schwieriger und lästiger wird, ebenso ist es auch auf dem spirituellen Pfad, nämlich so, dass es Zeiten gibt, da läuft (Wasser läuft auch!) alles ganz flüssig, da fließt es wunderbar dahin und es ist angenehm, und dann wieder gibt es Zeiten, da geht eben nicht alles so flüssig, da gibt es Schwierigkeiten, da entstehen Probleme, vielleicht kommt sogar Zweifel auf. Aber das sind eigentlich die spannenden Momente, die Phasen, in denen spirituelles Wachstum möglich ist, wo Entwicklung vonstattengeht, wo man auf der Leiter des *Spiralpfades* einen Schritt vorankommt, wo man sich dem großen Ziel *Erwachen* merklich nähert. So habe ich gelernt, dieses Aufwärtsgehen zu lieben. Ja, es ist mühsam, es erfordert *samma vayama*, angemessene Bemühung, die Einübung dessen, was der Buddha im *Edlen Achtfältigen Pfad* als die sechste Baustelle benennt, auf der wir zu arbeiten haben.

Also nehme ich gern das Aufwärtsgehen an und sehe es als *samma vayama* auf dem Pilgerpfad. Auf diese – wie auf vielfältige weitere – Weise sehe ich täglich Parallelen zwischen dem physischen Pfad, den ich gehe, und dem spirituellen Pfad, auf dem ich mich befinde, und eben auf diese Weise wird das, was spirituelle Bedeutung hat, eben nicht nur mit dem Kopf erfasst, sondern vom ganzen Körper erfahren, inkorporiert, eingefleischt. Und da bin ich genau bei dem Thema, das ich mir für meine diesjährige Pilgerwanderung vorgenommen habe, nämlich das Projekt der erdgestützten KÖRPERBETONTEN Meditation mit dem des Pilgerns zu verbinden. So wird aus zwei Baustellen ein harmonisches Ganzes, so kann ich mit Körper, Rede und Geist den Pfad gehen und ihn auch körperlich erfahren, erspüren, ja: freudig einsaugen. (...)

Zwar hatte ich mir heute wieder vorgenommen, per Anhalter zurück zu fahren, wobei gleich klar war, dass es heute sicher nicht wieder so spielend leicht gehen würde wie gestern. Kaum hatte ich jedoch während des Abstiegs nach Doganyurt etwa sieben mir entgegenkommenden Autos ein Signal gegeben und dabei keinen Erfolg gehabt, da kommt ein Auto von hinten – ich hatte keinen Finger draußen – ein Taxi, fährt neben mich und der Fahrer fragt: „Taksi?" Nun, wenn mir der Himmel ein Taxi schickt, werde ich es nicht zurückweisen, zumal ich mit dem Fahrer rasch handelseinig wurde. Also heute doch wieder Taxi. (Der Fahrer sah ziemlich ärmlich aus. Vielleicht hat ja nicht der Himmel mir ein Taxi geschickt, sondern ihm einen Kunden, der ungewöhnliche 28 km weit fahren wollte. Auch gut!)

Das Hitzeelement und Silvia von Egtved

Etappe 156 von Doganyurt nach Erikli

•

Der Tag begann wieder mit einer langen Fahrt. Um 3 h aufgestanden, schon vor 4 h auf der Straße, denn die Entfernung beträgt 70 km bis Doganyurt und die Straße ist eng, teilweise schadhaft, immer einmal ist etwas davon an der Steilküste weggebrochen, sehr kurvig und beständig von Steigungen und Gefälle geprägt. Dafür habe ich auf der ganzen Strecke nur zwei andere Fahrzeuge getroffen, die entgegenkamen und eines, das vom *Hinayana* überholt wurde. Immer einmal Bremsen und Ausweichen vor Vögeln, die noch schlaftrunken auf der Straße sitzen, Hunden, Mardern, auch einem Igel.

Dann losgewandert, gegen 8 h eine erste Pause in einem Weiler, wo es einen Laden hat, Eis, Cola-Zero. Ein Türke, der in Hamburg aufgewachsen ist und in Tübingen studiert hat, sagt mir, in Inebolu könnte ich den Dolmus zurück nehmen, er würde fast stündlich fahren. Inebolu ist mir aber zu weit, das wären heute 33 km, aber vielleicht gelingt es mir zwischen Kilometer 20 und 25 einen *Dolmus* anzuhalten. Ich will wieder so gegen zwölf Uhr meine Tageswanderung beenden, die Hitze wird dann doch zu stark.

Das *Hitzeelement* hat aber noch eine weitere Dimension, die ich in den vergangenen Berichten nicht beschrieben habe, und ich habe mir lange überlegt, ob ich dies hier berichten soll. Inzwischen bin ich der Meinung, es gehört unbedingt dazu. Ich hatte zunächst damit gezögert, denn es geht um eine Figur, die

mir gelegentlich in Träumen aber auch zum Beispiel während dieser Wanderung erscheint, es handelt sich dabei um die Figur einer merkwürdigen jungen Frau. Der Grund, warum ich das bisher weglie
ß, ist der, dass man sagen könnte: „Ach ja, alter Mann träumt von junger Frau." Aber das würde die Sache im Kern völlig verfehlen.

Tatsächlich ist es so, dass ich diese Figur schon mindestens seit meinem vierten Lebensjahr immer wieder treffe, und dass sie sich in den letzten fünfzehn Jahren zweimal modifiziert hat, bzw. eine leicht modifizierte Funktion bekam, letztmals vor gut einer Woche.

Diese Figur hatte merkwürdigerweise früher nie einen Namen, was daran lag, dass ich niemals sprachlich mit ihr kommunizierte, sondern immer nur durch Blicke bzw. von Geist zu Geist. Erst seit 2002 oder 2003 gab ich ihr einen Namen, damals Silvia, weil ich erkannte, dass sie meine *Anima* ist, also die Verkörperung der weiblichen Elemente meiner Selbst.

Ich heiße Horst, das ist altdeutsch und bedeutet „der droben vom Wald". Silvia ist von lat. „silva" abgeleitet, was Wald bedeutet; und die Figur erschien mir immer in Zusammenhang mit Wald und Bergen, auch eine Verbindung zu meinem Namen. Übrigens habe ich 1957 erfolgreich darum gekämpft, dass meine damals geborene Schwester den Namen Sylvia bekommt. Silvia und Sylvia sind beide von „silva, Wald" abgeleitet, Sylphen sind griechische Luftgeister, aber das wusste ich 1957 natürlich alles noch nicht.

Silvia ist eine junge Frau mit einem strahlenden Lächeln, eine Art Fee, sie trägt einen Rock aus Gräsern und ein ebensolches Oberteil, das in seiner Form deutlich an ein etwas kurz geratenes T-Shirt erinnert. Mitunter hat sie Blumen in ihrer Kleidung, hinter dem Ohr oder als Blumenkranz auf dem Kopf, wie traditionell die schwedischen Mädchen zum Mittsommerfest. Und sie trägt eine auffallend große goldene Gürtelschnalle oder eine Brosche vor ihrem Bauch. Sie ist immer barfuß, ihre Füße scheinen den Boden kaum zu berühren.

Ihr Bild ist sehr lebendig, hat aber eine leichte Tendenz zum Transparenten, vielleicht kann man auch sagen, sie sei weichgezeichnet, so als würde ein ganz leichter Nebel sie umhüllen, damit man nicht von ihrer Schönheit geblendet ist, denn sie ist schön wie ein *Botticelli*-Engel. Sie ist gewöhnlich etwa 15 m von mir entfernt und immer etwas höher am Berg.

Eine neue Phase ihrer Gegenwart wurde eingeleitet, als im Jahr 2002 oder 2003 jemand von einer Figur sprach, die ihr ziemlich genau entsprach, es war *Padmavajra*, ein imposantes Ordensmitglied aus dem *Retreatzentrum Padmaloka* mit einem Hang zum Mystischen, der in einer Geschichte diese Person aufleben ließ.

Jetzt zum aktuellen Bezug. Am Samstag, den 25. Juli, gegen Mittag brach ich zu meiner Reise in die Türkei auf. Zuvor habe ich mir noch im Café Art ein gutes Frühstück gegönnt und – wie das so meine Art ist – habe ich mir zuvor eine Zeitung, die *SZ*, geholt. Doch beinahe blieb mir das Müsli im Halse stecken: Auf Seite 33 war ein Bild von einer Person, die ziemlich haargenau Silvia darstellte, und ein ganzseitiger Bericht – Titel: die Reisende – über diese junge Frau, die vor 3400 Jahren lebte und deren Mumie in Egtved (Dänemark) gefunden worden war und jetzt im Dänischen Nationalmuseum ist. Aufgrund der großen Sonnenscheibe aus Bronze, die sie an ihrem Gürtel trug, halten die Wissenschaftler sie für eine Sonnenpriesterin, was allerdings insofern erstaunlich ist, als sie nicht einmal 18 Jahre alt gewesen sein soll (typisches Bodhisattva-Alter!).

Noch erstaunlicher ist allerdings, was ihre Haaranalyse ergab. Da ihre Haare 23 cm lang sind und das Haar im Monat um etwa einen Zentimeter wächst, und sich weiterhin die Ernährung in den Haaren abzeichnet, kann man daraus sogar feststellen, wann sie sich wo aufgehalten haben muss, denn die Essensgewohnheiten unterschieden sich in Mitteleuropa der Bronzezeit deutlich. Es ergibt sich, dass sie aus dem Schwarzwald stammte, bevor sie nach Jütland ging, in der folgenden Zeit unternahm sie noch zweimal Wanderungen von Jütland in den Schwarzwald, wo sie immer einige Monate blieb und dann zurück nach Jütland ging, also Wanderungen von immerhin mindestens 5000 km in diesen beiden Jahren.

Natürlich hat diese zeitgenaue Information (direkt vor meiner diesjährigen Pilgerwanderung) über die wandernde Sonnenpriesterin, die meiner Anima so unwahrscheinlich ähnlich ist, Auswirkungen gehabt. Eine meiner größten Sorgen vor Beginn meiner diesjährigen Wanderung war die Hitze in der Türkei verbunden mit der Tatsache, durch eine sehr gebirgige Gegend gehen zu müssen, also mein nicht unerhebliches Gewicht bei deutlich über 30 Grad auf heißen Asphaltstraßen nach oben tragen zu müssen (und das mit hohem Blutdruck).

Wenn es bergauf geht, fürchte ich jetzt jedoch nicht mehr Sonne und Hitze. Wenn mein Blick sich auf die Straße vor mir richtet, sehe ich dort – etwa 15 m vor mir – Silvia von Egtved, meine Anima – frohen Herzens schreitend, ihre Füße schweben geradezu über dem Asphalt, ihre Arme sind bisweilen zur Sonne erhoben, die Sonne dankbar verherrlichend und lobpreisend. Energie, die Leben ist; die Sonne, die Licht ins Dunkel trägt, die es ermöglicht, die Dinge so zu sehen, wie sind. Und dabei singt Silvia – nicht mit dem Mund, sondern mit dem Herzen – eine anfeuernde, eine begeisternde (*piti*) Melodie, die nicht Ton, sondern reine Energie ist: „Brüder zur Sonne zur Freiheit (*vimukti*), Brüder zum Lichte empor!" – so höre ich es nicht, aber so empfinde ich es, obwohl das Zitat eindeutig aus einer anderen Bewegung als der buddhistischen stammt.

Und so gehe ich frohen Herzens, die Arme über und über mit Schweiß bedeckt, der Pilgerhut mit Schweiß vollgesogen, vom *Hitzeelement* völlig durchdrungen, glücklich strahlend, offenen, begeisterten Herzens, wonnevoll der Sonne, dem Symbol von Kraft und *Erleuchtung,* entgegen. Es sind dies die Augenblicke, die das Leben verändern, die trotz aller notwendigen Anstrengung den Anstieg zu einem herrlichen Spiel der Freude, ja der *Ekstase* werden lassen. Es ist eine Wonne, die ein Nichtpilger niemals empfinden kann. Oh, welches Glück, oh, reine Wonne! (...)

Nachdem ich die 20-km-Marke überschritten hatte, begann ich mich nach einer Rückfahrgelegenheit umzusehen. Ein Dolmus Richtung Cide reagierte nicht auf mein Zeichen, andere fuhren durch, nur einer hielt, was allerdings nicht hilfreich war, denn er wollte nur ins 1 km entfernte nächste Dorf.

Umso erstaunter war ich, als an einer Baustelle der Verkehr warten musste und mir ein *Dolmus*-Fahrer in die Gegenrichtung ein Zeichen gab. Ich sagte ihm, ich wolle nach Doganyurt, aber er hieß mich einsteigen. Wie ich annehme, weil er wusste, dass ich in die Gegenrichtung keinen Platz bekommen würde. Er nahm mich also nach Inebolu mit und zeigte mir dort, wo ein Dolmus in die andere Richtung abfahren würde, das würde allerdings eine gute Stunde dauern. In diesen Kleinbussen gibt es auf der linken Seite jeweils einen Doppelsitz, rechts einen Einzelnen, auf der Rückbank vier Sitze. Ich dachte, ich sei pfiffig, als ich mir den letzten freien Einzelsitz, den Rucksack auf dem Schoß, was platzmöglich gerade noch drin war, nahm. Jedoch stieg kurz vor der Abfahrt noch eine Frau zu, also musste ich meinen Platz räumen, weil diese – es war eine von denen mit Kopftuch – unmöglich zwischen zwei Männern sitzen konnte. Also musste ich mit meinem Rucksack in der hinteren sehr engen Reihe sitzen. Manchmal werden Männer echt diskriminiert! Es wurde dann noch sehr voll – enge Stehplätze und insgesamt brauchte ich von der Stelle an, da ich vom ersten Kleinbus aufgenommen war für die 22 km rund drei Stunden, immerhin etwas kürzer als zu Fuß – dafür ohne Begleitung einer bronzezeitlichen Sonnenpriesterin.

Gün (türk.), die Sonne

Jeden Morgen sah ich die Sonne über dem Schwarzen Meer vor mir aufgehen, da ich nach Osten wanderte. Ex oriente lux!

Kein Wunder, dass ich glaubte eine ebenso wandernde Sonnenpriesterin vor mir zu sehen, die dieses Wunder beschwört.

Der lange Schatten des kaya

Etappe 158 von Inebolu nach Abana

Am Morgen habe ich mich zeitig von meinem Bungalow aus auf den Weg gemacht. Die nächste mehrtägige Wegstrecke ist die vom Seebad Inebolu zu dem schon in der Antike bekannten mondänen Seebad und damals sehr wichtigen Hafen **Sinop**. Noch während ich auf dieser Strecke unterwegs bin, werde ich am Sonntag nach Sinop umziehen, da die Übernachtungen im Bungalow in Inebolu meine teuerste Übernachtungsstelle in diesem Jahr ist und ich daher hier nicht länger als nötig verweilen will.

Unterwegs fand ich einen recht bequemen Sitzplatz für Meditation und **Weihungszeremonie** auf einem weichen Wasserrohr im Schatten. Später eine zweite Rast im einzigen Ort auf dem heutigen Weg, wo ich einen leckeren Simit (Sesamkringel) zum Frühstück nahm. (...)

Hunde haben mich heute nur kurzfristig begleitet, keiner wollte allzu weit mit mir gehen, was mir eigentlich auch lieber ist. Stattdessen war heute wieder ein anderer Begleiter bei mir, manchmal eilt er mir ein paar Meter voraus, häufig heftet er sich an meine Fersen. Er ist mir sehr vertraut, ich kenne ihn schon von Kindesbeinen an, auch wenn er sich im Laufe der Jahrzehnte geringfügig verändert hat, ich meine natürlich den Schatten. Ich sage nicht „meinen" Schatten, nicht etwa weil ich das Possessivpronomen vermeiden will, sondern weil ich viel mehr Schattierungen habe; dieser Schatten ist nur der Schatten einer der fünf **kandhas**, der fünf Gruppen, aus denen das besteht, was ich „Horst" oder „ich" nenne. Es ist nur der Schatten meiner *rupa*, meiner Form, man könnte auch sagen der Schatten meines *kaya*, meines Körpers.

Und ich muss sagen, ich bin ganz schön – nein, stolz ist nicht das richtige Wort – besser: Ich bin ungemein froh, dass er noch da ist und dass er so kraftvoll ausschreitet. Es sah nicht immer so aus, als wäre das möglich. Es gab Zeiten, da habe ich meinen Körper alles andere als pfleglich behandelt, habe ihn ein viertel Jahrhundert lang mit äußerst ungesunden Mengen von Alkohol misshandelt, teilweise ergänzt um einen Medikamenten-cocktail, der die Sache zwar erträglicher, aber nicht besser machte und habe dazu noch geglaubt, einer wie ich könnte dauerhaft mit fünf Stunden Schlaf pro Nacht auskommen.

Ich war jünger als meine Töchter heute, als mir ein Arzt kopfschüttelnd sagte, er gebe mir kaum noch zwei Jahre, zweieinhalb, wenn es hochkomme.

Irgendwann hatte ich auch den Eindruck, das Gefühl, die heftige Empfindung, mein Blutdruck sei deutlich zu hoch. Ich ging in ein Sanitätshaus, um einen Blutdruckmesser zu kaufen und probierte ihn sofort aus. Die Geschäftsinhaberin wollte, dass ich mich sofort in ärztliche Behandlung begäbe, vor allem der untere Wert sei viel zu hoch, ich weiß die damaligen Messwerte noch heute, gut zwanzig Jahre später: Es waren 189:138.

Damals begann ich mich bereits umzustellen, war ich doch inzwischen zum *Dharma* gekommen und hatte gehört, dass der Buddha die Mönche zur „Reinhaltung des Besitzes" aufforderte, was mich stark wunderte, bis ich erfuhr, dass der wichtigste Besitz des Mönches natürlich sein Körper sei, denn dieser sei die Basis, die conditio sine qua non, seines Erleuchtungs-strebens. Wie anders war das doch als die Botschaft, die ich von Kindesbeinen an hörte: „Der Geist ist willig, aber das Fleisch ist schwach" und, so schloss ich, dieses Fleisch dieser Körper sei minderwertig, sei verachtenswert, müsse überwunden und zurück gelassen werden. Und eben dies führte mich zu meinem früheren verächtlichen Umgang mit dem Körper, meinem wichtigsten Besitz.

Inzwischen habe ich Stück für Stück, schrittchenweise, meinen Körper schätzen gelernt. Ich erinnerte mich sogar eines alten Vorsatzes, den ich als junger Mann hatte: Sollte ich bei Renteneintritt noch fit sein, so wollte ich zu Fuß nach Indien gehen, mir einen Guru suchen und spirituell praktizieren, vielleicht gebe es Erleuchtung ja wirklich!

Nun, einen Guru, einen Lehrer, zu suchen brauchte ich nicht mehr, ich hatte im Buddha den besten aller Lehrer gefunden und in *Sangharakshita* denjenigen, der den Dharma in zeitgemäßer Form formuliert und weitergegeben hat.

Es war Anfang 2011, als ich mir der Endlichkeit meines Körpers bewusst wurde. Ich hatte begonnen, die Prostrationspraxis zu üben, dabei traten allerdings Knieprobleme auf, und ich wollte doch, wie es heißt, Zuflucht zu Buddha, Dharma und Sangha nehmen mit KÖRPER, Rede und Geist. Mir war – gewissermaßen als Ersatz für die Prostrationspraxis – die Idee einer Pilgerwanderung wieder als Umsetzung des körperlichen Aspektes der Zufluchtnahme eingefallen. Dann jedoch verschlimmerten sich meine Fußprobleme ausgehend von der Achillesferse so stark, das ich nur noch äußerst mühsam die zwei Stufen zwischen meinem Zimmer und der Toilette heruntergehen konnte.

Ich fühlte mich knapp vor meinem 60. Geburtstag wie 90, war äußerst verzweifelt und flehte die fünf Buddhas des Mandalas in unserem Meditationsraum um Hilfe an. Und was geschah? Eine andere Figur manifestierte sich im Meditationsraum, beschimpfte meine weinerliche Verzagtheit – und ich schwor, mich unverzüglich auf den Weg nach Indien zu machen. (vgl. dazu meinen ersten Pilgerbericht „Wie alles begann" aus dem Jahr 2011.) Eine Woche später (3. Januarwochenende 2011) begann meine Pilgerwanderung, die ersten beiden Tage bis Schöllkrippen bzw. Aschaffenburg.

Und nun, viereinhalb Jahre später, ist da ein kraftvoll ausschreitender Schatten, ein Zeugnis einer erfolgreichen Wandlung. Es ist eine Freude, diesem Schatten zuzusehen. Meine Füße: nicht mehr blutend und voller großer Blasen wie im ersten Jahr. Meine Füße, meine Achillesferse, meine Mittelfußknochen: nicht mehr eine Tortur wie in den ersten fünfzehn Monaten, wo ich abends zitternd vor Schmerzen ins Bett sank. Die Probleme jeweils erkannt, analysiert, die Ursache bekämpft und dabei die geeigneten Mittel angewendet, mit anderen Worten, die Vier Edlen Wahrheiten des Buddha umgesetzt:

1. das Problem erkennen,

2. die Ursache suchen,

3. die Ursache und nicht das Symptom angehen,

4. dies mit einem Strauß angemessener Mittel tun.

Ha! So heilsam kann der Buddha-Dharma sein. Und notfalls, wenn man gerade einmal nicht weiterkommt, hilft oft Bitten. Dann passiert es mitunter, dass ein *Bodhisattva* erscheint und einem den Weg zeigt. Und wenn man ihn dann geht, dann ist da ein kräftig ausschreitender Schatten, dann ist da ein frohgemuteter, zielgerichteter Pilger, der voller Freude aus jauchzendem Herzen singt: „Das kann doch 'nen Buddhisten nicht erschüttern, keine Angst, keine Angst auf dem Pfad!" (Nach einer Melodie von Hans Albers zu singen, wenn man singen kann, notfalls einfach frohen Herzens hinausschreien!)

Vom achtsamen Gehen des Pfades

Etappe 170 – von Bafra nach Dereköy

Bafra – ca. 140.000 Einwohner – liegt gut 50 km von Samsun entfernt, das mit knapp 700.000 Einwohnern ungefähr die Größe Frankfurts hat. Es geht also in zwei Tagesetappen, wobei mich die erste in ein Dorf namens Dereköy führt. Dieser erste der beiden Tage führt noch durch das fruchtbare Schwemmland, der zweite wird dann unweit des Meeres entlangführen, schließlich ist die D010, der ich einmal mehr auf der ganzen Strecke folge, die Schwarzmeerküstenstraße.

Doch vor der Wanderung war die Nacht, und die war sehr unruhig. Gestern hatte ich mich – wie üblich – nach der Wanderung am Nachmittag etwas hingelegt, hatte aber wohl zu lang geschlafen, denn am Abend konnte ich keinen Schlaf finden, eine merkwürdige Unruhe hatte sich meiner bemächtigt. Hin und wieder der Blick auf die Uhr: jetzt keine vier Stunden mehr bis zum Aufstehen. Werde ich endlich Schlaf finden? Yorgunum. *(„Ich bin müde" manchmal denke ich jetzt auf Türkisch.)* Und da - - -

Plötzlich bin ich wieder auf dem Pfad: weit gegangen, weiter gegangen, immer weiter gegangen, gate, gate, paragate, parasamgate – Europa, Asien, Probleme waren aufgetaucht, Probleme waren gelöst, Schwierigkeiten gemeistert. Und jetzt ein Strom, ein riesiger, breiter Strom. Den Strom überqueren ... da, die Stimme meiner Großmutter: „Junge, komm' endlich nach Hause, es ist Zeit, wir warten auf dich." *(Meine Großmutter starb 1980.)*

Eine Fähre, ein Fährmann, ich frage nach dem Preis. „Es kostet nur eine Rupie. Aber willst du wirklich rüber? Das ist der Strom der Niewiederkehr, und das ist nicht nur irgendein Name, es ist <u>wirklich</u> der Strom der Niewiederkehr!" Aber es ist mein Pfad und – ja – meine Großmutter hat mich gerufen – und alle warten schon auf mich. Ich gebe dem Fährmann eine Rupie.

„Komm nur Junge, zu Hause ist alles bereit, dein Vater erwartet dich!" Mein Vater? *(Mein Vater starb 1958).* – Gehen. Es ist schön, den Pfad so barfuß zu gehen, die Erde und ich, wir werden eins, ich spüre ein zunehmendes Verschmelzen. Tatsächlich, dort vorn ist der Auwanneweg, die Straße, in der ich geboren bin. Ein Bettler sitzt am Boden. Ich greife in die Tasche, gebe ihm all mein Geld. Almosengeben ist die Pflicht eines jeden guten Moslems. *(Bin ich Moslem?)* Pflicht? Nein, ich gebe es aus Freude daran, außerdem brauche ich nichts mehr, bin ja gleich zu Hause. Meine Großmutter ist wunderhübsch, frisch und strahlend, auch sie ist barfuß, das war sie früher nie, hatte doch immer etwas Probleme mit den Füßen, ich biege neben ihr in den Auwanneweg. Was ist da – eine Feier? *(Im Auwanneweg habe ich im letzten Jahrhundert gewohnt.)*

Ja, Erich Pipa, der Landrat, feiert. *(Er war zu der Zeit, als ich Politiker war mein Gegenspieler – uns verband eine heftige gegenseitige Abneigung – einmal hat er an einem Tag sechs Prozesse gegen mich angestrengt. – Und übrigens alle verloren).* Erich hat wieder geheiratet und sieht viel jünger aus als früher, er winkt mir zu, mitzufeiern, mitzutanzen. Aber ich feiere doch nicht, ich tanze doch nicht, ich will den Pfad gehen, es sind nur noch wenige hundert Meter. Erichs Frau ist sehr jung und wunderhübsch, sie trägt ein bis auf den Boden reichendes, weites schwarzes Kleid, sie tanzt einen schwindelerregenden Tanz. Ja, jetzt wird es mir klar – sie ist ein **Derwisch**! (Herzlichen Glückwunsch, Erich, jetzt wird alles gut! Ich freue mich vollen Herzens über Erichs neues Glück, dann eile ich an der Seite meiner Großmutter weiter, alle warten doch schon auf mich, so heißt es, mein Vater, meine Mutter *(1978 verstorben)*, mein Großvater *(1953 verstorben)*, auch Freunde, die ich seit Jahrzehnten nicht mehr sah, deren Gräber inzwischen abgeräumt wurden. Vielleicht schaffe ich es jetzt bis zum Ziel, bis nach Hause! Ein lieblicher Ton erklingt in meinem Ohr – herrlich! – Nein – es ist der Handywecker.

Wirklich erquickt fühle ich mich nicht. 3.30 h türkischer Zeit. Aber der Pfad ruft, wer wird da zögern? Das *Hinayana* fährt mich entlang der D-010 zu einem kleinen Abzweig hinter Dereköy, in der Mitte zwischen Bafra und Samsun. Heute wird es von hier aus westwärts gehen, morgen dann ostwärts.

Zuhause übe ich selten Gehmeditation, selbstverständlich ist das Sitzen in meinem wunderschönen Meditationsraum meine Hauptpraxis, die Gehmeditation erscheint mir da ein wenig fremd. Hier ist es ganz anders. Wenn ich Sitzmeditation übe, überkommt mich alsbald eine eigenartige Unruhe: Horst der Pfad ist deine Praxis. Gehen! Achtsames Gehen!

Ich gehe. Gehe den Pfad. Schritt für Schritt – aber zügig – es gibt kein Grund zum Zögern. Es ist wie bei Bahiya, der den Buddha suchte, angespornt von einer inneren Unruhe, von dem Gefühl einer großen Dringlichkeit. „Herr, lehrt mich jetzt, wir wissen nicht wann euer oder mein Leben zu Ende ist, lehrt mich jetzt." So forderte Bahiya den Buddha während dessen Bettelgang auf, und der Buddha, die Dringlichkeit in Bahiyas Antlitz erkennend, lehrte ihn: „Im Sehen nur das Gesehene..." Und Bahiya verstand, er wurde noch selbigen Tages erleuchtet, kurz bevor, nein, nur Stunden vor seinem Tod. Er hatte nicht um Ordination gebeten, sondern um das Wesentliche, um die Lehre. Der Buddha ist tot, aber die Lehre und der Edle Pfad, sie existieren weiter.

Die Lehre und der Pfad sind meine Lehrer.

Vom Pfadgehen:

Die fünf *khandhas* gehen. Da ist der Schatten eines <u>Körpers</u>, der Schatten geht. Da ist ein Körper, der den Pfad geht. Und da ist ein <u>Bewusstsein</u>, das sieht, das weiß, dass da ein Körper ist, der den Pfad geht. Und da ist <u>Wahrnehmung</u>, die Wahrnehmung, dass da ein Körper ist, der den Pfad geht. Und da ist <u>Empfindung</u>, da ist eine nicht körpergestützte freudige Empfindung, dass da ein Körper ist, der den Pfad geht. Und da ist eine körpergestützte leidige Erfahrung, dass die Beine beim Pfadgehen müde sind. Und da ist eine körpergestützte weder freudige noch leidige Erfahrung, die die Temperatur wahrnimmt, die den Körper, der den Pfad geht, beeinflusst. Und da sind die <u>Gestaltungskräfte</u>, die veranlassen, dass der Körper den Pfad geht und geht und geht...

Da empfinde ich die Füße, die den Pfad gehen. Dann empfinde ich die Wadenmuskulatur, die ermöglicht, dass der Körper den Pfad geht, ... die Knie, die Oberschenkelmuskulatur, die kräftige Gesäßmuskulatur, die Bewegung im Becken und den Hüften, die stetige Bewegung entlang der Wirbelsäule, der Atem, bis hinein in den Bauch, das Zwerchfell, das die Atmung ermöglicht, auch die Schultermuskulatur arbeitet, die Arme sind beim Gehen in Bewegung, das Tragen des Rucksackes, die Halsmuskulatur, Nase, Mund, Augen, der schwitzende Kopf mit dem schweißaufsaugenden Pilgerhut.

Die herrliche, starke, solide Erde unter den Füßen, die mir mit jedem Schritt ihre Kraft, ihre Stärke, auch ihr uraltes Wissen überträgt. Die wunderbare Sonne, Verkörperung des Hitzeelementes, ohne das Leben, ohne das Gehen nicht möglich wäre. Das köstliche Luftelement, Symbol der Bewegung und herrliches Lebenselixier, das mich mit jedem Schritt erquickt. Das Wasserelement, Symbol des Flusses meiner Bewegungen und auch Labsal in meiner Wasserflasche, jederzeit bereit, den durstigen Pilger mit köstlichem Nass zu versorgen. Das

Raumelement, der unendlich weite Raum, in dem ich die Möglichkeit habe, mich zu bewegen, der auch Entfernungen ordnet und so ein Ziel und eben auch die Zielerreichung ermöglicht. Das Bewusstseinselement, das all das erkennt, das vom Pfad weiß, das vom Gehen des Pfades weiß und das vom Ziel des Pfades immerhin inzwischen eine sehr deutliche Ahnung hat.

Freude. Freude beim Pfadgehen, das unglaubliche Glück, den Pfad gehen zu können!

Dankbarkeit, dass es den Pfad gibt, Dankbarkeit, dass der Pfad aufgezeigt ist, Dankbarkeit für die Milliarden Dinge, die es ermöglichen, den Pfad zu gehen, überhaupt zu handeln.

Vertrauen in den Pfad, der am Anfang, in der Mitte und am Ende gut ist. Metta für alle Wesen, die existieren und ihre kleinen oder großen Ziele verfolgen, bewusst oder unbewusst.

Karuna, Mitgefühl, mit dem verletzten Schmetterling am Straßenrand, der auf einer heißen Steinwand verirrten Schnecke, den ängstlich davonhuschenden Echsen, den an einem Pflock angebundenen Rindern auf einem abgegrasten Platz, Rindern, die vermutlich nicht wissen, dass ihr Leben am Tag des islamischen Opferfestes ein jähes und oft grausames Ende haben wird, Mitgefühl mit den herumsitzenden, wenig erfolgreichen Melonenverkäufern, der Frau mit der schweren Kieze, dem Paar, das den Handwagen mit den spärlichen Erzeugnissen ihres Gartens die Straße entlang schiebt, marktwärts.

Mitfreude, *mudita*, mit dem jungen Mann, der auf seinem neuen Motorrad die Gefahr ignorierend ohne Helm dahinrast, mit dem Schmetterlingspaar, das sich im Tanz über den Feldblumen tummelt, mit der geschminkten jungen Frau, die sich ihrer Körperlichkeit und ihrer – vermeintlichen – Attraktivität bewusst ist, mit dem Mann, der sich die Füße vor der Moschee wäscht und gleich in der Andacht seinem Gott zu begegnen hofft. „HEs gibt keinen Gott außer Allah, und Mohammed ist sein Prophet", so rezitiert er innerlich. Möge er Hilfe und Frieden finden!

Upeksha, Gleichmut, ob der vielfältigen Prozesse dieser scheinbar widersprüchlichen Welt des *Samsara*, mit dem, was sich dort auf dem Feld abspielt, die freudige Erwartung und der gelegentliche Erfolg jener fünf Störche auf dem Stoppelfeld, wo doch jeder Erfolg Leid und Tod eines kleinen Tieres, eines fühlenden Wesens, bedeutet. All diese Menschen, die in ihren Autos, auf Baumaschinen, in Omnibussen, in Minibussen dahinziehen und Gefangene von Bedingungen sind, die sie zum großen Teil selber miterschaffen haben.

Und immer wieder Dankbarkeit, den Pfad gehen zu dürfen, auch wenn jetzt die Füße ... – oh, was ist das? Ein Mezarne, ein Friedhof *(ich beginne in türkischen Begriffen zu denken, zu empfinden)*, herrlich: dort gibt es Bäume und Schatten, Marmoreinfassungen der Gräber, auf denen ein Pilger Kraft schöpfen kann. Daneben sogar eine Moschee und vor der Moschee eine überdachte Halle mit einer Wasserstelle und zahlreichen Sitzgelegenheiten, an denen man die rituellen Reinigungen vor dem Betreten der Moschee vollziehen kann und daneben – im Schatten!!! – zwei Bänke. Herrlich – kann Islam schön sein!

Auf der schattigen Bank, einige Brotchips (mit Knoblauchgeschmack – lecker) verzehrt, drei kräftige Züge aus meiner Wasserflasche. Jetzt einfach die Augen schließen und beobachten, was sich im Körper abspielt. Das leichte Hungergefühl ist einer wohlig-dankbaren Sättigung gewichen. Der nicht stark, aber doch spürbar vorhandene Durst ist im Moment gestillt – und da ist Wissen, dass noch ein Liter Wasser im Rucksack ist. In den Füßen noch leichter Schmerz – nie bedenklich, aber bemerkbar gewesen – jetzt am Nachlassen, Entspannung der

Muskulatur. Die kräftigen Beinmuskeln, sie müssen jetzt nicht arbeiten, können ausruhen, sich regenerieren – unendlich angenehm. Zehn Minuten, vielleicht etwas mehr. Alle Muskeln scheinen ziemlich erholt, der Entspannungsgewinn pro Minute tendiert gegen Null (erkennt der verkopfte, studierte Ökonom) – Zeit den Pfad weiter zu gehen, neue Kraft, neue Freude, neue Dankbarkeit. **Das Leben ist schön – so unglaublich schön!**

Zurück ins Samsara. Daher Stilwechsel. Etwas nervig fand ich einmal mehr das Angehuptwerden, heute in einer neuen Variante. Ich gehe da so friedlich auf dieser autobahnartigen Straße schön neben auf der Standspur, selbstverständlich links, um den Verkehr im Auge zu haben. Da werde ich plötzlich aus nur einem Meter Entfernung von hinten angehupt – das kann einen richtig erschrecken! Es handelte sich um ein Elektro-moped, das, wie ich, entgegen der Fahrtrichtung unterwegs war und aus unerfindlichem Grund eine richtig laute Hupe hat. Blöde das, wenn jemand so schreckhaft wäre wie meine Mutter, könnte er/sie davon den Herzkasper bekommen.

Und dann Bafra, ich finde nicht die Stelle, auf der die Minibusse abfahren, komme an einen Taxistand, zwei Taxis, ein Taxifahrer-häuschen, darin ein schlafender Taxifahrer. „Taksicilik kolay!", denke ich *(Der Taxifahrerberuf ist entspannt)*. Leichtes Klopfen und Ansprache hilft nicht – dieser Taxifahrer ist offensichtlich sehr entspannt. Ich beschließe, ihn nicht zu wecken, vielleicht träumt er gerade von seiner Großmutter und der Heimreise.

Wenige hundert Meter weiter ein zweiter Taxistand, schöne neue Fiat-Taxis, als Taxi gebaut, 3-türig (damit der hinter dem Taxifahrer Sitzende nicht die Tür aufreißt und so einen Unfall provoziert), hinten ein Doppelsitz und ein Einzelsitz, sehr schön. Ich erkläre dem Taxifahrer mein Fahrziel, er fängt – wie üblich – an, auf mich einzureden, ich sage auf Deutsch, dass ich kein Türkisch kann. Zwei, drei weitere Versuche von ihm, ob ich inzwischen Türkisch gelernt hätte. Freundlich verneinende

Aussagen von mir, dann Schweigen. Dann zwei Worte von mir: „Yol söylüyorum" *(Ich sagen Weg)* der Taksicilik fährt, der Pilger genießt die Pfad (ha, Freud'sche Fehlleistung: das muss natürlich **die Fahrt** heißen!).

An entscheidenden Stellen von mir nur ein Handzeichen oder eine einzelne Vokabel „*solda*" (links), „*sagda*" (rechts), „*düz sür*" (geradeaus fahren) und schließlich „*dur*" (halt). Ich will den Fahrpreis geringfügig aufrunden, der Taxifahrer widerspricht heftig und besteht darauf, ihn abzurunden, das Taxameter zeige immer zu viel an, 50 Lira seien voll ausreichend (was bedeutet, dass er, die Rückfahrt mitgerechnet, nicht einmal eine Lira pro Kilometer erhält). Ich gebe mich geschlagen, bedanke mich artig bei ihm: „*Allah bereket versin*" (Gott segne dich), er überreicht mir noch seine Karte: falls ich wieder einmal gefahren werden wollte.

Manchmal frage ich mich, wieso ich eigentlich auf dem Pfad so viel Glück habe. Sicher ich habe mir auch immer mal ganz gutes *Karma* geschaffen – aber doch gewiss nicht so viel, wie mir bislang schon an *vipaka* widerfahren ist!

Mutluyum!

(Ich bin glücklich! Auf Türkisch)

Amoghasiddhi stoppt Horst

Szene 41 aus *Horsts Lebensbericht* – 2016

Am 16. Juli 2016 erkläre ich meinen Freund/innen, warum ich meine Pilgerwanderung Richtung *Bodh Gaya* zumindest vorerst aussetze, und zwar mit diesem Schreiben:

Liebe Freundinnen und Freunde der Idee des Pilgerns,

… Im Vorfeld meiner diesjährigen Wanderung (Rest der Türkei und die Hälfte von Georgien) hatte ich leider erhebliche Probleme. Zwar habe ich jedes Jahr einen ziemlichen Bammel vor dem, was ich mir da zugemutet habe, aber dieses Jahr war es sehr viel schlimmer. In den letzten zwei Monaten hatte ich erhebliche Schlafprobleme, bin fast jede Nacht schweißgebadet aufgewacht.

Ich sagte mir, das liege daran, dass ich mit Georgien erstmals in ein Land käme, in dem ich noch nie war und von dessen Sprache und Schrift ich keine Ahnung habe. Ich sagte mir, dass sicher auch Ängste hinzukommen, wegen meines bevorstehenden Umzugs nach Essen und wegen des Einschnitts, den meine Pensionierung in wenigen Monaten bedeutet.

Aber das waren Rationalisierungen, die Angst ging tiefer. Ich mochte es mir nicht eingestehen, aber ich hatte erstmals wirkliche Angst, nicht wieder zurückzukehren. Dafür gab es zwar keinerlei objektiv vernünftige Gründe, es gab nur diese – mir sonst sehr fremde – Angst. Am deutlichsten habe ich diese Befürchtung in einer Einladung an ein paar Freunde per E-Mail geäußert, der Titel der Mail war: „Sollte ich aus Georgien zurückkehren, gibt's ´ne Feier!" Das klang nach der mir eigenen Flapsigkeit, aber das war tatsächlich ernst gemeint. Todernst.

Um so gut wie möglich gewappnet zu sein, habe ich versucht technisch aufzurüsten. Hatte mir im letzten Jahr eine Handy-App geholfen, immer wieder zum *Hinayana* (Auto) zurückzukehren, so hatte ich diesmal nicht nur diese App dabei, sondern ein zweites Kartensystem auf dem Handy installiert, die beide über GPS offline erreichbar sind. Um im Notfall telefonieren zu können, habe ich mir eine türkische SIM-Karte fürs Handy besorgt, die eine Flat-Rate sowohl innerhalb der Türkei als auch nach Deutschland hat. Da mir dergleichen für Georgien fehlt, habe ich mir noch tags vor der Abreise von meiner Tochter Tatjana Skype aufs Tablet laden lassen, sodass ich auch von Georgien aus, zumindest wenn ich einen WLAN-Anschluss (in allen Hotels) habe, überall hin günstig telefonieren kann. Und für den Fall, dass das Tablet kaputt geht oder geklaut wird, habe ich im Hinayana noch ein zweites versteckt. Selbstverständlich hatte ich alle Systeme vorher ausprobiert, sie funktionierten. Ich war also so gut gerüstet, wie nur irgend möglich.

Und neben den technischen Absicherungen hatte ich mich auch immer wieder um spirituelle Rückendeckung bemüht. Die fünf *Jinas*, Personifizierungen transzendenter Kräfte, habe ich als Beschützer auch in der Vergangenheit angerufen. Eigentlich hat so die ganze Sache mit der Pilgerwanderung Anfang 2011 begonnen, vergleiche... (vgl. Szene 029 – Ein wahnwitziger Eid)

Auch am Freitagmorgen, kurz vor der Abfahrt, setzte ich mich in den Meditationsraum gegenüber dem Bild mit den fünf Jinas

- Ratnasambhava, dem gelben Buddha, der für Groß-zügigkeit steht,
- Amitabha, dem roten Buddha, der für Meditation und liebevolle Güte steht,

- Aksobhya, dem blauen Buddha, der für Unerschütterlichkeit steht,
- Amoghasiddhi, dem grünen Buddha, der für vollständiges Gelingen und Furchtlosigkeit steht,
- Vairocana, dem weißen Buddha, der für Lehrergründung und vollkommene Weisheit steht.

Es ist der Versuch, genau diese Kräfte in mir zu stärken. Dies sind Kräfte, die in uns sind, die sich aber auch im Universum manifestieren. Die fünf Jinas sind gewissermaßen Verkörperungen, Projektionen unseres Geistes, die aber auch diese äußeren Kräfte symbolisieren. Meine Meditation ist also etwas zwischen Autosuggestion und Gebet zu diesen Kräften. Insbesondere Amoghasiddhi (und damit gutes Gelingen und Furchtlosigkeit) und Vairocana (Erkenntnis der Dinge, wie sie sind, und Weisheit) stehen heute im Mittelpunkt meiner Meditation. Weisheit ist ja, wie wir spätestens seit Franz von Assisi wissen, die Fähigkeit zwischen den Dingen, die wir ändern können, und denen, die wir erdulden müssen, zu unterscheiden. So bitte ich um die Weisheit zu erkennen, wann Unerschütterlichkeit und Furchtlosigkeit angesagt sind, und wann etwas unsinnig ist und man es eher lassen soll. Ich spreche die transzendenten Kräfte an:

„Ich habe Angst und weiß nicht, ob diese irrational ist, oder eine Vorahnung. Ich bitte um ein Zeichen, wenn ich diesen Abschnitt aussetzen soll, wenn ich nicht weitergehen soll."

Aber Horst, du wirst die Zeichen wegrationalisieren, weil du dich für unerschütterlich hältst, weil du einmal Begonnenes durchziehen möchtest und weil du gegenüber Vajrapani Anfang Januar 2011 gelobt hast, dich unverzüglich auf den Weg Richtung Bodh Gaya zu machen.

„Ja, ich weiß, dass das ein Dilemma ist und bitte daher um <u>deutliche</u> Zeichen."

Wie deutlich denn, Horst?

„Deutlich genug, damit ich es erkenne, vielleicht mehrere Zeichen, klare, beeindruckende Zeichen."

Welches Zeichen würde dich schon genügend beeindrucken, Horst?

„Ich weiß es nicht, auf jeden Fall so klare, dass ich sie verstehe. Sollte ich allzu halsstarrig sein, dann müsste ich notfalls dadurch gestoppt werden, dass mein Fahrzeug, mein Hinayana, bereits vor dem Bosporus zerstört wird. Aber nur im aller äußersten Notfall!!!"

Schweigen. Ich bemerke keine Antwort mehr.

Es ist aber auch nicht so, dass ich die kursiv gedruckten Zeilen gehört hätte – es sind vielleicht meine eigenen Antworten. Aber was sind schon „eigene" Antworten, wenn man davon überzeugt ist, dass es keine Trennung von Innen und Außen gibt?

Auf jeden Fall bin ich deutlich beruhigt. Ich habe „meine" „eigenen" „inneren" Kräfte gestärkt und mich um Rückhalt von „außen" vom Transzendenten bemüht.

Am Freitagvormittag fuhr ich dann mit dem Hinayana los, auf Landstraßen wie üblich. Für den ersten Tag hatte ich mir nur eine kurze Strecke vorgenommen, bis Regensburg, wo ich mir ein Zimmer mit WLAN reserviert hatte. Da am Samstag ganz viele Hessen zu Ferienbeginn losfahren, würde ich, der ich in Regensburg starte, einen deutlichen Vorsprung vor dem Pulk haben und hinter den Alpen sein, bis mich die Hessen einholen. Ich traf auch – wie erwartet – um 16.30 h im Hotel ein, rief noch eine Freundin an – inzwischen waren meine Ängste nicht mehr akut, denn die Fahrt hatte begonnen, ich hatte alles unter Kontrolle – dachte ich.

Ich versuchte mein Tablet und mein Handy über WLAN anzumelden. Beim Tablet hat es geklappt, beim Handy nicht. Mitunter, so hat mich mein Schwiegersohn aufgeklärt, funktionieren die Geräte wieder, wenn man sie erst herunterfährt und dann wieder anschaltet. Also mache ich das mit dem Handy – nix. Ich versuche jemanden anzurufen – das Telefon weigert sich, es fordert mich auf die SIM-PIN einzugeben. Himmel was ist das? So etwas hatte ich noch nie! Wenn es eine solche Nummer gibt, dann ist die im Verpackungsmaterial – und das liegt zuhause. Also keinerlei Flat-Rate von der Türkei, Telefonieren geht nicht.

Dann fängt das Tablet an zu spinnen.

Ich versuche mehr als vier Stunden lang, die abwechselnd auf Tablet und Handy auftretenden Probleme in den Griff zu bekommen. Ich werde immer verwirrter. Schließlich entscheide ich mich, einen Spaziergang zu machen. Ich schalte die Here-App an. Sie wähnt mich in Gelnhausen! Das hat sie noch nie getan, mich an einem anderen Ort gewähnt. Zum Glück habe ich ja noch eine zweite Kartenapp auf dem Handy, ich bin ja pfiffig – dachte ich. Sie funktioniert nicht mehr (bislang immer einwandfrei!). Das Handy scheint kein GPS mehr zu empfangen. Ich gehe raus, irre durch Regensburg, die Luft tut mir gut. Irgendwie finde ich auch wieder zurück. Kurzer Blick, ob sich die Probleme behoben haben. Nein, das Handy kann jetzt auch kein WLAN mehr empfangen, wohl aber das Tablet. Nein, ich werde mich jetzt nicht nochmal stundenlang dransetzen. Jetzt wird geschlafen. Ich wache aber dauernd auf. Angst. Angstschweiß. Unruhe.

Am Morgen der Griff zum Tablet, dort geht ja wenigstens das WLAN. Dachte ich. Kein WLAN. Mir wird ganz schwindlig. Hat sich denn jetzt alles gegen mich verschworen? Ich kann nicht mehr klar denken. Angst. Ich mache einige unsinnige Dinge am Tablet. Verzweiflung.

Und plötzlich ist eine Verbindung zum Netz da: Ich komme an meine E-Mails. Da ist eine E-Mail von Antonia, Überschrift: <u>Putsch in der Türkei</u>. Ich öffne die E-Mail:

Hallo Horst,

*gerade kam ich von der Meditation bei **MaO** zurück, da empfing mich mein Mann mit den Horrornachrichten über den Putsch in der Türkei. Ich hoffe, du kehrst auf dem schnellsten Wege wieder um.*

Antonia

Mein erster Gedanke: Wenn alles andere, was mit Kommunikationstechnologien schief lief, vielleicht kein Zeichen war, das scheint eins zu sein! Ich gehe auf tagesschau.de, lese den Stand der Dinge (es ist Samstagmorgen 5.30 h). Es sieht aus, als sei der Putsch niedergeschlagen. Und echte Probleme werden auch nur aus Ankara und Istanbul gemeldet. Ich komme erst übermorgen durch Istanbul, dann ist bestimmt wieder alles ruhig und dort, wo ich wandere, bekommt man davon nichts mit, vielleicht mehr Militär, noch mehr Gefangenentransporte als sonst, aber nichts, was Auswirkungen auf mein Vorhaben hat. <u>Ich kann weiter gehen!</u>

In diesem Augenblick erscheint vor meinen Augen klar und deutlich ***Amoghasiddhi***, der für Furchtlosigkeit zuständig ist, und das obwohl ich gar nicht in Meditation saß, sondern mit dem Tablet in der Hand auf dem Bett saß und Nachrichten las.

Amoghasiddhis Gesicht drückt sonst Zuversicht aus. Heute ist das anders. Er war noch nie so ernst und besorgt. Er hat wie üblich grüne Haut und die rechte Hand zur ***Abhaya-Mudra***, der Geste der Furchtlosigkeit, erhoben. Doch diesmal lässt er sie sinken – das hat er noch nie gemacht, sie ist jetzt in der Höhe seiner Hüfte, die Handfläche ist geöffnet und darin steht ein kleines silbernes Auto – das *Hinayana*!

In diesem Moment schließt er die Hand und das Hinayana wird zerdrückt. Entsetzt sehe ich ihm in die Augen. Amoghasiddhi schaut mich mit ernstem und bedeutungsschweren Blick an. Kurz darauf ist er verschwunden.

In meiner Hand das Tablet, Tränen darauf.

Ich ziehe mich an, packe meine Sachen, gehe zum Auto. Wie so oft spreche ich das *Hinayana* an: „Keine Angst, du wirst nicht zerquetscht! – Und ich werde meinen 65. Geburtstag erleben."

Dann steige ich ins Hinayana, das Navi zeigt das Tagesziel an: Ivanic Grad, Kroatien. Ich lösche das Ziel und gebe ein: nach Hause.

So weit, so schade. Das ist inzwischen einige Stunden her. Ich weiß nicht, ob ich die richtige Entscheidung getroffen habe.

Aber ich habe eine Entscheidung getroffen, und das ist gut so!

Übrigens: seit einer Stunde geht wundersamerweise das Internet auf dem Handy wieder. Anrufe funktionieren wieder. GPS geht wieder – in beiden Kartensystemen. Und selbst die Whatsapp-Nachrichten der letzten Wochen wurden soeben zugestellt.

Es ist einer der Augenblicke, in denen ich Shakespeare recht gebe: Es geschehen mehr Dinge zwischen Himmel und Erde, als euch eure Schulweisheit lehrt.

Ende des Schreibens vom 16. Juli 2016

Das also war das Ende. Damals wusste ich das allerdings noch nicht. Inzwischen weiß ich von einem Freund und vom Auswärtigen Amt in Berlin, dass im Osten Irans und in Pakistan keine realistische Chance besteht, eine Strecke von rund 2500 km zu passieren, islamistische Terroristen, die vor amerikanischen Drohnen aus Afghanistan in den Iran geflohen sind, überfallen dort alles, was sich auf den Straßen bewegt – und was bewegt sich schon langsamer als ein Pilger, der für diese 2500 km 100 Tage braucht?

*Am 31. Dezember 2016 habe ich ein kleines Ritual für **Vajrapani** gemacht, und ihm erklärt, dass ich mich 2011 – wie versprochen – unverzüglich auf den Weg Richtung Bodh Gaya gemacht habe, dass – und warum – ich aber jetzt dieses Projekt aufgeben muss. Da ich mich aber weiter an mein Versprechen gebunden fühle, würde ich ab 2017 gewissermaßen als Ersatz ein neues Wanderprojekt starten. Ich würde zwischen den Triratna-Zentren, zwischen den Zentren der buddhistischen Bewegung, der ich angehöre, pilgern. Ich sei überzeugt, dort eben so viel Inspiration zu bekommen wie in Bodh Gaya. Mein erster Wanderabschnitt würde mich in diesem Frühjahr von Gelnhausen über Arnsberg nach Essen bringe. Die erste Etappe (Gelnhausen-Büdingen) würde ich gleich morgen in Angriff nehmen, am 1. Januar 2017.*

Ich habe nichts vernommen, was ich als Widerspruch von Seiten Vajrapanis interpretieren könnte. Meine Freunde haben meinen Entschluss freudig begrüßt.

Begriffserklärungen

abhaya-mudra – „Geste der Furchtlosigkeit", die wie zum (römischen) Gruße erhobene rechte Hand. *Amoghasiddha*, einer der fünf *jinas* wird üblicherweise mit der Geste der Furchtlosigkeit dargestellt.

Abu Bakr al Bagdadi – Zu diesem Zeitpunkt Kalif des „Islamischen Staates"

adinava – die Schattenseite eines Phänomens, die negativen Aspekte einer Sache; das Gegenteil ist *assada*

Allahu akbar... – (arab.: Gott ist groß), so beginnt der Ruf des *Muezzin*, der mich ermahnt, die *Zufluchten und Vorsätze* zu rezitieren.

Amitabha – ein nicht-historischer Buddha, häufig wird der historische Buddha zu Meditationszwecken in fünf verschiedene Figuren aufgespalten, um einzelne Aspekte von Buddhaschaft zu betonen, hierbei steht Amitabha für *metta* (allumfassende Liebe) und Gnade. Amitabha ist auch einer der fünf *jinas*, der im Osten des Mandalas der fünf *jinas* dargestellt wird.

Amoghasiddhi – ein nicht-historischer Buddha, ein *Archetyp*, der im *Mandala* der fünf jinas im Norden dargestellt wird. Seine Hautfarbe ist grün, er gehört zur *Karma*-Familie, sein Name bedeutet „vollständiges Gelingen" und er wird üblicherweise mit der Geste der Furchtlosigkeit (*abhaya-mudra*) dargestellt.Ein Bild von Amoghasiddhi befindet sich auf Seite 122.

Anima – Die Anima ist nach Carl Gustav Jung die weibliche Erscheinung und der weibliche Funktionsbereich in der Seele des Mannes, zugleich seine Brücke zum Unbewussten insgesamt. Im Frühwerk setzte Jung „Seele" und „Anima" auch einmal gleich, und zwar als Gegensatzbegriff zur Persona (äußeren Persönlichkeit). Später beschrieb er die Anima „als eine Brücke zum Unbewußten, als die *Funktion der Beziehung zum Unbewußten*". Sie gilt als eine der *Archetypen*. (Wikipedia)

Archetypen bezeichnen in der Psychologie die dem kollektiven Unbewussten zugehörigen Grundstrukturen menschlicher Vorstellungs- und Handlungsmuster.

assada – die angenehmen Aspekte eines Phänomens; der Zauber, der einer Sache innewohnt. Das Gegenteil ist *adinava*.

Atatürk – „Vater der Türken", kosehafte Bezeichnung für Mustafa Kemal, der 1923 die Türkische Republik ausrief und das Land aus dem islamisch-arabischen Kulturraum in den aufgeklärten Westen führte. Die von ihm gegründete Partei CHP war so etwas wie die „Staatspartei" und ist derzeit (2020) die führende Oppositionspartei.

Bauchatmung – bei dieser unwillkürlichen Atmung wird die Luft dadurch eingesogen, dass ein Unterdruck in der Lunge entsteht, der wiederum dadurch hervorgerufen wird, dass das Zwerchfell sich aufgrund einer Muskelkontraktion nach unten bewegt und damit das Volumen des Brustraums vergrößert.

Bedingtes Entstehen – zentrale buddh. Lehre: alles (in *Samsara*) entsteht in Abhängigkeit von Bedingungen. Entfallen diese Bedingungen, so erlischt das Produkt der Bedingungen.

Beschützer – Kräfte, die uns schützen; in manchen Religionen und spirituellen Traditionen treten sie in personifizierter Weise als „Schutzgottheiten" oder „Schutzengel" auf.

Bewusstsein – Synonym für Geist, aber nicht für Seele, denn das Seelenkonzept setzt eine ewige Entität voraus, während sich das Bewusstsein ständig infolge von Einflüssen und Lernprozessen ändert.

Bewusstseinselement – in vielen buddhistischen Richtungen – so auch bei Triratna – werden neben den vier klassischen Elementen auch die Quintessenz, der *Raum*, und das *Bewusstsein* als Element angesehen.

bhavana – das aktive Schaffen von Bedingungen, damit ein noch nicht entstandener Zustand eintritt.

Blaue Moschee – richtiger: „Sultan-Ahmed-Moschee", sie ist nach der Säkularisierung der *Hagia Sophia* die Hauptmoschee Istanbuls und verfügt über eindrucksvolle sechs Minarette.

Bodh-Gaya – Stelle, an der der Buddha seine Erleuchtung erreichte. Das Wort ist zusammengesetzt aus bodh (Erwachen, Erleuchtung) und Gaya (Name der nahegelegenen Stadt)

Bodhi – siehe *Erwachen*

Bodhi-Baum – Baum, unter dem der Buddha saß, als er „erwachte", also zur Zeit seiner Erleuchtung.

Bodhisattva – Figur im Mahayana-Buddhismus. Bodhisattvas sind Wesen, die Erleuchtung nicht nur für sich selbst anstreben, sondern zum Wohl aller Wesen.

body-scan – eine moderne Variante der Körperachtsamkeit, man geht von oben bis unten (oder umgekehrt) sehr langsam (gern eine Stunde lang) durch den Körper und erspürt alle Empfindungen, alle *vedana*

Botticelli – (1445-1510) italienischer Maler, von dessen Frauenbildnissen ein besonderer Zauber ausgeht („Botticelli-Engel"). Der Bildschirmhintergrund am PC des Autors ist heute eine Figur von Botticelli, der mit einem Bearbeitungsprogramm grüne Haut verliehen wurde, sie stellt für ihn die *Grüne Tara* dar.

Brahma – einer der Hauptgötter des Hinduismus, er gilt dort als der Schöpfer. Der Buddhismus kennt keinen Schöpfergott.

brahma vihara – „göttliche Weilungen" oder „erhabene Geisteszustände", Oberbegriff für *metta, mudita, karuna* und *upekkha*

Brustatmung – genügt die Sauerstoffzufuhr durch die *Bauchatmung* nicht mehr, dann heben sich die Rippen, die im Normalfall etwas nach unten hängen, dadurch vergrößert sich das Lungenvolumen und es strömt mehr Luft in das Atmungsorgan.

Buddha – wörtlich: Erwachter, einer der das Ziel des Buddhismus erreicht hat und damit befreit ist von den Fesseln des Ichglaubens.

Café-Bar – in den jugoslawischen Staaten: Gaststätte, in denen es nur Getränke gibt.

Caritas – (lat.) wird meist übersetzt mit „Barmherzigkeit", eine andere Übersetzung ist „Mitgefühl"; gleichbedeutend mit dem etymologisch verwandten Palibegriff *karuna* und auch etymologisch verwandt mit dem englischen „to care". Caritas Ist auch der Name einer kath. Wohltätigkeitsorganisation. Karuna ist der Name einer Wohltätigkeitsorganisation von *Triratna*.

citta – Paliwort, das sowohl Herz (aber nicht die Pumpe, sondern den Sitz der Gefühle) als auch Geist (aber nicht das Hirn, den Sitz konzeptionellen Denkens) bedeutet.

D-010 – (nicht zu verwechseln mit der D-100!) türkische Küstenstraße entlang des Schwarzen Meeres

D-100 – wichtigste Straße der Türkei, sie beginnt an der griechischen Grenze und führt über Istanbul und Ankara an die iranische Grenze. D-100 wird ausgesprochen: Yol Süz („Straße Hundert").

daimon – (griech.) Der Dämon wird in der griechischen Mythologie und Philosophie als wohlwollender „Geist" verstanden, der zwischen Göttern und Menschen vermittelt. „Daimon" ist eines der Elemente, das mit „Geist" übersetzt werden kann.

Derwisch, tanzende – islamische Mystiker (Ordensangehörige der asketischen Sufi-Minderheit), die sich im Tanze drehen, um eine mystische Erfahrung zu erzeugen.

Devas – „Götter" im Hinduismus und Buddhismus, etwa vergleichbar mit den Engeln im Judentum, Christentum und Islam.

Dharma – hier gewöhnlich die Bezeichnung für die Lehren des Buddha. Das Wort bedeutet Wahrheit oder (Natur)Gesetz.

Diamantweg – wörtliche Übersetzung des Begriffs Vajrayana. (In Deutschland allerdings auch die Bezeichnung einer umstrittenen buddh. Sekte um den dänischen Lama Ole Nydal.)

Dolmus – (türk. = „fast voll"), wichtiges Verkehrsmittel in der Türkei, es handelt sich dabei um Kleinbusse die einen bestimmten Kurs fahren, allerdings nicht gemäß einem zeitlich festgelegten Fahrplan, sondern immer erst dann, wenn der Bus „fast voll" ist.

Dreifacher Pfad – einfachste Beschreibung des buddhistischen Pfades aus (1) Ethik, (2) Meditation und (3) Weisheit, eine ausgearbeitete Version zeigt das *upanisa sutta* auf .

Dünkel – (Pali: mana) ist eine von den an den Kreislauf des Daseins kettenden 10 Fesseln, er tritt auf als (1.) (Gleichheits-)Dünkel (*mana*): ‚Wir sind alle gleich), als (2.) Minderwertigkeitsdünkel (*omana*): ‚Alle können es besser' und als (3) Überlegenheitsdünkel (*atimana*): ‚Ich bin der Größte'.

dukkha – ein zentraler Begriff der Lehre Buddhas, am einfachsten mit „Unvollkommenheit" oder „Unzulänglichkeit" zu übersetzen, besser wäre „das Gefühl, das etwas letztendlich nicht vollkommen zufriedenstellend ist". Älteste Übersetzungen von Buddhas Lehre übersetzten „Leiden", was dazu führte, dass der Buddhismus als pessimistisch galt, denn letztendlich ist alles Vergängliche unvollkommen (dukkha). Dukkha ist auch das erste *upanisa*, das erste Glied des *Spiralpfades.*

Edler Achtfältige Pfad – erste und zentrale Beschreibung des Buddha für den Pfad zur Erleuchtung. Hier werden acht Baustellen genannt, an denen wir arbeiten müssen: 1. Rechte (oder Vollkommene) Vision (Ansicht), 2. Rechte Entschlossenheit, (3) Rechtes Denken, (4) Rechtes Handeln, (5) Rechter Lebenswandel, (6) Rechtes Bemühen, (7) Rechte Achtsamkeit, (8) Rechter *samadhi.*

EnergieWende-Komitee – 1986 (nach dem Atomunfall in Tschernobyl) initiierte das ÖkoInstitut Freiburg die Gründung von Energie-Wende-Komitees, die den Gedanken der EnergieWende vorantreiben und ihre regionale und lokale Durchsetzung forcieren sollten. Der Autor dieses Buches hat daraufhin das EnergieWende-Komitee Main-Kinzig gegründet, das sich im deutschen Nuklearzentrum Hanau und dem zugehörigen Main-Kinzig-Kreis darum bemüht hat. Wenige Jahre später verschwanden die Hanauer Nuklearbetriebe. Der Trägerverein dieses EnergieWende-Komitees betrieb in den 90er Jahren das

ÖkoBüro Hanau und heute ein buddh. Zentrum in Gelnhausen (Buddhistische Gemeinschaft Gelnhausen).

Erdelement – hierunter wird alles Feste, Erstarrte verstanden, also zum Beispiel Knochen, Haut, Haare, Steine, Autos aber auch Energien, die erstarrt sind.

Erleuchtung – Im Buddhismus das Ziel spirituellen Strebens. Ein erleuchtetes Wesen sieht die Welt völlig unverblendet, das heißt, es hat den Dualismus (aus Subjekt und Objekt) überwunden, was bedeutet, dass es sich als nicht von der Umwelt getrennt sieht, der Glaube an ein „Ich" oder „Selbst" überwunden ist. Dies ist keine rein intellektuelle Erkenntnis, sondern spiegelt sich im Denken, Fühlen und Handeln des/der Erleuchteten. In anderen Religionen wird Erleuchtung anders gesehen.

Erwachen – Im Buddhismus gleichbedeutend mit *Erleuchtung.*

„Evet, Taksi!" (türk.) „Ja, das ist eine Droschke."

Evolution – nach dem lateinischen e-volvere (herausrollen, herausfahren, sich entwickeln). Darunter wird in erster Linie die biologische Evolution verstanden (schöpferfreie Schöpfung), daneben spricht man auch z. B. von der Evolution (Entwicklung) der Künste und anderer Objekte. *Sangharakshita* bezeichnet als *Höhere Evolution* die Entwicklung vom (unvollkommenen) Menschen zum (spirituell vollkommenen) Buddha, eine Entwicklung, die sich nicht aufgrund biologischer Gesetze entfaltet, sondern die durch aktive Arbeit am eigenen Geist geschieht.

Ekstase – eine der Übersetzungen für den Vertiefungsfaktor *piti*

Feuerelement – hierunter wird alles Warme, Heiße oder Aufstrebende verstanden, also zum Beispiel unsere Körpertemperatur, Feuer, Mikrowellen oder Enthusiasmus.

Furchtlosigkeit – eine der klassischen Gaben, die ein Bodhisattva den Wesen gibt, siehe *Amoghasiddhi* .

Gaia – ein Wort für die Erde, die hier mitunter als personifizierte Gottheit betrachtet wird und in der griechisch-römischen Mythologie eine Rolle spielt. James Lovelock nahm diese Quelle auf und erstellte daraus die Gaia-Hypothese, in der er den Planeten Erde als lebendes Wesen betrachtet, dessen Teile wir sind. Er verfolgte also einen holistischen Ansatz, der auch in der Geophysiologie und der Landschaftsökologie Niederschlag gefunden hat.

Gate, gate, paragate, parasamgate bodhi svaha – ein *Mantra*. Es bedeutet soviel wie: „spirituell gegangen – weitergegangen – immer weitergegangen – bis zur Erleuchtung – Jawohl!"

Gehmeditation – das Gehen ist (neben Liegen, Sitzen und Stehen) einer der vier Körperhaltungen, in denen man meditieren kann. In der Regel betrachtet man bei der Gehmeditation das Gehen selbst als Meditationsobjekt, bzw. die Empfindungen (*vedana*), die sich beim Gehen an den unterschiedlichen Stellen ergeben.

Götter – siehe *devas*

Gostilna – Gasthof (in den südslawischen Sprachen)

Grüne Tara – Bodhisattva, die für grenzenloses Mitgefühl zu allen Wesen steht. Sie wird immer sitzend dargestellt, im Begriff aufzustehen, um den leidenden Wesen aktiv zu helfen; ihre rechte Hand zeigt die Geste der Wunschgewährung. Sie hat grüne Haut, denn sie gehört zu einer Gruppe von grünen Wesen, genannt „Karmafamilie". Neben der Grünen Tara gibt es noch 20 weitere Taras, die Grüne Tara ist aber die bekannteste davon. Ihr Bild ziert unseren Meditationsraum in Gelnhausen.

Hagia Sophia – (gr.: Heilige Weisheit) im 6. Jhd. erbaute byzantinische Kirche, Krönungskirche der Oströmischen Kaiser und Sitz derPatriarchen von Konstantinopel. Nach der türkischen Eroberung 1453 wurde daraus die Hauptmoschee der Osmanen. Auf Anregung *Atatürks* wurde sie 1934 zum Museum umgewidmet, jedoch auf Betreiben von Präsident Erdogan 2020 erneut islamisiert.

Hanuta-Anbaugebiet – gemeint sind Felder, auf denen Haselnüsse (Hauptbestandteil der *Hanuta*-Haselnusstafeln) wachsen.

Hinayana – (sog, „Kleines Fahrzeug") **(1)** ist eine abwertende Bezeichnung für das Theravada sowie für weitere (inzwischen verloren gegangene buddh. Traditionen), in denen das Mönchstum sehr stark betont wird und den Laien nur eine dienende Rolle zukommt. **(2) Hinayana (kleines Fahrzeug)** ist auch der Name meines Autos, eines Daihatsu Cuore, das mich auf meiner Pilgerwanderung unterstützt hat.

Hindernisse (nicht nur) in der Meditation sind: (1) sinnliches Verlangen, (2) Abneigung, (3) Müdigkeit und Schlappheit, (4) Aufgeregtheit und (5) Unentschlossenheit

Hitzeelement – siehe Feuerelement

Höhere Evolution siehe *Evolution*

Horsts Lebensbericht – weitere Szenen aus Horsts Lebensbericht erscheinen demnächst in einem weiteren Band der Reihe „Gelnhäuser buddhistische Erzählungen", geplanter Titel: „Begegnungen mit dem Transzendenten".

IS – sog. „Islamischer Staat" – islamistische Terrororganisation, die damals große Teile von Irak und Syrien besetzt hielt.

Jinas, fünf – Jina heißt Sieger, im Buddhismus ist Sieger, wer die Vollkommenheit, Buddhaschaft, *Nirwana*, erreicht hat. Im *Mandala* der fünf Jinas werden fünf archetypische Figuren gezeigt, die für Eigenschaften der Vollendung und verschiedene Weisheitsaspekte stehen.

Kamikaze-Pilot – Bomber-Piloten einer japanischen Spezialeinheit im 2. Weltrieg, die sich als Selbstmordattentäter mit ihrem vollbeladenen Bomber auf amerikanische Kriegsschiffe stürzten.

khandha – Anhäufung, Gruppe; im Buddhismus wird der Mensch in fünf khandhas eingeteilt, das augenscheinlichste ist das rupa-*kkhandha* (Form oder Körper); die fünf khandhas sind: Körper, Wahrnehmung, Empfindung, Gestaltungskräfte und Bewusstsein.

kkhandha – gebeugte Form von *khandha*

Karma – im Buddhismus jede absichtlich ausgeführte Handlung. Es wird davon ausgegangen, dass Handlungen Folgen haben, die (auch) auf den Verursacher zurückwirken. Im *Hinduismus* hingegen wird davon ausgegangen, dass es karmisch heilsam sei, sich an die Regeln und Beschränkungen seiner *Kaste* zu halten und die *Brahmanen* (bezahlte) Opfer für einen bringen zu lassen.

karuna – eine der *brahma viharas*, wird meist mit „Mitgefühl" übersetzt, es ist die Emotion, die auftritt, wenn sich *metta* auf ein leidendes Wesen richtet.

köpek (türk.: Hund) So redete ich die türkischen Hunde an, da ich annahm, dass sie kein Deutsch verstünden.

k.u.k.-Monarchie – Das erste K steht für „kaiserlich" (Kaiser von Österreich), das zweite für „königlich" (König von Ungarn) und bezeichnet das Habsburgerreich vor dem Ersten Weltkrieg, das neben Österreich und Ungarn, auch Tschechien, die Slowakei, Slowenien, Kroatien und Bosnien-Herzegowina sowie Teile weiterer heutiger Staaten umfasste. Hannah Ahrendt beschreibt dieses Reich als eine von zwei Despotien (die andere: Russland), was bedeutet: autoritär regierte Vielvölkerstaaten, wobei sich die Monarchie auf einen Beamtenapparat stützt.

Kuru – ein Hundertstel *TL* (also etwa 0,003 €)

Luftelement – siehe *Windelement*

lv – = Lev (Ez.) bzw. Lewa (Mz.), bulgarische Währung, der Umrechnungskurs zum Euro betrug 1:1,95583 – der Lev entsprach also exakt einer D-Mark.

Maha Bodhi Tempel – Kultstätte, die dort errichtet wurde, wo der *Bodhi-Baum* stand.

Mahasattva – „Großes Wesen", im *Theravada* übliche Bezeichnung für *Bodhisattvas*

Mahayana – eine der beiden Hauptrichtungen des Buddhismus. Das Mahayana („großes Fahrzeug") betont, dass jeder, der Buddhismus praktiziert, erleuchtet werden kann, keineswegs nur Mönche und Nonnen. Sein Ideal ist der Bodhisattva, ein Wesen, das mit Mitgefühl und Weisheit handelt, um alle Wesen zur Buddhaschaft, zum Erwachen, zu führen.

Mara – das Böse, in der Regel personifiziert als „der Böse", der Versucher

Mandala – wörtlich: Kreis; ein geometrisches Schaubild, das in *Hinduismus* und Buddhismus eine Bedeutung hat. Es ist meist quadratisch mit einem Objekt in der Mitte, das zentrale Bedeutung hat. Im Mandala der fünf *Jinas* wird im Mittelpunkt eine Figur gezeigt, die die Eigenschaften der vier anderen Figuren umfasst.

Manjusri – ein *Bodhisattva,* seine Aufgabe ist es zu helfen, die spirituelle Unwissenheit zu überwinden und Weisheit zu erreichen. Er wird mit einem flammenden Schwert in der rechten Hand dargestellt, mit dem er die Unwissenheit zerschneidet. Um das Schwert züngeln Flammen, die Verwandlung symbolisieren. Sein Bild (und das der Grünen Tara) ziert die Wand des Meditationsraumes in Gelnhausen, um die beiden wichtigsten Aspekte von Buddhaschaft darzustellen: Weisheit und Mitgefühl.

Mantra – eine heilige Silbenfolge, die in Ritualen häufig wiederholt aufgesagt wird, das bekannteste Mantra ist OM MANI PADME HUM. Das Wort Mantra kann mit „das, was beschützt" übersetzt werden.

MaO – „Meditation am Obermarkt", von Horst Gunkel in Gelnhausen gegründete buddhistische Einrichtung, die sich seit 2016 „Buddhistische Gemeinschaft Gelnhausen" nennt

Maşallah – (arab.: Gott sei Dank) in der Türkei und anderen islamischen Ländern häufig verwendetes Dankes-Stoßgebet.

metta – eine sehr positive Emotion: Wohlwollen, Zuneigung, (nichterotische) Liebe, oft als „liebende Güte" übersetzt. Mitunter wird sie auch als „Allgüte" bezeichnet, denn Metta soll allen Wesen in gleicher Weise entgegengebracht werden. Es ist das, was beispielsweise Jesus meint, wenn er sagt, man solle nicht nur seinen Nächsten lieben wie sich selbst, sondern sogar seinen Feind.

metta bhavana – Meditation zur Schaffung von Bedingungen damit *metta* entsteht, normalerweise in fünf Phasen geübt (1) *metta* zu mir selbst, (2) zu einem Guten, edlen Freund/Freundin, (3) zu einer neutral besetzten Person, (4) zu einer schwierigen Person (Feind) und (5) zu allen fühlenden Wesen.

Milchprodukte – wie Dr. Spiller nachgewiesen hat, verschwinden alle Allergien (außer Kontaktallergien) bei vollständiger und dauerhafter veganer Ernährung völlig. Es dauert allerdings etwa sechs Monate, bis sich der Erfolg dieser Umstellung zeigt.

mudita – Mitfreude, eine der *brahma viharas*

mudra – Geste. Viele archetypische Figuren werden mit feststehenden Attributen oder Gesten dargestellt, siehe *abhaya-mudra*.

Muezzin – Ausrufer, der die gläubigen Moslems fünfmal täglich zum Salat (Gebet) ruft. Der erste Ruf ertönt dann, wenn die Morgendämmerung einsetzt.

nama-rupa – „Körper und Geist", ist im der *nidana*-Kette des abhängigen Entstehens das vierte Glied

Namo (oder: Namu) **Amida Butsu** – (jap.: Verehrung dem Buddha Amitabha), ein Mantra zur Anrufung Amitabhas. Die Anhänger der Reinen Land Schule hoffen durch sehr häufiges Rezitieren dieses Mantras im Reinen Land Amitabhas wiedergeboren zu werden.

„Namo tassa bhagavato arahato sammasambuddhasa..." – (pali: „Ehre dem Erhabene, dem Heiligen, dem voll und ganz Erwachten") Beginn der *Zufluchten und Vorsätze* in Pali.

Nibbana = das Paliwort entspricht *Nirwana* (sanskr.)

Nidana – „Kettenglied", das Entstehen in Abhängigkeit von Bedingungen wird im Buddhismus traditionell durch eine Kette von zwölf Gliedern dargestellt (1. spirituelle Unwissenheit, Verblendung, 2. Gestaltungskräfte, 3. Bewusstsein, 4. psycho-somatische Gesamtheit, 5. sechs Sinnengrundlagen, 6. Kontakt, 7. Empfindung, 8. Verlangen, 9. Ergreifen und Festhalten, 10. Entstehen, 11. Geburt, Erscheinen, 12. Krankheit und Tod).

Nirwahn siehe *Nirwana*

Nirwana – Ziel des Buddhismus, das Wort bedeutet „verwehen" oder Nicht-Wahn.

nous – (altgriechisch: νοῦς) ist ein Begriff der griechischen Philosophie. In der philosophischen Fachsprache bezeichnet der Ausdruck die menschliche Fähigkeit, etwas geistig zu erfassen, und die Instanz im Menschen, die für das Erkennen und Denken zuständig ist. Außerdem hat das Wort im allgemeinen Sprachgebrauch auch andere Bedeutungen. Im Deutschen wird „Nous" meist mit „Geist", „Intellekt", „Verstand" oder „Vernunft" wiedergegeben.

Numinose – (lateinisch *numen* „Wink, Geheiß, Wille, göttlicher Wille") ist ein Fachbegriff der Religionswissenschaft. Er bezeichnet die Anwesenheit eines „gestaltlos Göttlichen" *(Wikipedia)*, also einer transzendenten Kraft die keine Person („Gott") ist.

Nymphen – weibliche Gottheiten niederen Ranges in der griechischen Mythologie

O tempora, o mores! Sic transit gloria Sloveniae! – (lat.) Was für Zeiten, was für Sitten! So vergänglich ist der Ruhm Sloweniens!

Om mani padme hum – bekanntestes buddhistische *Mantra*. Man könnte es übersetzen mit: „Sieh, ein Juwel im Lotus!"

Ordensmitglied – hier: Personen, die eine *Ordination* im *Triratna-*Orden erhalten haben.

Ordination – Aufnahme in einen religiösen Orden. Im Buddhismus traditionell: Aufnahme in den Mönchs- oder Nonnenorden. In nicht-monastischen Orden (wie *Triratna*), wird man dadurch nicht Mönch oder Nonne, es gilt also nicht der Zölibat.

ordiniert – siehe *Ordination*

OZ – Ortszeit

Padmaloka – „Lotusort", *Retreatzentrum* der Buddh. Gem. *Triratna* in Norfolk. Hier bereiten sich Männer auf die *Ordination* im Triratna-Orden vor.

Padmasambhava-Mantra – ein dem indotibetischen Guru Padmasambhava gewidmetes **Mantra,** es lautet OM AH HUM VAJRAGURU PADMASIDDHI HUM.

Padmavajra – ein *Triratna*-Ordensmitglied, der für seine kraftvollen Reden bekannt ist. Er unterrichtet in *Padmaloka*.

pancasila – die fünf ethischen Regeln des Buddhismus, sie lauten in der negativen Beschreibung (also das, was man zu unterlassen hat) 1. keine Wesen zu verletzen oder zu töten, 2. nichts Nichtgegebenes zu nehmen, 3. das sexuelle Selbstbestimmungsrecht zu respektieren, 4. nicht zu lügen, 5. keine bewusstseinstrübenden Mittel zu nehmen. – In der positiven Ausformulierung (also, was zu kultivieren ist) 1. umfassende liebende Güte (*metta*), 2. Freigebigkeit, 3. Stille, Schlichtheit und Genügsamkeit, 4. wahrhaftige, freundliche, hilfreiche und harmoniefördernde Rede und 5. Achtsamkeit.

panem et circenses – (lat.: Brot und Spiele) ist der Weg, mit der die römischen Herrscher ihre Untertanen zufriedenstellen und somit von Aufständen abhalten wollten. Es ist ein typisches Beispiel dafür, wie Weltlinge (Wesen, die keinen spirituellen Pfad beschreiten) zufrieden zu stellen sind.

pantheistisch – (aus dem Griechischen) der Pantheismus geht von der Identität zwischen Kosmos, Natur und „Gott" aus, es gibt also keinen personifizierten Gott. Der Begriff entstand in der Aufklärung.

paticcasamuppada – Bedingte Entstehung, zentrale Lehre des Buddha. Häufig als zwölfgliedrige Kette des bedingten Entstehens dargestellt: Unwissenheit – Geistesformationen – Bewusstsein – Körper und Geist – sechs Sinnengrundlagen aller geistigen Vorgänge – Kontakt – Empfindung – Verlangen – Anhaften – Werdeprozess – Wiedergeburt – Alter und Tod.

piti – „Verzückung, Begeisterung, Ekstase", viertes (nach dem Sanskrit-Kanon: sechstes) *upanisa*, *piti* ist auch einer der Vertiefungsfaktoren im ersten *jhana*.

prajna – „Weisheit", auch der dritte Teil des *Dreifachen Pfades;* sie zu entfalten gilt auch als eine hohe buddhistische Tugend und eine der sechs Tugenden, die ein *Bodhisattva* übt.

Prostration – „Niederwerfung", eine Verbeugung mit dem ganzen Körper, bei der sich der Verbeugende in einer bestimmten Bewegungsabfolge auf den Boden legt und die Hände in Richtung des verehrten Objektes ausstreckt.

psyche (griech.) – Die Psyche kann als ein Ort menschlichen Fühlens und Denkens verstanden werden. Sie ist die Summe aller geistigen Eigenschaften und Persönlichkeitsmerkmale eines Menschen. Im Gegensatz zur Seele umfasst die Psyche keine transzendenten Elemente. (Wikipedia)

PZ – „Pilgerzeit" von mir verwendete Uhrzeit. Sie entspricht der in Deutschland üblichen Uhrzeit unabhängig von der Zeitzone und ist die Zeit, die meine Uhr anzeigt.

Ratnasambhava – einer der Buddhas im *Mandala* der *fünf jinas*. Diese nichthistorische mythologische Figur wird mit gelber Haut und dem wunscherfüllenden Juwel Cintamani an der Hand dargestellt. Er steht für eine der fünf hervorragendsten Eigenschaften des historischen Buddha, für *dana* (freundiges Geben).

Rechtes Denken – eine der Übersetzungen von samma sankappa, dem zweiten Baustein des *Edlen Achtfältigen Pfades*. Bessere Übersetzungen wären Rechte Absicht, Rechter Entschluss oder (von mir bevorzugt) Rechte Entschlossenheit.

Retreat – eine Zeit in klösterlicher Abgeschiedenheit

rupa – Form, Körper, auch die Bezeichnung für eine Buddhafigur

rupa-kkhandha – Körperlichkeitsgruppe, eine der fünf Anhäufungen (*khandha*), aus denen der Mensch besteht.

Saddha – (gläubiges) Vertrauen (zweites *upanisa*), das Paliwort heißt auf Sanskrit sraddha.

samma vayama – Rechte Bemühung (6. Glied des *Edlen Achtfältigen Pfades)*

Samsara – alles, was nicht Nirwana ist.

Sangha – spirituelle Gemeinschaft, hier besonders für die Gemeinschaft der Schülerinnen und Schüler des Buddha. Laut *Theravada* gehören zur Sangha in engeren Sinn nur Mönche und Nonnen, zur Sangha im engsten Sinn nur Erleuchtete.

Sangharaksita – englischer Buddhist (1925-2018), ursprünglich im Theravada ordiniert, der die Buddhistische Gemeinschaft *Triratna* gründete.

satipatthana sutta – Buddhas vielleicht wichtigste Lehrrede „Von den Grundlagen der Achtsamkeit", indem er die vier wichtigsten Achtsamkeitsgrundlagen darlegt, die Achtsamkeit auf den Körper, auf die *vedana*, auf den Geist und auf die Geistobjekte.

Schatten – Der Schatten ist in der Psychologie nach Carl Gustay Jung einer der wichtigsten Persönlichkeitsanteile und zugleich, in seinem überpersönlichen Aspekt, ein Archetyp des kollektiven Unbewussten. Der psychologische Begriff des Schattens hat sowohl eine individuelle als auch eine kollektive Bedeutung. Der buddhistische Terminus hierfür ist *Mara*.

Schtonk – Wortschöpfung von Charles Chaplin aus dem Film „Der große Diktator", mit dem der Diktator die ihm unlieben Dinge kategorisch ablehnt und verurteilt. Das Wort soll an „stinken" erinnern.

Sinope – Stadt im antiken Griechenland, das damals weite Teile Kleinasiens umfasste. Die Stadt heißt heute **Sinop** und liegt an der türkischen Schwarzmeerküste.

Schulteratmung – wird sehr viel Sauerstoff benötigt so genügen **Bauchatmung** und **Brustatmung** nicht mehr, das Lungenvolumen wird hierbei durch die Schulteratmung zusätzlich erweitert, da der Atmende die Schultern bei Einatmen anhebt. Dies geschieht normalerweise unwillkürlich.

Sol invictus – (lat.) „Unbesiegte Sonne". Im alten Rom feierten die Menschen die Wintersonnenwende am 25. Dezember mit dem Fest des Sol invictus. Nach der Christianisierung Roms wurde dieser Feiertag umgedeutet, man legte hierauf den Geburtstag von Jesus von Nazareth, dessen wirklicher Geburtstag unbekannt ist. Wenn man vom 8. Dezember als „Mariä Empfängnis" ausgeht, kann die Geburt Jesu nicht im Dezember erfolgt sein.

Straßenretreat – Ein *Retreat* ist ein Rückzug an einen besinnlichen Ort. Anders lebten der Buddha und seine Sangha zu ihrer Zeit: Sie wanderten auf Straßen, erbettelten sich ihr Essen in Dörfern und Straßen. Ende des 20. Jahrhunderts nahmen einige buddhistische Lehrer – u. a. Glassman Roshi – diese Praxis wieder auf und organisierten Straßenretreats in Städten wie New York. Man zog sich dorthin zur Meditation zurück, wo es nicht ruhig und besinnlich war, bettelte um sein Essen zwischen Hochhäusern und in U-Bahn-Stationen. Ich selbst habe einmal an einem solchen Retreat unter Leitung des Zen-Priesters Heinz-Jürgen Metzger in Frankfurt/M. teilgenommen.

Spiralpfad – von *Sangharaksita* geprägter Begriff für die zwölf (oder 19) *upanisas*, die der Buddha lehrt.

spirituelle Evolution siehe *Evolution*

Sprachvorsätze – der Buddha empfiehlt uns verschiedene Grade der sprachlichen Vorsätze, unsere Sprache sollte sein (1) aufrichtig und ehrlich, auch im Detail, (2) freundlich, (3) harmonie-fördernd, (4) hilfreich für den Angesprochenen, (5) zur richtigen Zeit, also wenn man den Angesprochenen damit inhaltlich auch erreichen kann.

Svaha – (sanskrit) eine Bekräftigungsformel am Ende, ähnlich dem „Amen"

Sutta – siehe Sutra

Sutra (Mhz.: Sutren oder Sutten) – Lehrrede

Tara – siehe *Grüne Tara*

Theravada – eine der frühen Schulen des Buddhismus, die einzige Hianyana-Richtung, die noch existiert. Theravada bedeutet „Schule der Älteren", was darauf hinweisen soll, dass ihre Anhänger den Buddhismus so praktizieren, wie das der Buddha selbst gemacht hat. Bei ihnen stehen die Lehrreden des Pali-Kanon, der ältesten buddh. Schriften, im Mittelpunkt.

SZ = Süddeutsche Zeitung

tempora mutantur – (lat.) So ändern sich die Zeiten!

TL – türkische Lira, damals etwa 0,30 € wert

Topkapi-Palast – (dt.: Kanonentorpalast) war Wohn- und Regierungs-sitz der Sultane des Osmanischen Reiches, des Rechtsvor-gängers der Türkischen Republik.

Transsylvanien – (= Siebenbürgern) Teil Rumäniens, hier lebte früher der Vlad (Graf) Dracula, Gestalt zahlloser Horrorfilme. Seit meiner Begegnung mit dem Sensenmann dort kann ich mir vorstellen, dass hierfür nicht nur die Fantasie von Buchautoren und Filmemachern Pate gestanden hat.

Triratna – buddh. Gemeinschaft, die **Sangharakshita** 1967 in London gründete. Triratna heißt wörtlich „Drei Juwelen", eine traditionelle Bezeichnung für **Buddha**, **Dharma** und **Sangha**.

Tugce Albayrak – junge Frau aus Gelnhausen, die gegenüber einer Jugendgang in Offenbach für bedrängte Mädchen eingetreten ist. Ein Gangmitglied hat sie daraufhin attackiert, wobei Tugce zu Tode kam. Der Fall beschäftigte die Medien in Deutschland und der Türkei lange Zeit.

upanisa – Vom Buddha wurde im upanisa *sutta* eine Reihe von aufeinander aufbauenden und sich gegenseiztig verstärkenden Bedingungen für eine spirituell positive Entwicklung aufgezeigt. Ich übersetze das Wort *upanisa* mit „Voraussetzung". Im *upanisa sutta* ist der Pfad in – je nach Quelle – 12 bzw. 19 *upanisas* aufgeteilt, damit stellt er eine ausgearbeitete Variante des **Dreifachen Pfades** dar.

upekkha – Gleichmut (nicht Gleichgültigkeit!), eine von *metta* getragene Emotion, die ein Wesen als Produkt seiner Bedingungen, seiner Umwelt und seiner individuellen (genetischen, sozialisatorischen und karmischen) Dispositionen sieht.

Vairocana – zentrale Figur im Mandala der fünf Jinas. Seine Haut ist weiß, er zeigt die Geste des Raddrehens, sein Symboltier ist der Löwe, er gilt als Verkörperung der absoluten Wahrheit.

vajra – heißt sowohl Diamant als auch „Donnerkeil", ein Gegenstand, der alles zu zerstören vermag, er ist mit Thors Hammer in der nordischen Mythologie oder mit den Blitzen die Zeus schleudert vergleichbar, im Vajrayana wird ein solcher Kultgegenstand bei Ritualen verwendet, hierbei hat er die Funktion eines Zauberstabes.

Vajrayana – ist eine buddhistische Richtung, die Teil des *Mahayana* ist, sich selbst aber als eine Weiterentwicklung sieht. Nach Ansicht des Vajrayana ist das *Theravada* die unterste Stufe des Buddhismus („1. Drehung des Rades der Lehre"), das Mahayana die zweite Stufe (2. Drehung des Rades der Lehre) und das

Vajrayana *(„Diamantweg")* die Vollendung (3. Drehung des Rades der Lehre).

vedana – „Gefühlstönung, Empfindung", diese kann positiv, negativ oder neutral sein. Sie ist eine der fünf notwendigen Bedingungen, damit eine Sinnenwahrnehmung stattfindet. Vedana ist auch das 7. Glied in der zwölfgliedrigen Kette des *paticcasamuppada.*

Vertiefungszustände, meditative – siehe *jhana*

Vertiefungsfaktoren – siehe *jhana*

vimukti (Sanskrit, in Pali: *vimutti*) – Befreiung, ist gleichbedeutend mit Erwachen oder Erleuchtung, man ist befreit vom Ego und damit auch von **Wiedergeburt.**

vipakka – wörtlich: Früchte; im spirituellen Sinne sind die Früchte des **Karmas** das Ergebnis oder die Folge unseres Handelns.

Vipassana – Meditationen, die als Einsichtspraktik dienen, Klarblicks-Meditation

viriya – „Tatkraft im Verfolgen des Guten" es ist eine hohe buddhistische Tugend und eine der sechs Tugenden, die ein **Bodhisattva** übt.

Wasserelement – hierunter wird alles Flüssige, alles Fließende verstanden, also beispielweise Bäche, Meere, Blut, Speichel, die Zeit oder in Fluss geratene Energien.

Weihungszeremonie – ein Ritual, das wir bei Triratna benutzen, wenn ein Schreinraum oder ein *Retreat* geweiht werden soll.

Windelement – hierunter wird alles sehr Bewegliche verstanden, also zum Beispiel Winde im Körper, Winde in der Natur oder Gedanken.

yab-yum-Figur – (tibetisch: „Vater-Mutter") ist eine im *Vajrayana* häufige, vor allem in Tibet und Nepal zu findende figürliche Darstellung einer männlichen und einer weiblichen Gottheit bei der sexuellen Vereinigung. *Yab-Yum* hat keine erotische Intention, sondern soll durch die Darstellung der Umarmung beim Geschlechtsverkehr die Aufhebung der Gegensätze symbolisieren. Die (als männlich angesehene) aktive Kraft *upaya* vereinigt sich im *Yab-Yum* mit der (als weiblich angesehenen) Weisheit (*pranja*). In der Symbolik des Vajrayana wird die Einheit des männlichen und des weiblichen Prinzips formuliert.

Yanyol – (türk.: Seitenweg) Bezeichnung für eine Straße parallel neben der autobahnartigen Schnellstraße, vor allem in Städten. Am Yanyol kann man langsam fahren, parken, tanken – all das, was auf der Schnellstraße selbst nicht möglich ist.

yoniso manasikara – „weises Erwägen", nach dem Sanskrit-Kanon drittes *upanisa*

Zufluchten und Vorsätze – ein Ritual, mit dem sich BuddhistInnen (meist morgens) daran erinnern, dass sie die drei Juwelen oder Zufluchten (Buddha, *Dharma* und *Sangha*) in den Mittelpunkt ihres Lebens stellen, außerdem die *pancasila*, die fünf Vorsätze für Laien (Gewaltlosigkeit, Großzügigkeit, Wahrhaftigkeit, Genügsamkeit und Achtsamkeit).

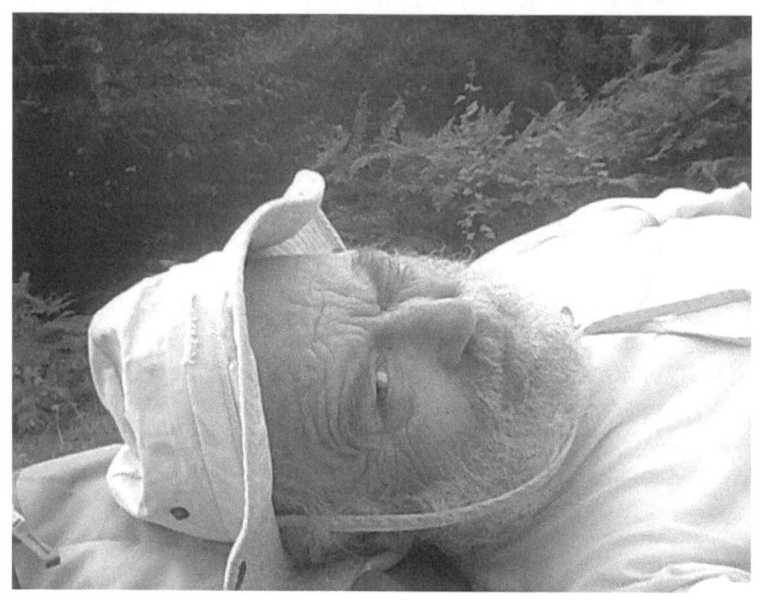

Bild: Der müde Pilger ruht am Wegesrand.

Buddhistische Erzählungen

von Horst Gunkel sind im Internet unter
www.kommundsieh.de veröffentlicht.

...und in der **Buchreihe**
„Gelnhäuser Buddhistische Geschichten"

Bereits erschienen sind:

Buddhas Sohn Rahula (Band 1)
Geschichten aus dem Palikanon
ISBN: 978-3-7504-0010-8, 130 Seiten, Preis: 7 EUR

Die Tochter des Samurai (Band 2)
Geschichten aus Mahayana, Vajrayana und Zen
ISBN: 978-3-7519-1734-6, 145 Seiten, Preis: 7 EUR

Buddhistische Pilgerwanderung (Band 3)
Horst auf dem Weg Richtung Bodh Gaya
ISBN: 978-3-7519-7192-8, 246 Seiten, Preis: 10 EUR

In Vorbereitung sind:

Lehrreden aus dem Pali-Kanon
Buddh. Geschichten aus der Gegenwart
Der Prinz, der zum Buddha wurde
Begegnungen mit dem Transzendenten
Gelnhäuser buddhistische Vorträge

Ob und wann neue Geschichten in Buchform erscheinen, wird auf der Internetseite www.kommundsieh.de rechtzeitig mitgeteilt.